大判 図解家庭園芸

用土と肥料の選び方・使い方

加藤哲郎 著

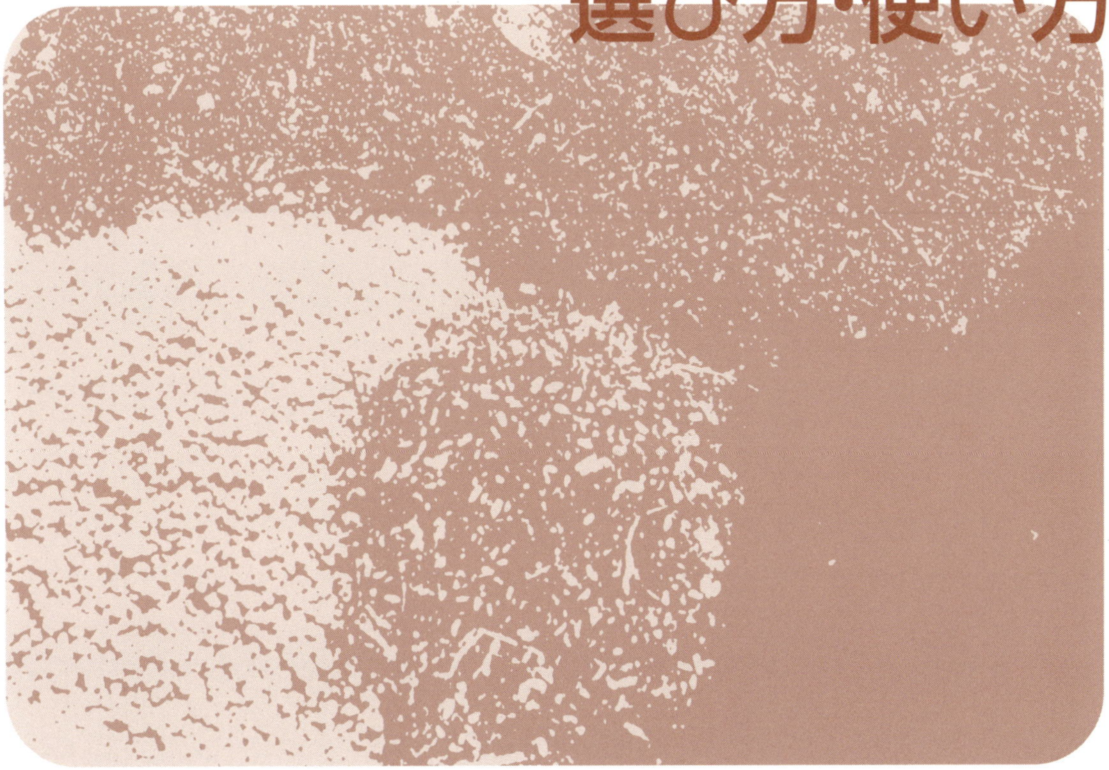

農文協

大判化にあたって

本書は，『図解家庭園芸 用土と肥料の選び方・使い方』（A5判）を，文字やイラストをそのまま大きく見やすくしてお届けするものです。大判化を機に，またより多くの方に本書を役立てていただければ幸いです。

2010年2月

まえがき

庭やベランダや室内で自分が育てた花が咲くのを眺めたり，野菜の収穫をすることは格別の味があります。

この家庭園芸をもり立ててくれるために，今日では多くの園芸資材が市販されています。そのこと自体は大変ありがたいことです。１つの資材でもいろいろなバリエーションがあり，より高度な園芸をめざすためにも大変便利になっています。

しかし，そのためにかえって，どれを選んだらよいのか迷うこともあります。しかも，資材宣伝の情報量が多いわりには，自分のつくり方に合わせてどんなものを選び，組み合わせたらよいかを判断する情報が必ずしも整理されていません。資材の選び方・使い方を誤ると，植物の生育がよくなるどころか，逆効果になることもあります。

これらの園芸資材のうち，観物の培地や栄養分となり，生育そのものにもっとも大きな影響力を与えるものは，用土と肥料，それに堆肥や土壌改良剤です。植物の種類や生育ステージ，栽培時期や自分の育て方のクセに合わせて，これらを選んで使用すれば，花の数や大きさ，形などがよくなったり，野菜の収量や品質もアップしたりします。ちょっとした選び方や使い方のコツをマスターするだけで，家庭園芸の実力は格段に上がります。適切な使い方やその意味などが分かってくると，自信もついて自分なりの工夫もできるようになり，ますます面白くなってくるものです。

本書はそんな思いをこめて，肥料，用土，堆肥，土壌改良材，容器などを，育てる植物の特性や自分の育て方のクセに合わせて選び，使いこなせるよう，わかりやすく図解で紹介しました。多くの園芸愛好家の方々に，参考にしていただけましたら幸いです。

1995 年 6 月

加藤　哲郎

目　次

施　　肥

第2章　コンテナ編

容器・用土

第3章　作物別施肥設計

イラスト　中村章伯
写真撮影　赤松富仁
撮影協力　(株)オザキフラワーパーク

第1章
畑　編

土つくりの手順

1 堆肥と土改剤が土によくなじむように
①土つくりは草とり、ゴミとり、枝払いから
日陰になる枝を切る
②堆肥をまいて、大きな土塊がなくなるように
土と堆肥をよく混ぜないと…
根がじかに堆肥にふれ、根やけの原因に
③土改剤（石灰）は堆肥と別に施し、すぐに耕起する
石灰はまいて放っておくと固まってしまうのよ
石灰と堆肥をいっしょに施すと…
アンモニアガス
石灰＋堆肥
堆肥のチッソが逃げてしまうのでソン．作物にも害がある
④平らにして施肥・ウネ立ての準備
こりゃきれいだ！
平らにしないと
★水がたまりやすい
★ウネを上手に立てられない
ダメだこりゃ！

堆肥，土改剤，肥料を別々に施し耕す

土つくりは，まずマルチなどのビニール，空き缶，ガラスのかけら，それに大きな石などを拾い，草むしりすることから始まります。周囲に日陰をつくる樹木があるときは，枝をはらい日当たり・風通しをよくします。つぎに耕します。耕す目的は3つあります。

①土壌を深くまでやわらかくして，酸素を多く含ませる。

②土塊を細かく砕き，堆肥や土壌改良剤や肥料を土の粒子になじませる。

③排水をよくし，根の張る部分（作土層）を深くする。

耕し方のコツは，適度に乾いているときに土塊をできるだけ細かく砕くようにして，よく混和することです。過湿状態で耕すと作業が大変なだけでなく，土塊も細かくなりにくいし，土壌を練って固めてしまいます。晩秋から冬に深く耕し山盛りにし，風雨や寒さにさらしておくと，土もよく乾き，雑草や土壌病害も少なくなります。

土つくり資材は別々に施したほうが無難です。チッソ分の多い堆肥やアンモニアを含んだチッソ肥料を石灰資材やヨウリンと

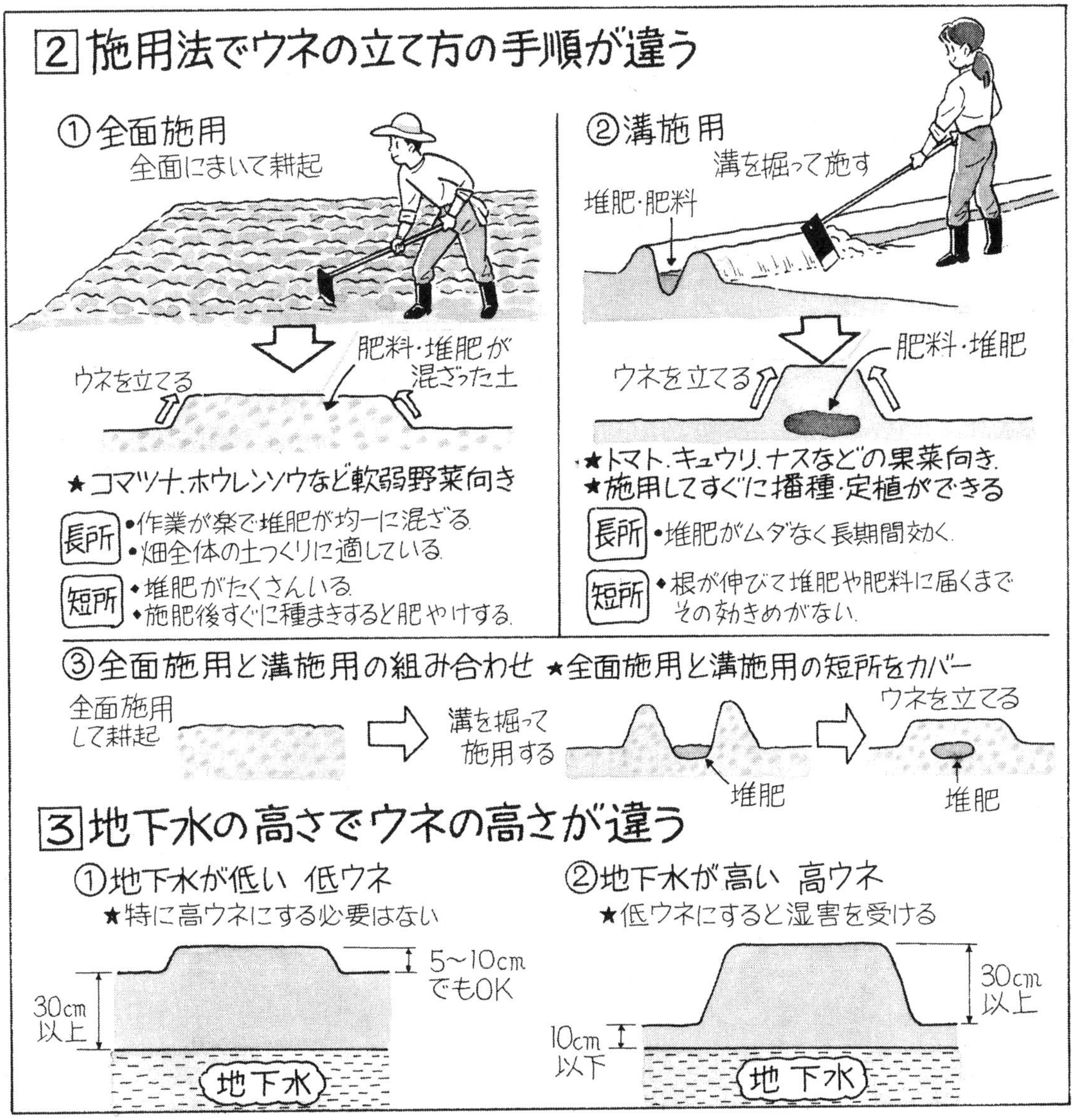

2 施用法でウネの立て方の手順が違う
①全面施用
全面にまいて耕起
ウネを立てる
肥料・堆肥が混ざった土
★コマツナ、ホウレンソウなど軟弱野菜向き
長所 •作業が楽で堆肥が均一に混ざる
•畑全体の土つくりに適している
短所 •堆肥がたくさんいる
•施肥後すぐに種まきすると肥やけする
②溝施用
溝を掘って施す
堆肥・肥料
ウネを立てる
肥料・堆肥
★トマト、キュウリ、ナスなどの果菜向き
★施用してすぐに播種・定植ができる
長所 •堆肥がムダなく長期間効く
短所 •根が伸びて堆肥や肥料に届くまでその効きめがない
③全面施用と溝施用の組み合わせ ★全面施用と溝施用の短所をカバー
全面施用して耕起
溝を掘って施用する
堆肥
ウネを立てる
堆肥
3 地下水の高さでウネの高さが違う
①地下水が低い 低ウネ
★特に高ウネにする必要はない
5〜10cmでもOK
30cm以上
地下水
②地下水が高い 高ウネ
★低ウネにすると湿害を受ける
30cm以上
10cm以下
地下水

いっしょに施すと，反応してアンモニアがガスになって逃げてしまうからです。堆肥，石灰資材，ヨウリン，肥料の順に1週間おきくらいに施すと安全でよく土になじみます。土つくりは，少なくとも作付けの2〜3週間前から行なうことが大切です。

堆肥や肥料は全層施用か穴・溝施用

堆肥や肥料の施し方に3つの方法があります。全面に散布し深さ15〜20cmの全層に耕しながら混ぜ込む全面全層施用と，植え穴の下部分に施す穴施用，そしてウネを立てる前にウネの中央部分に溝を条状に掘って施しウネを立てる溝施用とです。

全面全層施用では，肥料や堆肥がすぐに土壌となじんで肥効が早く，また広いウネをつくるのに都合がいいので，コマツナなどの軟弱野菜に適しています。

穴・溝施用では，根が深く張ってからやっと効いてくるので，果菜類など，苗を移植してつくるときに適します。ウネの高さは，気象条件によっても変わりますが，地下水が低く水はけのよい畑では低くします。地下水が高く水はけの悪い畑では高くし，根が張れる作土層を大きく確保します。要は，過湿に気をつけることです。

土つくり｜畑の土を知ろう

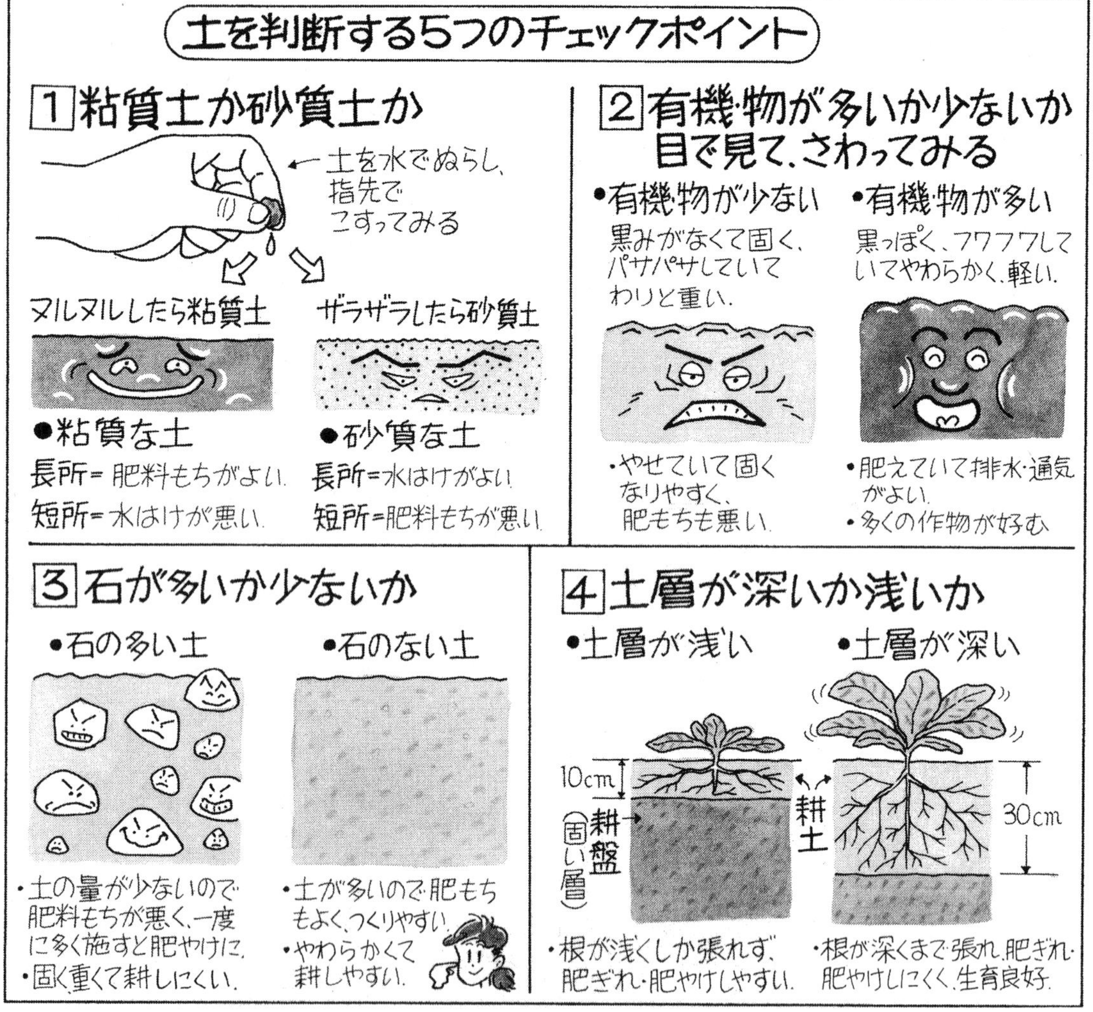
土を判断する5つのチェックポイント
1 粘質土か砂質土か
←土を水でぬらし、指先でこすってみる
ヌルヌルしたら粘質土
ザラザラしたら砂質土
●粘質な土
長所＝肥料もちがよい.
短所＝水はけが悪い.
●砂質な土
長所＝水はけがよい.
短所＝肥料もちが悪い.
2 有機物が多いか少ないか 目で見て、さわってみる
●有機物が少ない
黒みがなくて固く、パサパサしていてわりと重い.
・やせていて固くなりやすく、肥もちも悪い.
●有機物が多い
黒っぽく、フワフワしていてやわらかく、軽い.
・肥えていて排水・通気がよい.
・多くの作物が好む
3 石が多いか少ないか
●石の多い土
・土の量が少ないので肥料もちが悪く、一度に多く施すと肥やけに.
・固く重くて耕しにくい.
●石のない土
・土が多いので肥もちもよく、つくりやすい.
・やわらかくて耕しやすい.
4 土層が深いか浅いか
●土層が浅い
●土層が深い
10cm
30cm
耕土
耕盤（固い層）
・根が浅くしか張れず、肥ぎれ・肥やけしやすい.
・根が深くまで張れ、肥ぎれ・肥やけしにくく、生育良好.

畑の土の種類を知って土つくり

土つくりや施肥する前に土のチェックを忘れて失敗することがよくあります。まず確認してほしいのは，土の種類です。粘土の少ない砂質の畑は一般に，水はけはよいが，肥もちが悪く肥料が早くなくなります。水にぬらして指先でこするとザラザラしています。砂質の畑では普通の畑よりも，肥料や石灰資材を控えめに少しずつ施さないと肥やけ・ガス障害などが起こりやすくなります。砂質の畑の土つくりは，繊維質の多い堆肥を入れて土壌有機物を多くすることが第一です。緩効性の肥料を施したり，粘土質資材を投入するのも効果的です。

粘土質の土は，ぬるぬるしてベトつきます。粘土分が多いと肥もちや水もちはいいのですが，逆に排水性や通気性が劣ります。肥やけはしにくいですが，長年肥料を多く施していると過剰に蓄積してしまうことがあります。排水性や通気性を高めるには，砂を加えたり，やはり繊維質の多い堆肥を多めに施すことに限ります。

堆肥を施し続けると有機物が多くなって，黒っぽくふわふわしてやわらかくなってきます。コップの水に混ぜると有機物が

5 畑の前歴を知る
①長年 野菜をつくっていた畑
長年堆肥を入れて
野菜をつくったから
土が肥えてるよ
肥料分も多く肥えている
②開墾地、草地、放地
肥料分が少なく、酸性土壌が多い
③前作のつくり方がわからない畑（市民農園など）
市民農園
お申込みは
○○市役所まで
堆肥を入れていたか
とか、石灰資材を
どのように入れていたか
などもわからないよね…
•連作しにくい作物
をつくっていた
トマト、ナス、スイカ、
ピーマン、エンドウ、
ゴボウ
別の作物を
つくったほうがよい
•連作できる作物
をつくっていた
コマツナ、ダイコン、
ニンジン、カボチャ、
タマネギ、カブ
またつくっても
大丈夫
前作では何を
つくってたのかしら

浮いてきたり，濁った水のままでなかなか沈殿しません。このような土は肥もちも水もちも，排水性や通気性も良好です。有機物の少ない土は，パサパサして固く，水に混ぜてもすぐ沈殿し澄んできます。

また，関東ローム層などの火山灰土壌では，リンサンがすぐに吸収しにくい形になりやすいので，緩効性のヨウリンを施す必要があります。

pHや作土層の深さを知ろう

畑のどこか一箇所を30cm以上深く掘って，地下の土壌のようすを確認します。掘ってすぐに固い層（耕盤）に突き当たるような畑は，根の張る部分（作土層）が浅く，肥料も上層部分にしか入りません。それだけに，肥料も少しずつ施さないと肥やけします。少しずつ深耕して作土層を深くし，ウネも高くすることです。また，30cmくらい掘って水がにじみ出てくるような畑は，地下水が高い証拠です。ウネを高くするなど排水をよくすることが必要です。

つぎにpHを試験紙で調べます。後述するようにつくる作物によっても違いますが，pHが6.0以下のときは，石灰資材で酸度矯正する必要があります。

土つくり 堆肥① なぜ施すのか

1 堆肥を入れないと有機物の循環が絶たれる

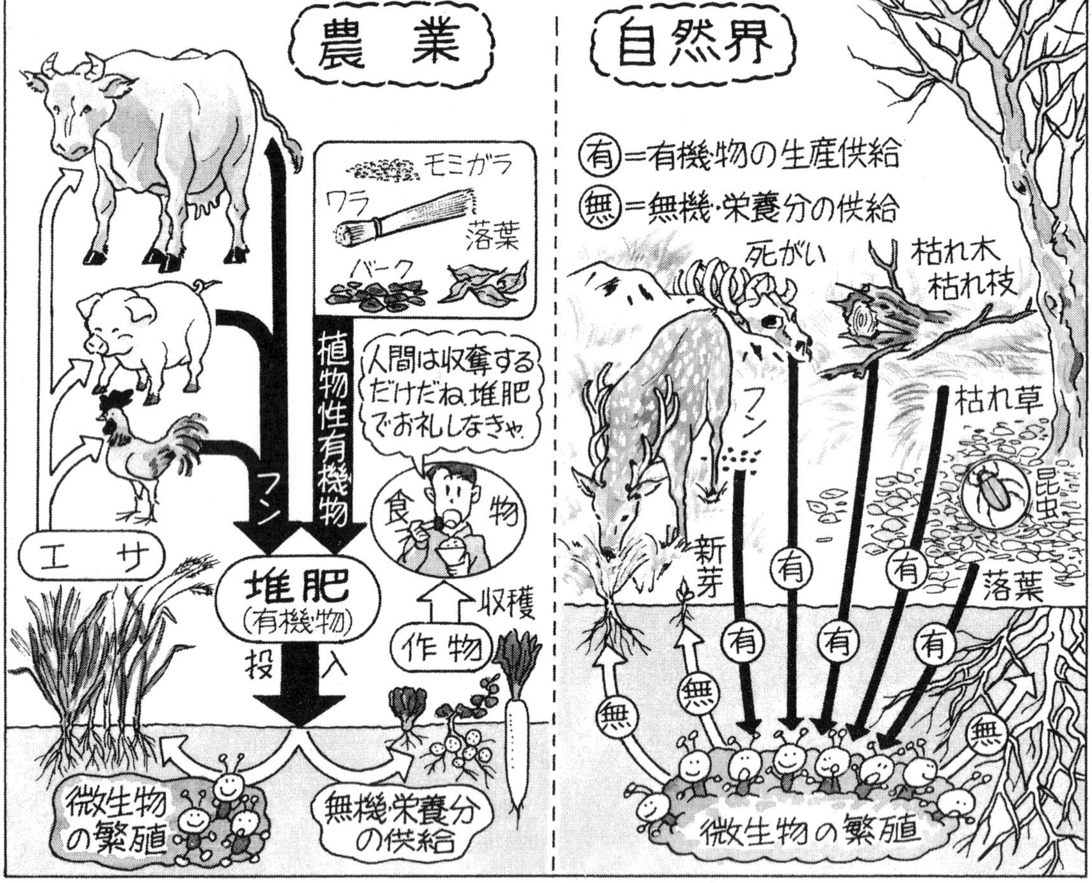

農業
自然界
モミガラ
ワラ
落葉
バーク
植物性有機物
人間は収奪するだけだね。堆肥でお礼しなきゃ。
食物
フン
エサ
堆肥
(有機物)
投入
収穫
作物
微生物の繁殖
無機栄養分の供給
有＝有機物の生産供給
無＝無機・栄養分の供給
死がい
枯れ木
枯れ枝
フン
枯れ草
昆虫
新芽
有
無
落葉
微生物の繁殖

人間だけが自然を収奪

落葉の堆積した林の土は，歩くとふかふかしています。自然界の植物は，太陽エネルギーの力で有機物をつくり，その落葉や枯れ枝などが堆積し，それが微生物によってしだいに分解され，土が団粒化してふかふかしてくるからです。植物を食べる草食動物もそれを食べる肉食動物もフンを大地に返し，死骸もやがては土に還っていきます。人間の手の入らない原野では，なにもしなくても自然に有機物が還元されます。

ところが，畑では堆肥を長年施さないと土が固くなり，だんだんつくりにくくなってしまいます。私たち人間は，原野の林を伐採し裸の耕地に変え，作物をつくり，それを畑から持ち出して食べています。人間のフン尿のほとんどは，下水道を流れ浄化され海に流されています。

ですから，畑では人間が有機物を投入しない限り，土の中の有機物はしだいに少なくなって土がやせ固くなってくるのです。

堆肥を入れて土つくりをしなければならないのは，言葉をかえれば，人間の土に対する罪ほろぼしなのです。畑の作物は人の力でなく土の力で育っているのですから。

2 堆肥は微生物をふやし、土をつくる
土が団粒化して、水はけがよくなったわ！
•土がやわらかくなり、排水、通気性が向上する.
•腐植がふえ、土壌が団粒化.
堆肥
•作物に栄養分を供給.
おいしい土です！
•微生物のエサになる.
悪いヤツも大きい顔ができないよ.
N
Mg
N
Ca
K
•肥料もちがよくなり、欠乏・過剰症が出にくくなる.
★微生物の種類がふえ、有害微生物による病害が減る.

肥料だけではよい土ができない

「人間は作物に肥料をやっているからいいじゃないか」という考えもあります。たしかに作物は有機物でなくチッソ，リンサン，カリなどの無機物を吸収して育ちます。水耕栽培などでは，液肥だけで育てています。でも水耕栽培では，人間が肥料濃度を始終調整し，常に水の中に酸素を送らなければ生育が悪くなったり，ときには根腐れになってしまいます。

畑ではその役目の多くを土が果たしています。土が団粒化すると，肥料分を保持して少しずつ作物に供給してくれます。団粒化した土は排水性や通気性だけでなく保水性もよくなって，根に十分な酸素や適度な水を供給してくれるのです。

その団粒をつくってくれるのが微生物と堆肥です。微生物は堆肥（有機物）を食べて腐植をつくり，その腐植が微生物や根の分泌する有機酸によって粘土にくっついて団粒ができます。また，堆肥を入れるとさまざまな微生物がふえるため，有害な微生物の繁殖が抑えられます。化学肥料だけでは団粒をつくる腐植ができないため，土をふかふかに改良することはできません。

土つくり
堆肥②

ふかふか堆肥と栄養堆肥

1 繊維の多い ふかふか堆肥と肥料分の多い栄養堆肥

ふかふか堆肥
栄養堆肥

- 落葉、ワラ、モミガラ、バークなどチッソ分が少なく繊維の多い植物質の堆肥

注意 これだけだとチッソ欠乏になりやすいので、肥料を補充.

- 牛フン、鶏フン、豚フン、食品カスなどチッソ分の多い堆肥.

注意 栄養豊富なので、肥料は控えめにする.

2 土つくりには ふかふか堆肥が効果的

ふかふか堆肥
栄養堆肥
●成長が小さい植物にピッタリ
栄養効果小
改良効果大
改良効果小
土壌改良
●成長が早く、大きくなる植物にピッタリ
栄養効果大

堆肥は土の機能をパワーアップ

堆肥とは，落葉やモミガラなどの有機物を微生物の力で分解し，作物が利用しやすい状態にしたものです。堆肥には土の機能をアップするつぎのような効果があります。

①土壌の団粒化が進み，土がぼう軟になり耕しやすく，空気や水の通りがよくなる。

②腐植が多くなるため水分保持力が高まり，乾燥しにくくなる。

③団粒がふえ，肥料分を保持する保肥力が増大し,肥ぎれ,肥やけしにくくなる。

④吸収しにくいリンサンや微量要素が吸収しやすくなる。

⑤土壌に有害物質が流入したり酸性肥料を施したりしても，その害や酸度の急変がやわらげられる。

⑥多様な微生物が増殖し，有害微生物を抑制する有用微生物が多くなる。

⑦堆肥に含まれるチッソ，リンサン，カリや苦土（酸化マグネシウム），石灰（酸化カルシウム）などの多量要素のほか，マンガンやホウソなどの微量要素が肥料分となり供給される。

肥料分の多い「栄養堆肥」は野菜向き

堆肥はその材料によって効果が違います。家畜フンや油カス，食品カスなどの肥料分を多く含んだ材料でつくった堆肥は，とくにチッソやカリの多い「栄養堆肥」です。栄養堆肥を施すと，微生物が活発に活動しタンパク質などの有機態のチッソを，植物が吸収しやすい無機態チッソに変えて，根に供給します。

栄養堆肥は，チッソ分などを多く吸収する野菜類に最適です。家畜フンの種類や量によっていろいろですが，栄養堆肥を施した場合は，元肥量を控える必要があります。

しかし，栄養堆肥には植物の繊維分が少ないので，腐植や団粒をふやして土壌改良する効果は，いまひとつといえます。また，栄養分が豊富なため微生物の活動が活発で，分解が早く肥料効果も早く出ますがそれほど長続きしません。

園芸店で売られている堆肥は，オガクズやバークやモミガラなどに家畜フンを加えて早く腐熟させたものが多く，土壌改良効果と肥料効果をかね備えています。

栄養堆肥の肥料分を有効に利用するには，施したらすぐ耕し，肥料分を土に吸着させることです。雨ざらしにするとチッソ分やカリ分が水に溶けて流れ去ってしまいます。また，過リン酸石灰を混合してから施すと，アンモニアとリンサンが結合し（リン酸アンモニウム)，チッソもリンサンも有効に吸収されるようになります。

土つくりをするなら「ふかふか堆肥」

落葉，モミガラ，ワラ，オガクズ，バークなど植物の繊維分材料だけを1年以上かけてじっくりつくった「ふかふか堆肥」は，肥料分が少なく肥料効果は少ないが，土壌有機物をふやし多くの腐植ができ，土をふかふかにする効果は抜群です。通気性・排水性がよくなるとともに，水もちも肥もちも向上します。微生物によって繊維分がじっくり土の中で分解されるので，その効果も長続きします。

園芸店で売られているふかふか堆肥は，落葉堆肥や腐葉土，それにピートモスです。牛フン堆肥も比較的肥料分が少なく繊維分が多いので，ふかふか堆肥的効果が高い堆肥といえます。ふかふか堆肥は，チッソ分をあまり必要としない花類に適しています。また，排水性・通気性が一番重要となるコンテナの用土として欠かせません。

市販堆肥の種類と特性

腐葉土

ケヤキ，モミジ，コナラ，クヌギなどの落葉広葉樹の落葉を積み重ねて腐熟させたもの。葉の原形がわかる程度のものがよい。異臭がするものは未熟なので避ける。

落葉堆肥

発酵を促進させるために米ヌカ・油カス・骨粉などの有機質肥料を加えて腐熟させたもの。腐葉土より養分が少し多い。よく発酵して葉形の見えないものがよい。

牛フンバーク堆肥

バークが約50％以上含まれた牛フン堆肥。バークがあまり粗くなく，よく腐熟したものがよい。

鶏フンオガクズ堆肥

オガクズが70～80％ほど含まれている。よく発酵して，ほとんどオガクズが見えないようなものがよい。

発酵鶏フン堆肥

生鶏フンを発酵させたもの。肥料分が多過ぎるので，むしろバーク堆肥などの発酵促進や有機質肥料として使う。

家畜フン堆肥

牛フン，豚フン，鶏フンなどを落葉やバークなどと混合して発酵させたもの。チッソ分がちょうど牛フン堆肥と鶏フン堆肥の中間。

主な市販堆肥の種類と特性

堆肥の種類		含有成分の割合（%）			特性と使い方
		チッソ	リンサン	カリ	
栄養堆肥	牛フン堆肥	2～2.5	1～5	1～2.5	豚プン，鶏フンより肥効はおだやか。葉菜や果菜に適す。
	牛フンバーク堆肥	1～2.5	0.5～2	0.5～1.5	牛フンだけのものより物理性改良効果が高い。葉菜や果菜に適す。
	牛フンオガクズ堆肥	0.5～1	0.5～2	0.5～1	牛フンバーク堆肥と同様，物理性改良効果が高い。
	乾燥牛フン	2～3	2～4	0.5～2	発酵していないため肥料分が多い。施用後十分時間をとる
	豚フン堆肥	3～4	5～6	0.5～2	牛フン堆肥と鶏フン堆肥の中間的肥効。野菜類に適す。
	豚フンオガクズ堆肥	1～2	2～3	1～2	豚プンだけのものより物理性改良効果が高い。野菜類に適す。
	鶏フン堆肥	3～5	5～9	3～4	肥料分が多いので多肥に注意。野菜類に適す。
	鶏フンオガクズ堆肥	1～2	3～4	1～2	鶏フンだけのものより肥料分が少ない。野菜類に適す。
	乾燥鶏フン	4～6	6～8	3～4	化学肥料なみの肥効がある。施用後十分時間をとる。
	乾燥ウズラフン	4～7	3～4	1～2	肥料分が多いので多肥に注意。野菜類に適す。
	ミミズフン	1～2	1～2.5	0.5～2	土に近い状態になっているものもある。肥やけしにくく，安心して使える。
	ボカシ肥	2～6	2～6	1～3	原料によっていろいろな成分がある。肥やけしにくく，安心して使える。
ふかふか堆肥	落葉堆肥	0.5～2	0.1～1	0.2～2	野菜・花など何にでも向く。プランター栽培の用土に。
	ワラ堆肥	0.4～2	0.1～2	0.2～3	落葉堆肥と同じような性質。野菜・花など何にでも向く。
	腐葉土	0.3～1	0.1～1	0.2～1.5	葉と土を1年以上腐熟させたもの。どんな作物にもよい。特に花向き。
	モミガラ堆肥	0.2～1	0.1～1	0.2～1	野菜・花など何にでも向く。物理性改良効果が高い。
	バーク堆肥	0.8～3	0.2～2	0.3～1	何らかの肥料分を加えて樹皮を発酵させたもの。何にでも向くが，よく発酵したものを使うこと。
	ピートモス	0.1～2	－	－	チッソ以外の肥料分は少ない。鉢用土や畑の改良。
	モミガラクン炭	－	－	0.1～0.5	カリ以外の肥料分は少ない。鉢用土や畑の改良。
	木炭類	－	0.1	0.3～1	カリ以外の肥料分は少ない。鉢用土や畑の改良。微生物相を豊かにする。

土つくり 堆肥④ 未熟堆肥は失敗のもと

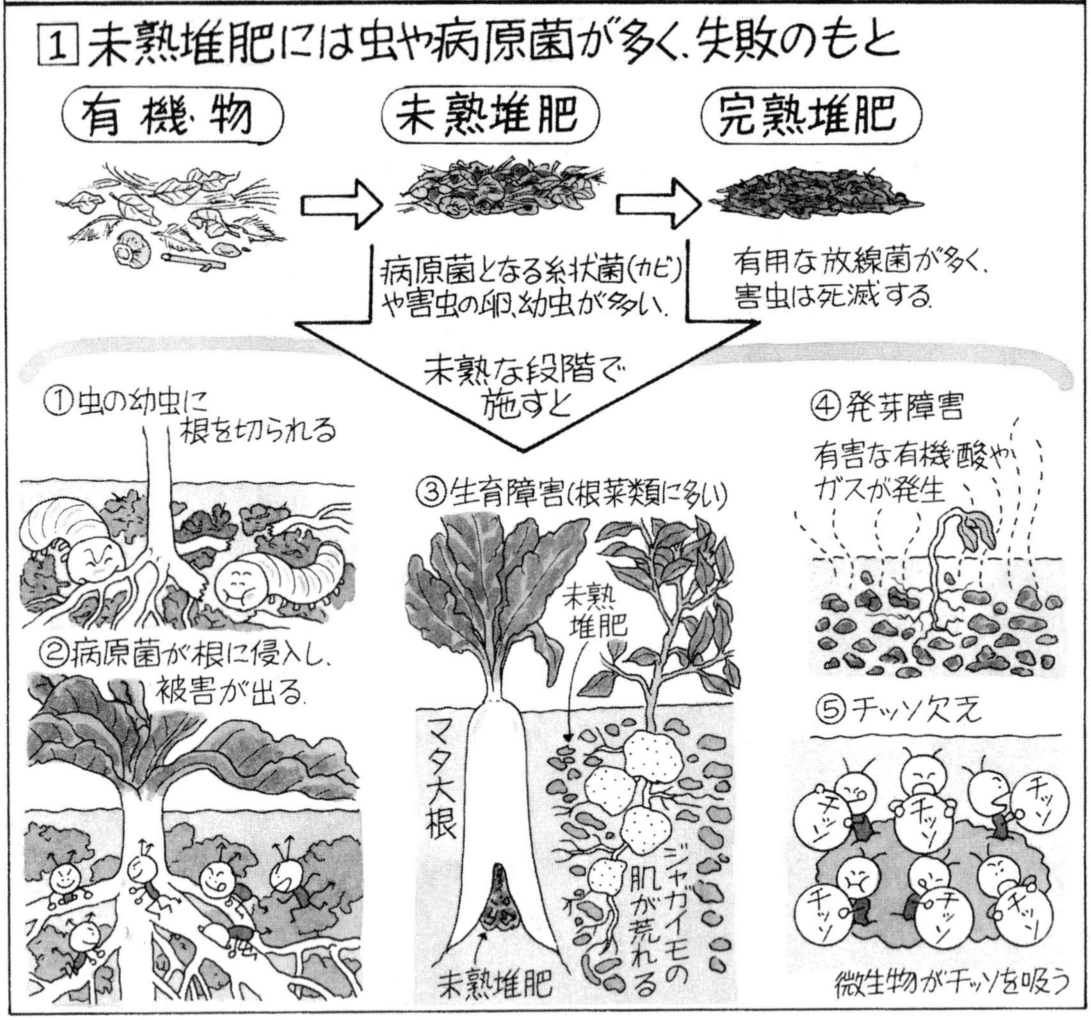

1 未熟堆肥には虫や病原菌が多く、失敗のもと
有機物
未熟堆肥
完熟堆肥
病原菌となる糸状菌(カビ)や害虫の卵、幼虫が多い.
有用な放線菌が多く、害虫は死滅する.
未熟な段階で施すと
①虫の幼虫に根を切られる
②病原菌が根に侵入し、被害が出る.
③生育障害(根菜類に多い)
未熟堆肥
マタ大根
未熟堆肥
ジャガイモの肌が荒れる
④発芽障害
有害な有機酸やガスが発生
⑤チッソ欠乏
チッソ
微生物がチッソを吸う

未熟堆肥で発芽障害，ガス障害

堆肥の失敗で多いのが，未熟堆肥を施したために起こる失敗です。

堆肥というのは1種類の微生物ではなく，多くの微生物の分業でできます。まず初めに活躍するのが，もっとも食べやすい糖分やアミノ酸を分解するカビ類（糸状菌）です。繁殖力が旺盛で急激に繁殖します。このカビ類の仲間には病原菌となるものが多く，未熟堆肥を施すと発芽不良や立ち枯れが発生しやすくなります。

また，未熟堆肥の分解過程では，アンモニアや亜硝酸などの有害ガスや有機酸が多く発生しやすく，根だけでなく葉までもガス障害を受けて下葉の葉縁や葉脈間が黄化してきます。

未熟なふかふか堆肥では，微生物が土中のチッソを栄養源として吸収するため，チッソ不足になることもあります。さらに，未熟堆肥の臭いを害虫がかぎつけ産卵し，幼虫が根を食害する被害も多くなります。

2 未熟堆肥の見分け方
Ⓐ葉っぱ、木っぱ、羽などの原形が残っているもの。
Ⓑ悪い臭いのするもの。
くさい！
Ⓒ握って水分の出るもの。
しぼってみるとまだこんなに水気があるわ！
Ⓓ腐熟しにくいオガクズが多く入った堆肥は要注意。
まだオガクズが腐ってないね…

完熟堆肥を見分けて早めに施す

カビ類（糸状菌）が増殖し盛んに活動すると熱が発生し40℃以上にもなります。カビ類は熱に弱いためしだいに減り，つぎに熱に強い放線菌にバトンタッチし，セルロースなどの繊維分が分解されます。このときには60℃もの高温になります。この高温によって害虫の卵も死滅します。そして分解されだんだん微生物の食べるものが少なくなってくると温度も下がり，有用な細菌類がふえてきます。こうしてやっとできたものが完熟堆肥です。

未熟堆肥は，手で握ってみると，有機物の原形が残っていてチクチクしたり，くさい臭いを発散しています。また，高温過程を経ず水分が蒸発していないため，握ると水が垂れてくるものがあります。とくになかなか腐りにくいオガクズ堆肥は，未熟のものが市販されていることが多いので注意してください。

堆肥は作付けの2～3週間前に施し耕しておくことが基本です。まして未熟ぎみの堆肥なら1カ月前には施し，土の中で十分腐熟させてから作付けすることが重要です。その際，浅く耕すと分解がよくなります。

土つくり 堆肥⑤ | ふかふか堆肥の上手な施し方

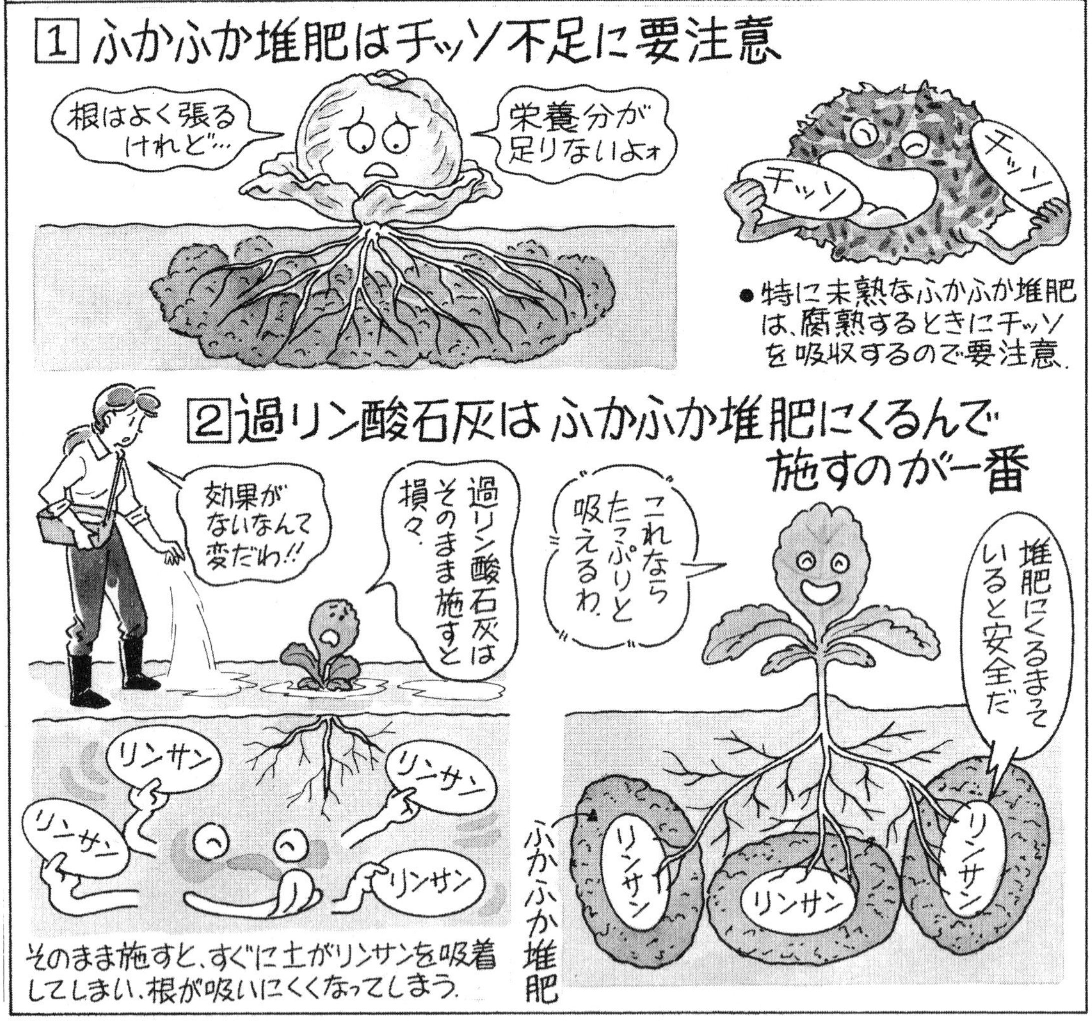

1 ふかふか堆肥はチッソ不足に要注意
根はよく張るけれど…
栄養分が足りないよォ
チッソ
チッソ
●特に未熟なふかふか堆肥は、腐熟するときにチッソを吸収するので要注意.
2 過リン酸石灰はふかふか堆肥にくるんで施すのが一番
効果がないなんて変だわ!!
過リン酸石灰はそのまま施すと損々.
これならたっぷりと吸えるわ.
堆肥にくるまっていると安全だ
リンサン
リンサン
リンサン
リンサン
そのまま施すと、すぐに土がリンサンを吸着してしまい、根が吸いにくくなってしまう.
ふかふか堆肥
リンサン
リンサン
リンサン

ふかふか堆肥はチッソ分を加えずじっくり腐熟させる

ふかふか堆肥は，落葉やワラをチッソ分を加えずに長期間腐熟させてつくった堆肥です。それだけに，腐葉土などのふかふか堆肥は高価で，貴重です。

完熟したふかふか堆肥なら一度にどんなに入れても害の心配はありません。肥料分が少ないので根が肥やけする心配もなく，土の中でじっくり分解し土をふかふかに改良してくれます。しかし，肥料分が少ないので，ふかふか堆肥を施したからといって，元肥の肥料を減らすことはできません。とくに未熟なふかふか堆肥を使うときは，早めに施し土中で腐熟させ，チッソ分もやや多めに施す必要があります。

比較的高価なので一度にたくさん入れられませんが，年に1㎡当たり2～3kg施せば，土を疲弊させることなく少しずつ腐植や団粒が多くなって，だんだんつくりやすい畑になっていきます。落葉や川端に生えるヨシやカヤを秋に刈って，畑の隅に1年間積んで腐熟させるなどして，自分でつくることをお勧めします。

③年に1回、2~3kg/㎡を全層に
全層施用
ふかふか堆肥は毎年入れてね。でも土の乾燥には気をつけて。
溝施用
これなら根もよく張り、リンサンもよく吸えるよ！
過リン酸石灰と混ぜてウネの下に施す
・土が乾燥していなければ、完熟のふかふか堆肥はいくら入れても大丈夫。
・全体的な土つくりにはならないが、経済的で効果的
④冬から早春にかけて施しておく
●冬~早春
害虫も駆除できるよ！
・適度な水分でよく分解する。
●春
よく土になじんでいるから快適。
●夏は不向き
ぐったり
土がよけいに乾いちゃうよ！
・水不足でなかなか土になじまない。
・次の秋作まで堆肥がなじむ時間があまりない。
・秋作をしないときは、夏でも施用可。

早春に過石をくるんで施すのがコツ

ふかふか堆肥は繊維分が多いので，土の中でもじっくり分解されて腐植になります。そのため，土になじむまでは土の中に空隙が多くなり，土が乾燥しやすくなります。ですから，施す時期は土が水分を多く含み畑の空いている冬から早春が適期です。夏に施すと分解は早くなりますが，乾燥し水分不足になったときはなかなか腐熟せず，乾燥害を助長することがあります。

施し方は全面に散布し固まりにならないようによく耕せば，作土層全体が土壌改良されて最高です。しかし，ふかふか堆肥の量が少ない場合は，ウネの下の部分に溝を掘り溝施用すると，地下の根の張る部分の土壌が改良され効果的です。毎年，ウネの位置を少しずつ変えていけば，全体の土壌改良になります。

また，前述したように元肥に施す予定の過リン酸石灰（過石）を，ふかふか堆肥に混ぜて施すと，リンサンが有効に吸収しやすくなります。ふかふか堆肥の５％程度の過石です。リンサンはそのまま施すと，土壌中のアルミナに吸着されて作物が吸収しにくくなるからです。

土つくり 堆肥⑥

栄養堆肥の選び方・施し方

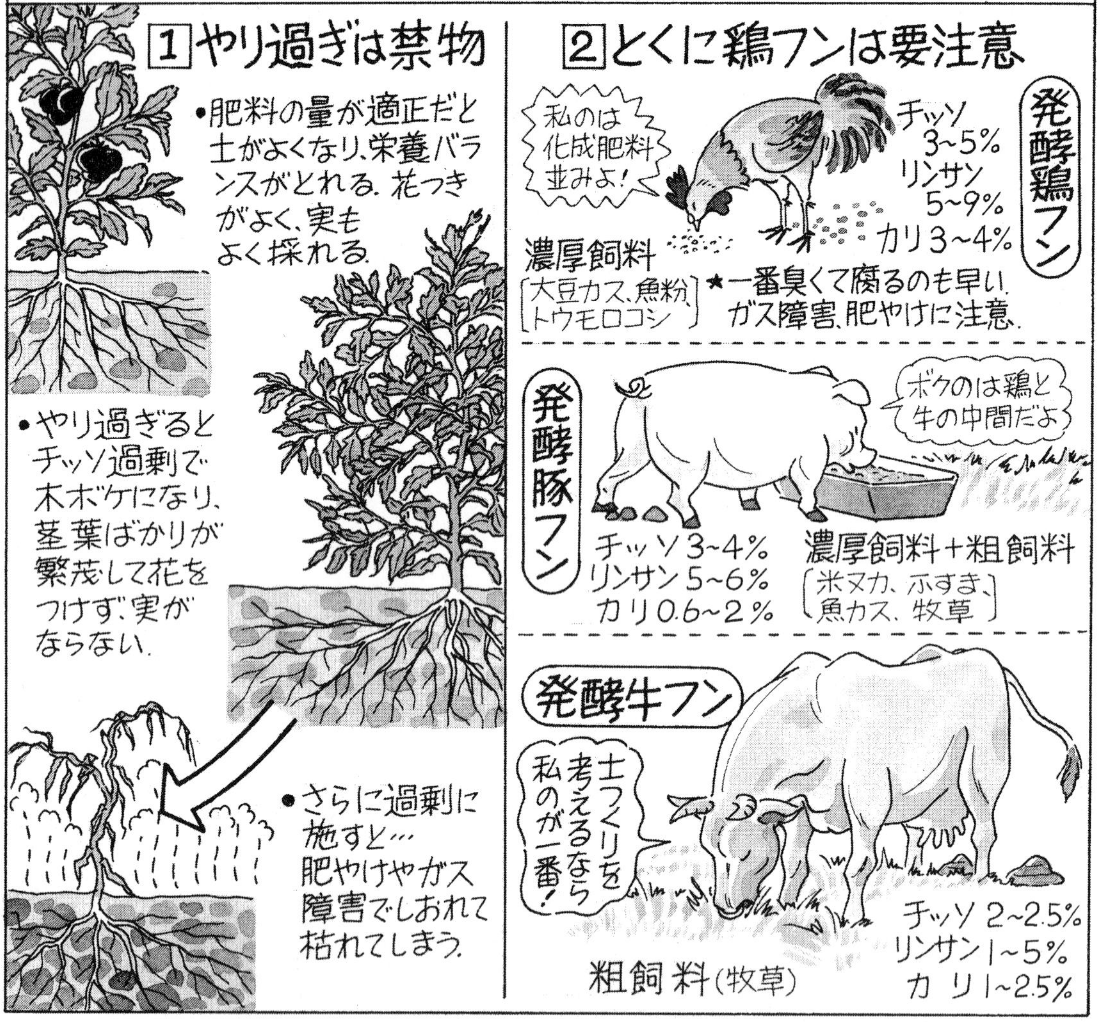

1 やり過ぎは禁物
•肥料の量が適正だと土がよくなり、栄養バランスがとれる。花つきがよく、実もよく採れる。
•やり過ぎるとチッソ過剰で木ボケになり、茎葉ばかりが繁茂して花をつけず、実がならない。
•さらに過剰に施すと…肥やけやガス障害でしおれて枯れてしまう。
2 とくに鶏フンは要注意
私のは化成肥料並みよ!
発酵鶏フン
チッソ 3~5%
リンサン 5~9%
カリ 3~4%
濃厚飼料
〔大豆カス、魚粉、トウモロコシ〕
★一番臭くて腐るのも早い。ガス障害、肥やけに注意。
発酵豚フン
ボクのは鶏と牛の中間だよ
チッソ 3~4%
リンサン 5~6%
カリ 0.6~2%
濃厚飼料+粗飼料
〔米ヌカ、ふすま、魚カス、牧草〕
発酵牛フン
土つくりを考えるなら私のが一番!
チッソ 2~2.5%
リンサン 1~5%
カリ 1~2.5%
粗飼料(牧草)

栄養堆肥はやり過ぎに注意

ふかふか堆肥はやり過ぎてもあまり心配ありませんが，栄養堆肥はやり過ぎに要注意です。土つくりに熱心なあまり一度にたくさん施用すると，トマトなどの果菜類では，茎葉ばかりが太く大きくなって肝心の花や実がつきません。栄養堆肥には，肥料分，とくにチッソやカリが多く含まれているからです。スイカやサツマイモもツルばかり繁茂して，花が咲いても実にならなかったり，イモが肥大しなかったりします。

また，温度の高いときなどに大量に施すと急激に分解し，有機酸とかアンモニアガスとか亜硝酸ガスなどが発生し，肥やけやガス障害をまねきやすくなります。

栄養堆肥は，含まれる栄養分を考慮し作物の肥料の好みに合わせて施し，肥料はそのぶん控える必要があります。

乾燥フンよりも発酵フンを

市販の家畜フンには，乾燥フンと堆肥化した発酵フンがあります。乾燥フンは乾かして水分を抜いただけなので，土中で水分を吸うと生フン状態になります。未熟堆肥と同じく肥やけ，発芽障害，ガス障害が発

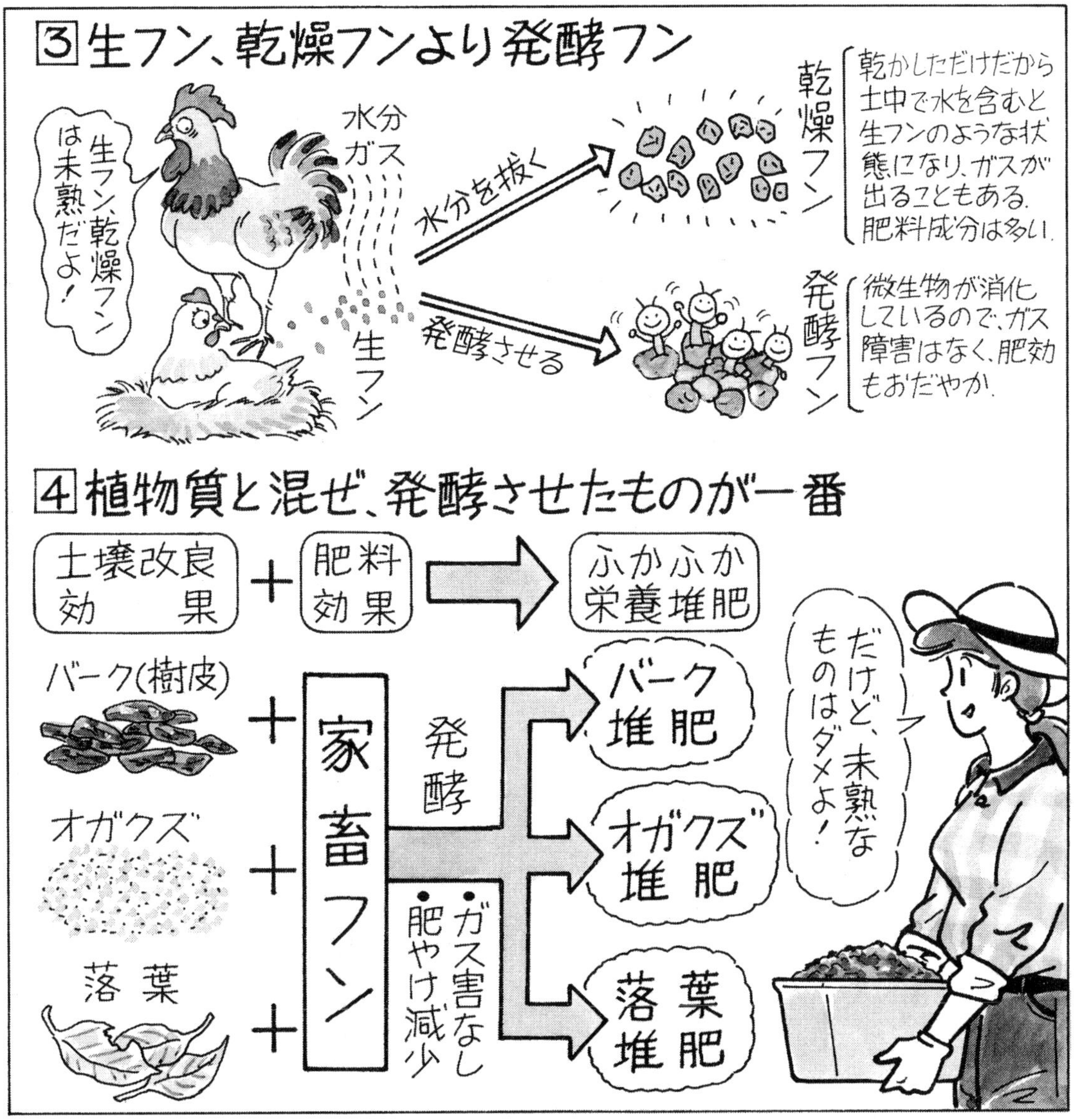

③生フン、乾燥フンより発酵フン
生フン、乾燥フンは未熟だよ！
水分
ガス
生フン
水分を抜く
発酵させる
乾燥フン
乾かしただけだから土中で水を含むと生フンのような状態になり、ガスが出ることもある。肥料成分は多い。
発酵フン
微生物が消化しているので、ガス障害はなく、肥効もおだやか。
④植物質と混ぜ、発酵させたものが一番
土壌改良効果
肥料効果
ふかふか栄養堆肥
バーク(樹皮)
オガクズ
落葉
家畜フン
発酵
・ガス害なし
・肥やけ減少
バーク堆肥
オガクズ堆肥
落葉堆肥
だけど、未熟なものはダメよ！

生しやすいので，必ず作付けの1カ月以上前に施用し土の中で腐熟させてから作付ける必要があります。

発酵フンは一度微生物が分解しているので，肥効も乾燥フンよりもおだやかで肥やけやガス障害の心配は比較的ありません。

植物質の入った家畜フン堆肥を

家畜フンでも鶏フン，豚フン，牛フンでは含まれている肥料分や繊維分が違います。鶏フンはほとんど繊維分がなく，速効的な化成肥料なみの肥効を示します。堆肥というよりは有機質肥料と考えてください。草を主食にしている牛のフンは，繊維分も多く土つくりに効果があります。豚フンはその中間です。

土つくり効果をねらうなら，これらの家畜フンをバーク（樹皮）やオガクズなどに加えて発酵させた家畜フン堆肥がお勧めです。これらの堆肥のチッソ分はメーカーによって差がありますが，0.5〜3％前後と少なく，植物質も十分入っているので土つくりにも威力を発揮します。ただし，オガクズやバークの原形が残っているような未熟なものは要注意です。

5 生ゴミ堆肥も栄養堆肥

魚のアラや肉片、そして臭い消しに米ヌカを入れたものではチッソ分が高くなります。
十分発酵させればよい堆肥になるわよ。

6 適正量は土質によっても違う

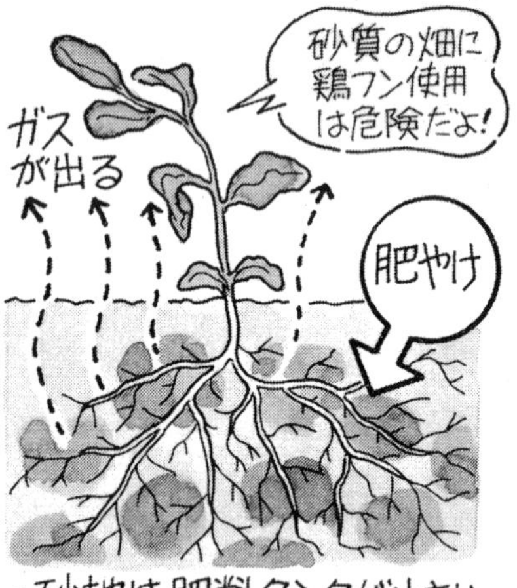
砂質の畑に鶏フン使用は危険だよ!
ガスが出る
肥やけ

●砂地は肥料タンクが小さい

1㎡当たりの適正量(kg)

種類＼土質	一般の畑	砂質の畑
鶏フン堆肥	0.5前後	0.2~0.3前後
鶏フン+植物質の堆肥	0.5~1.0	0.3~0.5
豚フン堆肥	1.0前後	0.5前後
豚フン+植物質の堆肥	1.0~2.0	0.5~1.0
牛フン堆肥	2.0前後	1.0前後
牛フン+植物質の堆肥	2.0~3.0	1.0~1.5
ふかふか堆肥	2.0~3.0	2.0~3.0
	肥料分がほとんどなければもっと入れても大丈夫	

★植物質を入れた堆肥は植物質と家畜フンを1:1
★植物質は、ワラや落葉を使用

せめて還元したい生ゴミ堆肥

一般の家庭では1日500g前後の生ゴミが捨てられています。野菜くずや卵ガラ，魚のアラなどです。水分を切って畑などに置いたコンポスターにそのつど詰めていくだけで，1～2カ月後には立派な栄養堆肥になります（詳しくは『ベランダ・庭先でコンパクト堆肥』農文協刊参考に)。1年で90kg前後の堆肥ができますから，これだけで30㎡くらいの畑の堆肥が十分間に合います。生ゴミ堆肥つくりは，土を収奪するばかりの人間のせめてものエチケットです。

施用量は堆肥の内容,土質,作物で違う

栄養堆肥の適正施用量の目安は，チッソ成分で1㎡当たり20gが限度です。堆肥なので化学肥料のように一気に効くことはなく，作物に吸収される効率も悪い（化学肥料の約半分）ので厳密には計算できませんが，これ以上一度に入れると障害の心配がでてきます。

だから，1㎡当たり肥料分の多い鶏フン堆肥なら500g，肥料分の少ない牛フン堆肥や植物質の入った豚フン堆肥は2kg前後までが目安です。また，肥料の保持能力が小

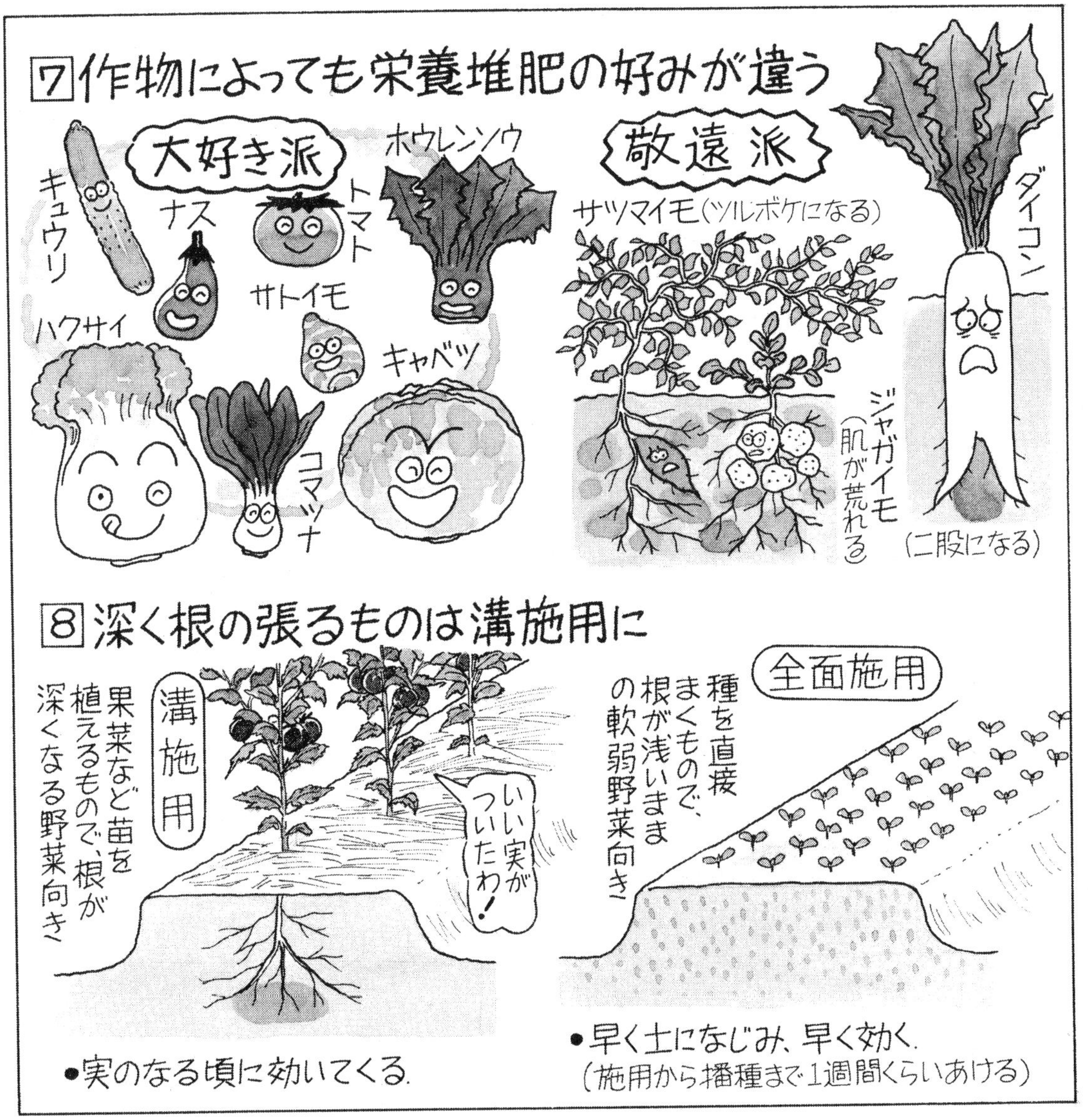
7 作物によっても栄養堆肥の好みが違う
大好き派
キュウリ
ナス
トマト
ホウレンソウ
サトイモ
ハクサイ
キャベツ
コマツナ
敬遠派
サツマイモ(ツルボケになる)
ジャガイモ(肌が荒れる)
ダイコン
(二股になる)
8 深く根の張るものは溝施用に
溝施用
果菜など苗を植えるもので、根が深くなる野菜向き
いい実がついたわ!
●実のなる頃に効いてくる.
全面施用
種を直接まくもので、根が浅いままの軟弱野菜向き
●早く土になじみ、早く効く.
(施用から播種まで1週間くらいあける)

さい砂質土壌の畑では，この半分くらいに減らしてください。このくらい栄養堆肥を施したときは，元肥のチッソやカリ肥料を半分以下に控えてください。作物では，チッソ分をあまり必要としないサツマイモやダイコンなどには，栄養堆肥は向いていません。

石灰類とは混合しないで

生育期間が短く播種して栽培するホウレンソウなどの軟弱野菜には，1～2週間前に全面施用し土になじませ，早く吸収できるようにします。トマトなど生育期間が長く苗を移植するものは，ウネの下10～20cmの部分に施し，肥料をよく吸収し始める移植後1カ月ころから効くようにします。栄養堆肥もふかふか堆肥と同様に，過石を5％くらい混ぜると効果的です。

ただし，栄養堆肥を全面施用するときは，苦土石灰やヨウリンなどのアルカリ性の土壌改良剤（過石は石灰分を含むが酸性肥料）とは時期を別にして施してください。これらに栄養堆肥がふれると，栄養堆肥のチッソ分がガスになって抜けてしまいます。

土つくり堆肥⑦ 乾燥ワラ・モミガラのマルチ利用

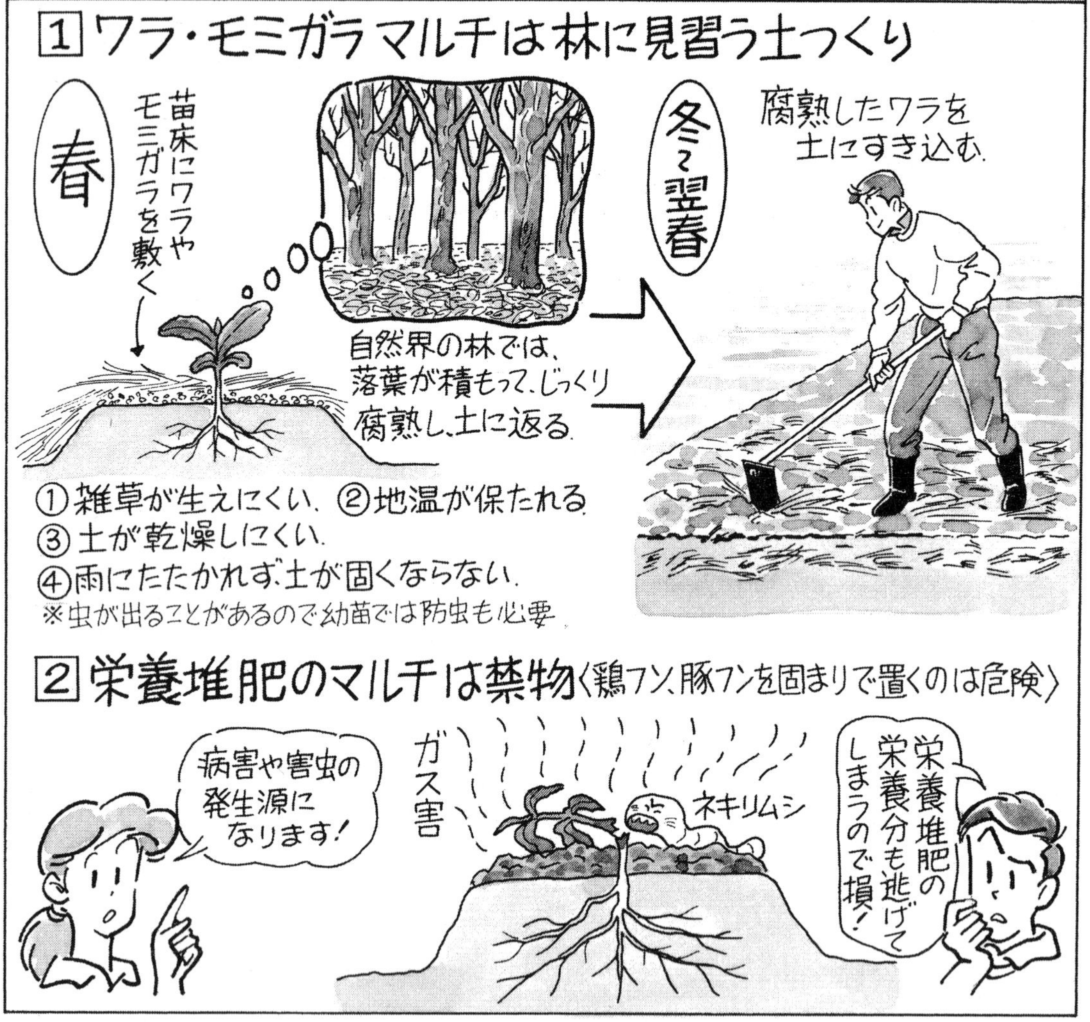

1 ワラ・モミガラマルチは林に見習う土つくり
春
苗床にワラやモミガラを敷く
自然界の林では、落葉が積もって、じっくり腐熟し、土に返る
冬〜翌春
腐熟したワラを土にすき込む
①雑草が生えにくい ②地温が保たれる
③土が乾燥しにくい
④雨にたたかれず土が固くならない
※虫が出ることがあるので幼苗では防虫も必要
2 栄養堆肥のマルチは禁物〈鶏フン、豚フンを固まりで置くのは危険〉
病害や害虫の発生源になります！
ガス害
ネキリムシ
栄養堆肥の栄養分も逃げてしまうので損！

ワラやモミガラならマルチ施用も効果的

乾燥したイナワラやモミガラ，落葉などがたくさん入手できたときは堆肥にして施用するのが一番ですが，ウネの上に厚めに敷いてマルチ代わりに利用する方法もあります。1年経つと雨にさらされ風化するように腐熟してきます。晩秋にそれをすき込めば，ふかふか堆肥と同じ効果が期待できます。林の落葉が堆積し自然に腐熟していくのに似ています。

ワラやモミガラをマルチすると雑草が生えにくく，春先は地温が保たれ夏は高温になるのを防いでくれます。雨にたたかれても表土が固くならず，水分も適度に保たれるため根の伸びが非常によくなります。

ただし，表層に大量にマルチすると，害虫が寄り集まって巣になることがあります。とくに栄養堆肥には害虫が集まりやすく，アンモニアや亜硝酸ガスも発生しやすいので危険です。有機物をマルチ利用するなら，チッソ分が少なく繊維質でじっくり分解するものに限ります。未熟なオガクズやバーク堆肥もマルチ利用には向きません。

土つくり堆肥⑧

緑肥のすき込み方

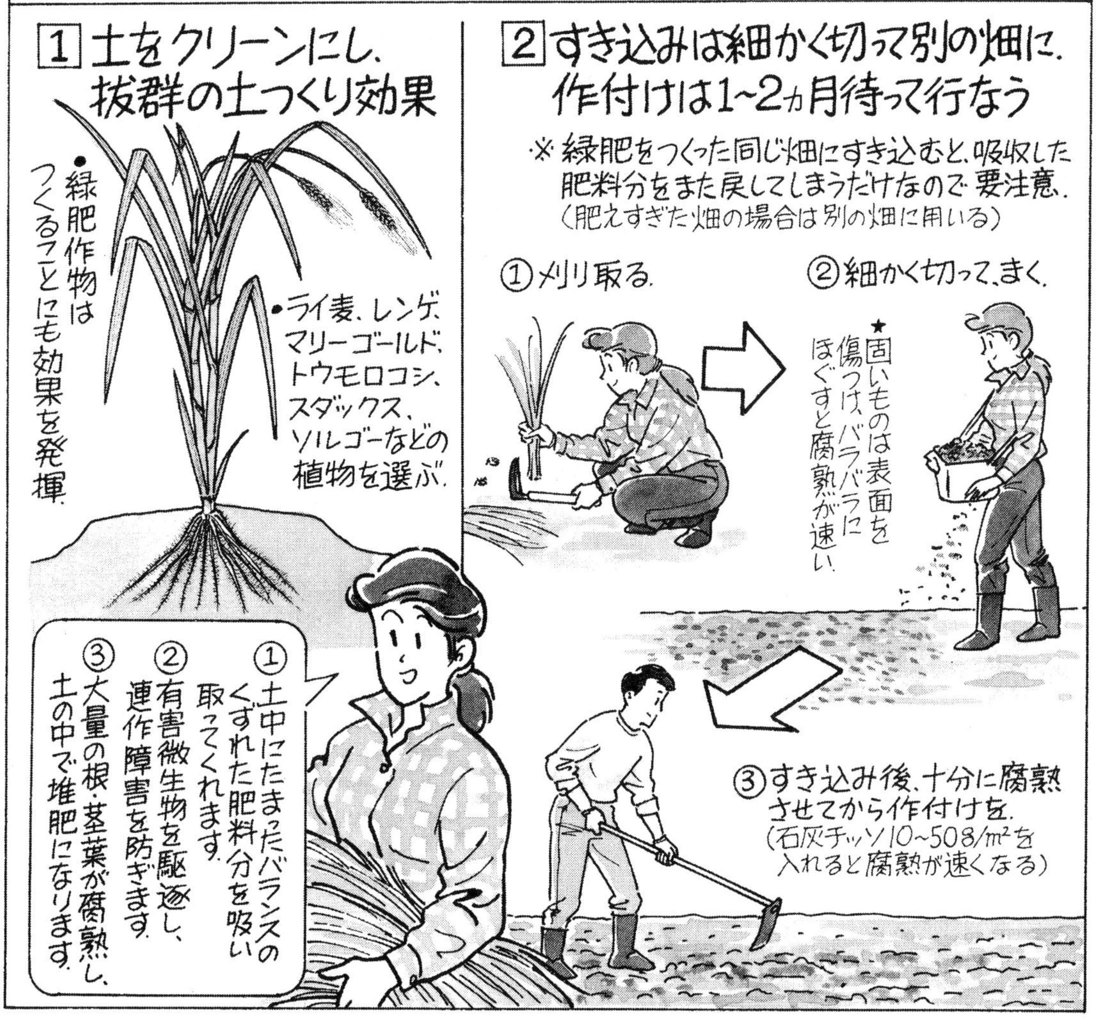

1 土をクリーンにし、抜群の土つくり効果
●緑肥作物はつくることにも効果を発揮
●ライ麦、レンゲ、マリーゴールド、トウモロコシ、スダックス、ソルゴーなどの植物を選ぶ。
①土中にたまったバランスのくずれた肥料分を吸い取ってくれます。
②有害微生物を駆逐し、連作障害を防ぎます。
③大量の根・茎葉が腐熟し、土の中で堆肥になります。
2 すき込みは細かく切って別の畑に。作付けは1~2ヵ月待って行なう
※緑肥をつくった同じ畑にすき込むと、吸収した肥料分をまた戻してしまうだけなので要注意。
（肥えすぎた畑の場合は別の畑に用いる）
①刈り取る。
②細かく切って、まく。
★固いものは表面を傷つけ、バラバラにほぐすと腐熟が速い。
③すき込み後、十分に腐熟させてから作付けを。
（石灰チッソ10~50g/m²を入れると腐熟が速くなる）

緑肥は土つくり効果抜群

土に有機物をお返しする方法がもう一つあります。ソルゴー，スダックス，ムギ，トウモロコシやクローバーやマリーゴールドなどを種子がつく前の青いうちに刈ってすき込む，緑肥です。

ムギやトウモロコシなどは根が深く張り，茎葉も繁茂してたくさんの有機物を生産します。まだ青いうちに刈ってすき込むと，土の中で1～2カ月で速やかに腐熟し効果的な土つくりになります。とくにクローバーなどのマメ科の植物をつくると，根粒菌が共生し空気中のチッソを取り込み，土が肥えてきます。春にまいて7月にすき込めば，9月に秋野菜が作付けできます。細かく傷つけるように切って，石灰チッソを1㎡当たり10～50gまいて浅く耕し混和すると殺菌，除草効果も期待でき腐熟が速くなります。

肥料分が過剰にたまった畑で茎葉をすき込まずに刈って持ち出せば，過剰の肥料分が除去されます。マリーゴールドやハブソウをつくるとセンチュウなどの土壌病害虫が少なくなります。このため，輪作のなかに緑肥を組み入れると，大変効果的です。

土つくり 土壌改良剤① 石灰資材はpH矯正が目的

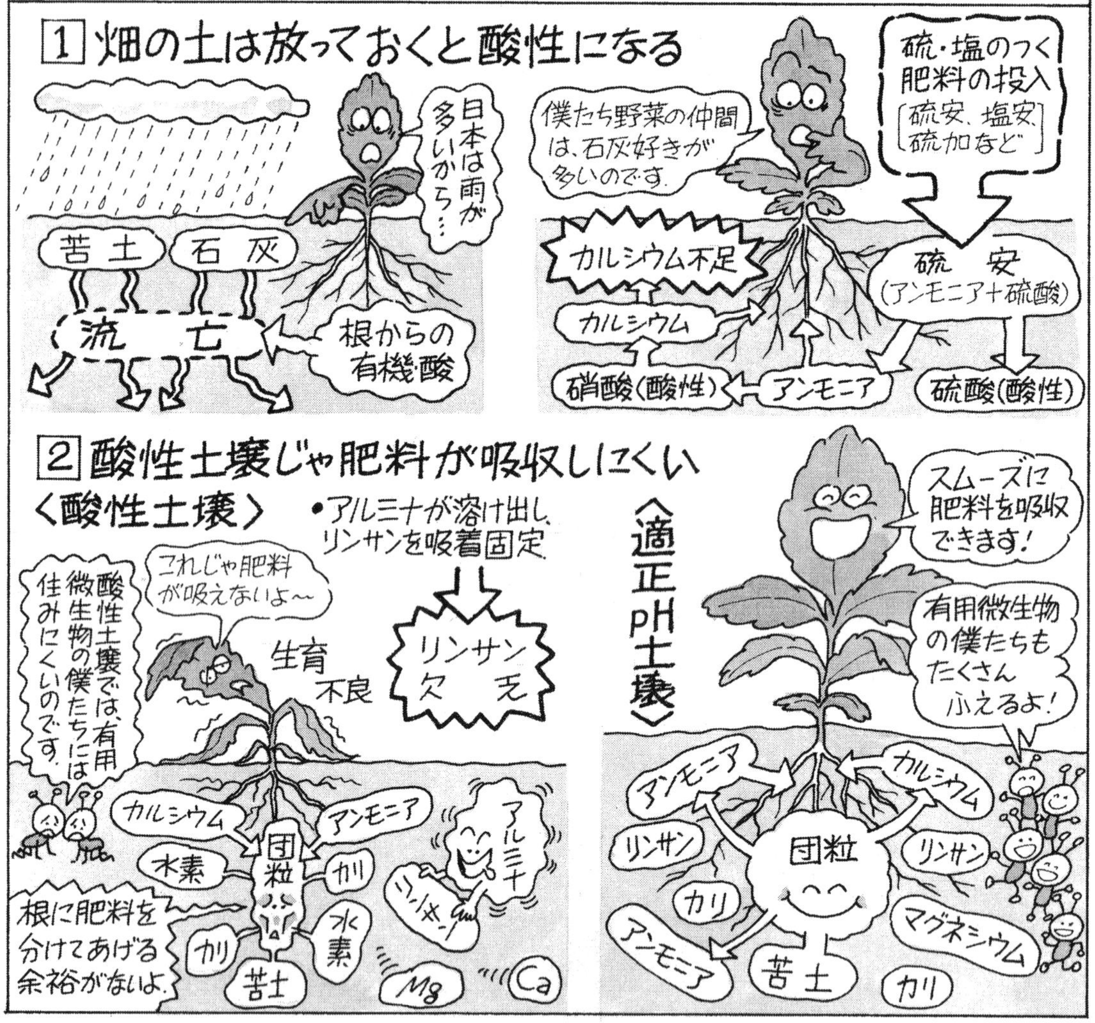

1 畑の土は放っておくと酸性になる
日本は雨が多いから…
苦土
石灰
流亡
根からの有機酸
僕たち野菜の仲間は、石灰好きが多いのです。
硫・塩のつく肥料の投入
［硫安、塩安、硫加など］
カルシウム不足
カルシウム
硫安
（アンモニア＋硫酸）
硝酸（酸性）
アンモニア
硫酸（酸性）
2 酸性土壌じゃ肥料が吸収しにくい
〈酸性土壌〉
●アルミナが溶け出し、リンサンを吸着固定
これじゃ肥料が吸えないよ～
酸性土壌では有用微生物の僕たちには住みにくいのです。
生育不良
リンサン欠乏
カルシウム
アンモニア
団粒
水素
カリ
水素
アルミナ
リンサン
根に肥料を分けてあげる余裕がないよ。
カリ
苦土
Mg
Ca
〈適正pH土壌〉
スムーズに肥料を吸収できます！
有用微生物の僕たちもたくさんふえるよ！
アンモニア
カルシウム
リンサン
団粒
リンサン
カリ
マグネシウム
アンモニア
苦土
カリ

酸性土壌じゃ肥料分が吸いにくい

雨が多い日本の土壌は石灰や苦土も流亡しやすく，酸性になりがちです。カルシウムは植物の細胞壁をつくりマグネシウムは葉緑素をつくる大切な栄養分です。

土壌が酸性になると，これらのミネラル分が欠乏し植物の細胞機能に障害を与えるだけでなく，根の肥料吸収力が低下してしまいます。根は有機酸を分泌しミネラルを溶かして吸収していますが，土壌が酸性になると根の分泌する有機酸の効力が低下するからです。

さらに，酸性土壌になると，生育に有害なアルミナが活性化し，リンサンが吸着固定されて吸収しにくくなります。それに土壌が酸性化すると有用な微生物も住みにくくなります。

土壌が酸性化するのは栽培の宿命です。酸性になる原因は，植物の吸収によるカルシウムやマグネシウムの欠乏だけではありません。チッソ肥料を施すとアンモニアが酸性の硝酸に変えられ土壌を酸性にするからです。酸性になるとカルシウムやマグネシウムが溶け出し流亡も多くなるため，さらに酸性になりやすくなります。とくに硫

③ 酸性土壌の見分け方
①こんな雑草の多い畑は酸性
カヤツリグサ
スギナ
ハハコグサ
キイチゴ
オオバコ
石灰資材をやれば少なくなるよ！
②pH試験紙で調べる
色の変化を見る
3
4
5
6
7
8
土に2.5倍量の蒸留水を加えて、試験紙をつける
6.0以下だったら、酸性を嫌う作物には石灰資材でpH矯正をします
③作物の育ちを見る
•タマネギの発芽不良、生育不良
大きくならないよォ〜
•ホウレンソウが育たない
•ニンジンも育ちが悪い
•大豆、枝豆もよくできない

安，塩安，硫加，塩加などは，土中で水に溶けチッソ分が吸収されると，硫酸，塩酸が土壌に残るため，酸性化を助長します。

石灰分が十分あれば，酸性を速やかに中和し根がスムーズに肥料を吸収ができます。酸性土壌を矯正する目的は，このようにカルシウム（石灰）やマグネシウム（苦土）の補給とともに，根が肥料分を吸収しやすいように根の回りを安定した環境に保つことです。

pH試験紙で6.0以下のときは注意

土が酸性になるとタマネギ，ホウレンソウ，ゴボウ，ダイズ，ニンジンなどの酸性をとくに嫌う作物は生育が極端に悪くなります。発芽しなかったり，発芽してもいじけて黄化したりして育ちません。

酸性になると酸性に強いスギナ，ハハコグサなどの雑草がはびこりやすくなります。このような雑草の多い畑は，酸性と判断して間違いありません。正確に調べるには，園芸店や薬局で市販しているpH試験紙が便利です。蒸留水もいっしょに購入し，土を２倍半の蒸留水で薄め試験紙を浸して調べます。酸性に強い作物以外は，pHが6.0以下のときは石灰資材の投入が必要です。

土つくり
土壌改良剤②

石灰資材の施し方のコツ

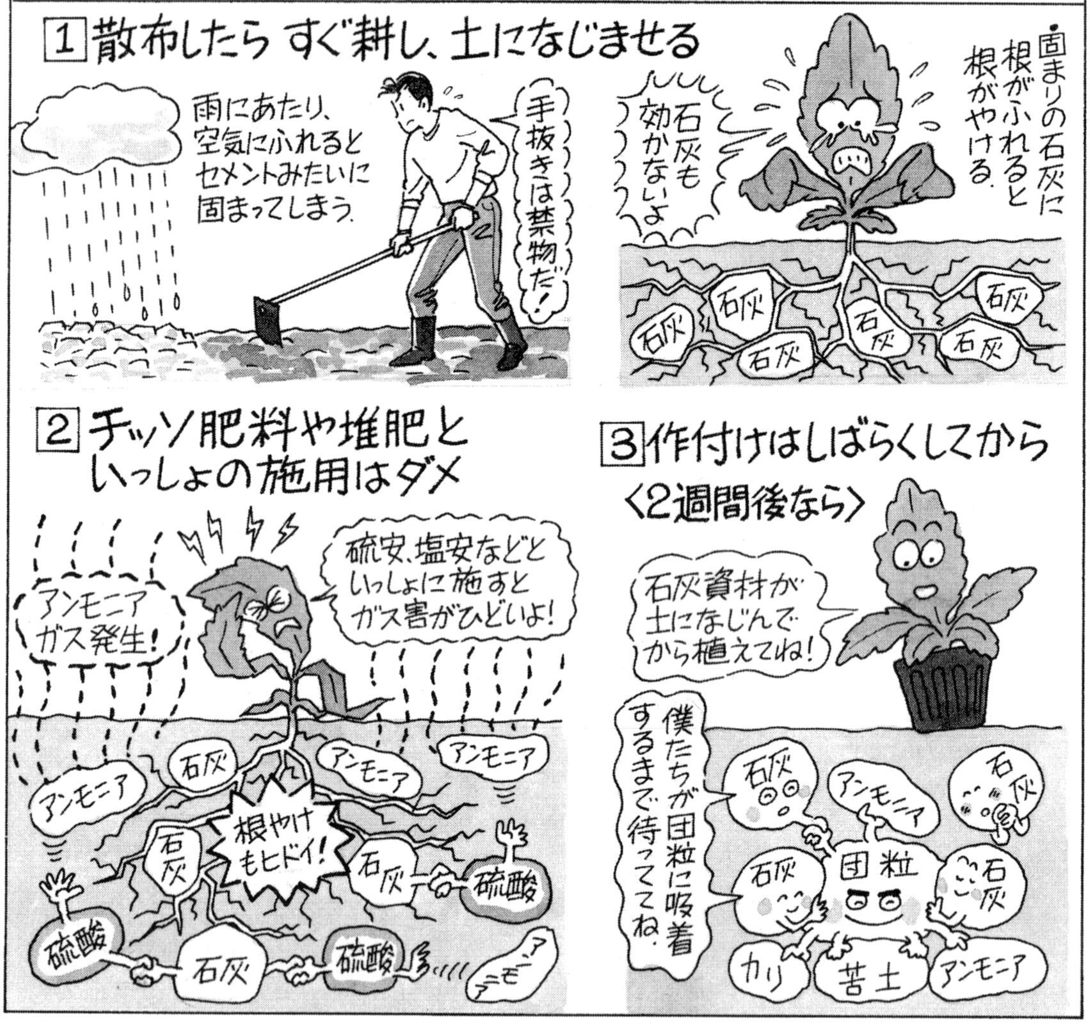
1 散布したら すぐ耕し、土になじませる
雨にあたり、空気にふれるとセメントみたいに固まってしまう。
手抜きは禁物だ!
石灰も効かないよ
固まりの石灰に根がふれると根がやける。
石灰
2 チッソ肥料や堆肥といっしょの施用はダメ
アンモニアガス発生!
硫安、塩安などといっしょに施すとガス害がひどいよ!
根やけもヒドイ!
アンモニア
石灰
硫酸
3 作付けはしばらくしてから
〈2週間後なら〉
石灰資材が土になじんでから植えてね!
僕たちが団粒に吸着するまで待っててね。
団粒
石灰
アンモニア
カリ
苦土

石灰はすぐ混ぜ1～2週間後に作付け

石灰資材をまいてそのままにしておく人や，肥料や堆肥といっしょにまいてすぐ作付けてしまう人がいますが，失敗のもとです。石灰資材はセメントをつくる石灰岩からつくられることからもわかるように，空気や水にふれると固くなってしまいます。石灰類を吸水しやすい状態で長期間保存しておくと固くなり，使えなくなります。

石灰資材はまいたらすぐ耕し，固まりにならないように土とよく混ぜて施すことが肝心です。土の中で根が石灰資材の固まりにふれると肥やけします。よく混ぜて2週間くらいすると土壌の粒子になじみ，土壌が石灰分を保持してくれます。

また，石灰資材を硫安や塩安などのチッソ肥料やチッソ分の多い栄養堆肥といっしょに施すと，アンモニアガスが発生し，ガス障害を受けることがあります。また，チッソ分が逃げてしまうので損です。石灰資材は堆肥やチッソ肥料と同時に施さないようにすることが大切です。

適量を堆肥とセットで施すのがコツ

しかし，意外と多い失敗が，やり過ぎに

4 やり過ぎは何でも禁物
①アルカリ土壌化
★鉄、マンガンなどの微量要素も欠乏.
肥やけするよ～
もうこれ以上吸着できないよ!!
アンモニア
石灰
石灰
石灰
アンモニア
アンモニア
カリ
石灰
石灰
石灰
団粒
カリ
カリ
カリ
石灰
苦土
アンモニア
カリ
②土が固くなる
セメントみたいに固まってしまったわ!
5 石灰は堆肥とセットで
★ただし、堆肥と石灰はいっしょに施さないこと.
前もって施した石灰
石灰
石灰
石灰
石灰
有用微生物
腐植
僕たちにも酸性改良効果があるんだよ
●石灰を施すと微生物がふえ、有機質、腐植の分解・消耗が激しくなる.
1回に施す量は牛乳ビン(180cc)で1本くらいまでです.
★吸着保持能力の小さい砂地土壌ではひかえめに.
1m²
1m
苦土石灰
炭酸カルシウム
200～300g
pH6.0～pH5.0の畑
1m

よる失敗です。石灰資材をやみくもに毎回施すと，pHが上がりアルカリ性になります。アルカリ性土壌になると土の肥料タンクが石灰で一杯になり，チッソ分やカリ分が保持できなくなります。水分があるとそれらが溶け出し濃度が濃くなるため，根がすぐ肥やけしてしまいます。

また，石灰は有機質の分解を促進します。有機質を施さずに毎回過剰の石灰資材をまいていると，土壌の腐植の消耗が激しくなって，土が固くしまって，まるでセメントで固めたようになってしまいます。

石灰資材は酸度を調べ適量を施すことです。だいたいpHを1.0上げるのに必要な苦土石灰の量は，有機物の多い土壌の場合1㎡当たり200～300g，約牛乳ビン1本です。砂地など肥料の貯蔵力の劣る畑ではこの半分量くらいに少なくしてください。

いずれにしても，石灰資材と時期をずらしてふかふか堆肥を施し，堆肥とセットで石灰資材を施すことが効果的です。腐植が多くなれば，石灰の貯蔵能力も高まり，pHの変化も少なくなります。

6 作物によって違う好適pH

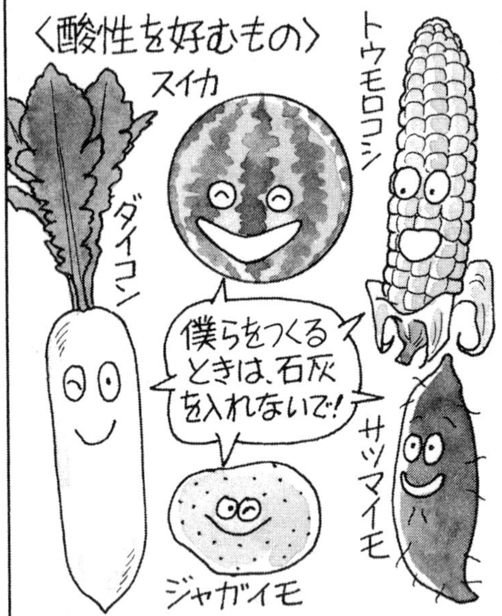
〈酸性を好むもの〉
スイカ
トウモロコシ
ダイコン
僕らをつくるときは、石灰を入れないで!
サツマイモ
ジャガイモ

酸性に対する強さ	pHの目安	作物
強い	4.5～5.5	ジャガイモ、スイカ
やや強い	5.5～6.0	サツマイモ、サトイモ、パセリ、トウモロコシ、インゲン、ダイコン
やや弱い	5.5～6.5	キュウリ、ナス、トマト、ニンジン、エンドウ、キャベツ、ハナヤサイ、ブロッコリ、セルリ、レタス、メロン
弱い	6.0～7.0	ホウレンソウ、ビート、タマネギ、トウガラシ、ゴボウ、アスパラガス

7 石灰資材は酸性に弱いものに施し、つくりまわしする

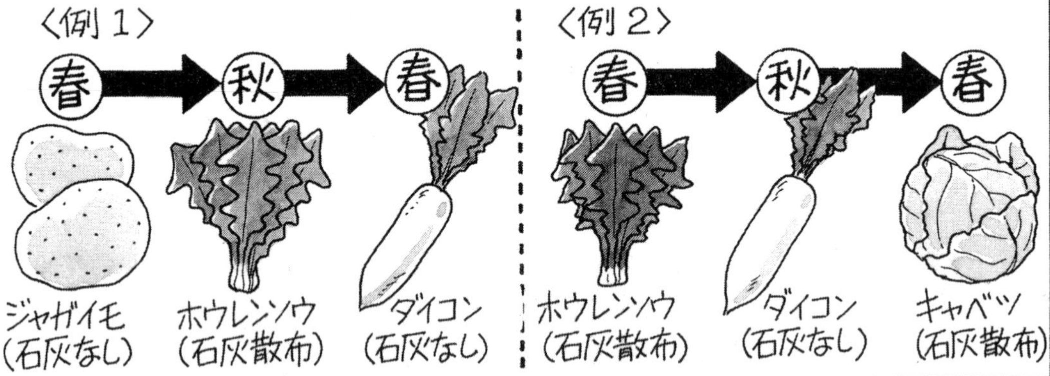
〈例1〉
春 → 秋 → 春
ジャガイモ(石灰なし)
ホウレンソウ(石灰散布)
ダイコン(石灰なし)
〈例2〉
春 → 秋 → 春
ホウレンソウ(石灰散布)
ダイコン(石灰なし)
キャベツ(石灰散布)

石灰は酸性に弱い作物だけに施す

どんな作物にでも必ず作付け前に石灰をまいている人がいますが，これも間違いです。作物には酸性を好む，ないしは酸性でも十分に育つ作物も多いのです。ジャガイモはpHが高くなると肌がざらざらになってしまいます。ダイコンやカブも肌が真白くなりません。スイカやサツマイモ，トウモロコシなども酸性に強いので，よほどpHが低くない限り石灰を施す必要はありません。石灰資材もつくる作物の好みに合わせて使う必要があります。

石灰を欲しがる作物とつくりまわす

石灰を上手に施すコツは，酸性を嫌う作物と酸性に強い作物を順繰りにつくり，石灰は酸性に弱い作物をつくる前に施しておくことです。たとえば，春のジャガイモには施さずに秋のホウレンソウに施し，その跡に春ダイコンをつくります。また，酸性を嫌う作物は肥料を好むものが多いものです。栄養堆肥もこの酸性を嫌う作物に施して，その跡に酸性に強い作物をそのまま作付けすると，堆肥の施用も合理的です。ただし，堆肥と石灰は別々に施してください。

土つくり
土壌改良剤③

石灰資材の選び方・使い方

1 種類によって違う効き方

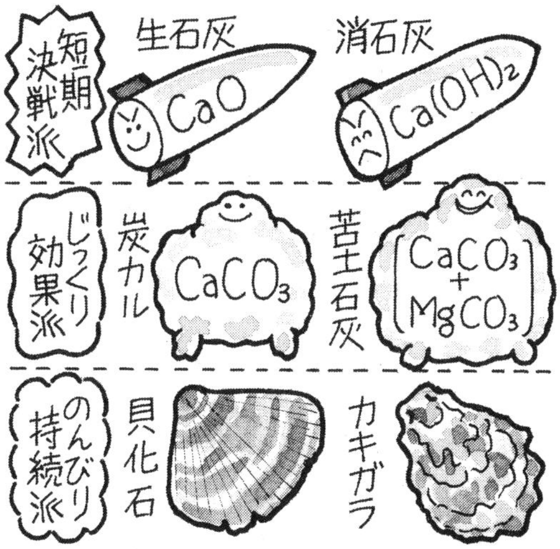

短期決戦派
生石灰
CaO
消石灰
$Ca(OH)_2$
じっくり効果派
炭カル
$CaCO_3$
苦土石灰
$CaCO_3$ + $MgCO_3$
のんびり持続派
貝化石
カキガラ

酸性に弱い作物に施す1回の石灰資材の量

種類	アルカリ分	反応の強さ	施肥量の目安 g/㎡
生石灰	80%以上	強く障害が起きやすい	120～180
消石灰	60%以上	↑	150～220
炭カル	53%以上		200～300
苦土石灰	53%以上		200～300
貝化石	40～45%	↓	240～360
カキガラ	40%	ゆるやかで障害が起きにくい	240～360

★過リン酸石灰、カニガラは酸性矯正の効果がない.

2 アルカリ分の多い生石灰.消石灰は要注意

①アルカリ分が多いから
やり過ぎは絶対禁物.
②施したらすぐ耕し、2週間
以上あけて作付けすること.
③堆肥や肥料といっしょに
施さないこと.
消
生
生石灰は水にふれると発熱!
〈保存は完全密閉する〉

ヨウリンも石灰分が豊富

石灰資材には，生石灰，消石灰，炭カル，苦土石灰，貝化石，カキガラなどがあります。それぞれ特徴があるので，使い分けることが大切です。また，ヨウリンもアルカリ分が50％もあり，炭カルと同程度の酸性矯正力があります。ヨウリンを1㎡に200g程度施したときは，石灰資材は必要はありません。過リン酸石灰は石灰分が含まれていますが，酸性なので酸性矯正の力はありません。

生石灰,消石灰は必ず作付け2週間前に

生石灰は石灰岩を焼いて粉にしたもので，強いアルカリ資材です。水をかけると激しく発熱し消石灰になります。生石灰・消石灰はアルカリ分が多く，溶けると強いアルカリ性を示します。すぐ作付けし種子や苗の根がふれると障害を引き起こす危険性が強いので要注意です。まいたらすぐに土とよく混ぜ，必ず2週間はあけて作付けしてください。量も苦土石灰よりも3～4割少なくし，堆肥やアンモニア系の肥料とは必ず別々に施してください。

3 苦土石灰・炭カル―障害は少ないが、すぐ効かない
10日間くらいおけば種まきや植付けができるよ。
炭カル
苦土石灰は、苦土(マグネシウム)も補給できます。
苦土
すぐ溶けないから根傷みの心配なし
Ca
団粒
でも、すぐにpHが上がらないから、やっぱり早めに施してください。
4 貝化石、カキガラ―ジワジワ効く有機石灰
私たちは安全有機派。でもすぐには溶けないから、初めのうちは苦土石灰もいっしょに入れてくださいね!
石灰
苦土
ジワ〜〜ッと少しずつ溶けていくから長持ちするよ!
やせた地力のない畑でもガス害、肥やけの心配がありません。
ものによっては成分量に気をつけて!

安心して使える炭カル・苦土石灰

炭カルは石灰岩を砕いて粉にした炭酸カルシウムです。炭カルの仲間でドロマイトからつくられた苦土石灰（炭酸苦土石灰）はマグネシウムを3.5％以上含んでいます。炭カルは石灰岩の粉なので空気や水にふれても変化しません。酸性土壌や根の分泌する有機酸に溶けてじっくり効いてくるので，障害を起こす心配はあまりありません。しかし，反応が鈍いだけに早めに施さないと，酸性を矯正してくれません。

また，カルシウムとマグネシウムはバランスが重要で，石灰分だけが多いとマグネシウムが吸収しにくくなってしまいます。その点でマグネシウムを含む苦土石灰は同時に両方施せるので安心です。

貝化石，カキガラはじっくり派

貝の化石やカキガラを砕いたものや粉末にした石灰資材は，炭カルと同様にじっくり効き，安心して使えます。粒の大きなものほどじっくり長く溶けてジワジワ効いてきます。しかし，製品によってアルカリ分の含量にばらつきがあるので，よく確かめて選んでください。

土つくり 土壌改良剤④

アルカリ土壌の改良剤

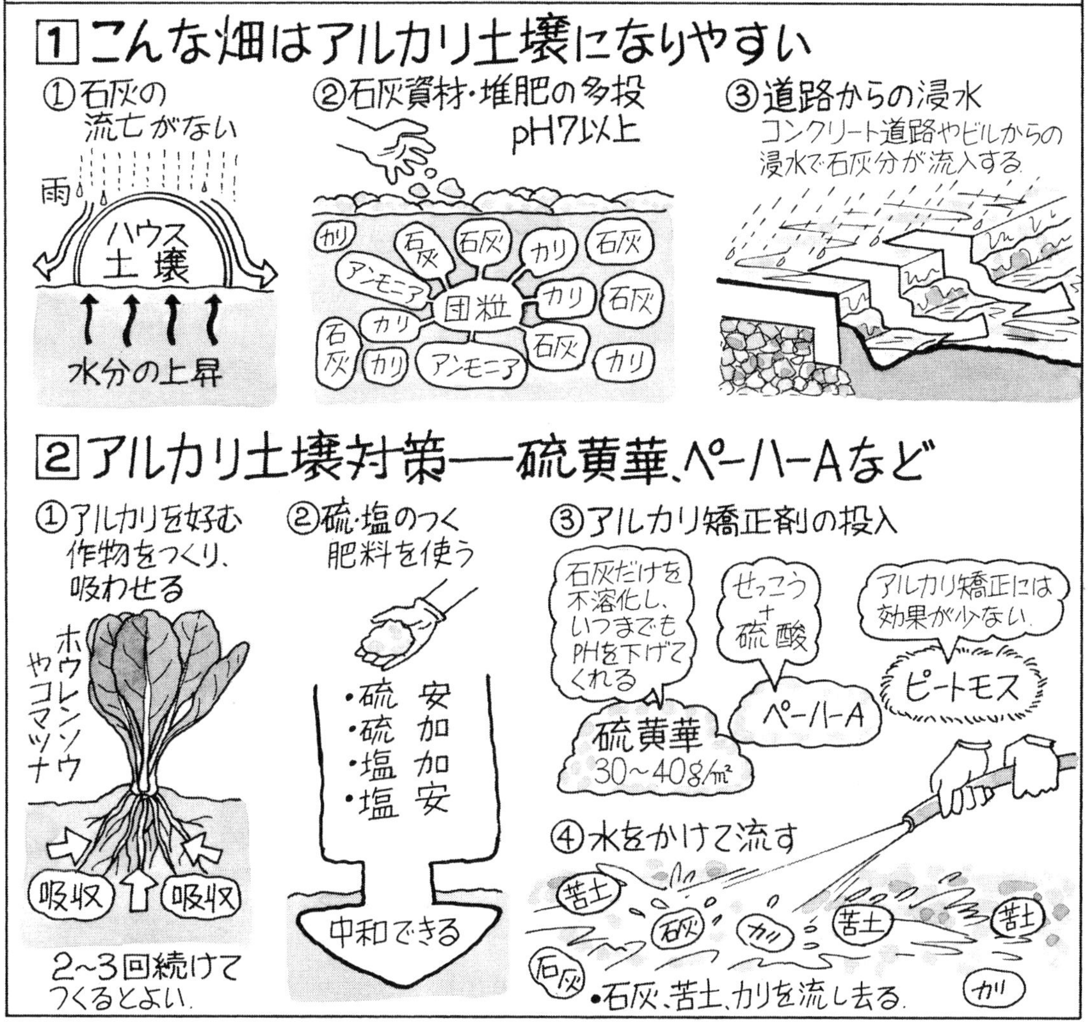

1 こんな畑はアルカリ土壌になりやすい
①石灰の流亡がない
雨
ハウス土壌
水分の上昇
②石灰資材・堆肥の多投
pH7以上
カリ
石灰
アンモニア
団粒
③道路からの浸水
コンクリート道路やビルからの浸水で石灰分が流入する
2 アルカリ土壌対策―硫黄華、ペーハーAなど
①アルカリを好む作物をつくり、吸わせる
ホウレンソウ
コマツナ
吸収
2~3回続けてつくるとよい
②硫・塩のつく肥料を使う
・硫安
・硫加
・塩加
・塩安
中和できる
③アルカリ矯正剤の投入
石灰だけを不溶化し、いつまでもPHを下げてくれる
硫黄華
30~40g/㎡
せっこう+硫酸
ペーハーA
アルカリ矯正には効果が少ない
ピートモス
④水をかけて流す
苦土
石灰
カリ
・石灰、苦土、カリを流し去る

アルカリ土壌になったらやっかい

石灰資材を過剰に施し続けるとpHが7以上にも上がり，アルカリ土壌になってしまう危険があります。とくに雨が当たらぬハウス栽培では流亡がなく，水分が逆に上昇し塩分を地表に押し上げるため，pHが上がり砂漠の土壌のようになりがちです。また，ビルや道路ぎわの畑では，コンクリートの石灰分が溶けた雨水が流入し，アルカリ化してしまうことがあります。

アルカリ土壌になるとカルシウムやマグネシウムなどの塩類が過剰になり，さらに土壌の肥料保持力が限界となるため，ちょっとの施肥量で肥やけやガス障害が発生します。また，鉄，マンガンなどの微量要素も吸収しにくくなります。

一度アルカリ化すると酸性矯正以上にやっかいです。硫黄華やペーハーAなどのアルカリ矯正剤もありますが，適量を施すのが難しく，なかなか目的のpHまで下げてそれを安定的に維持させにくいのです。硫安，塩安，硫加などの生理的酸性肥料を使ったり，中性を好むホウレンソウやコマツナを続けてつくって石灰分を吸収させて矯正するのも一つの方法です。

土つくり 土壌改良剤⑤

ヨウリンで火山灰土壌の改良

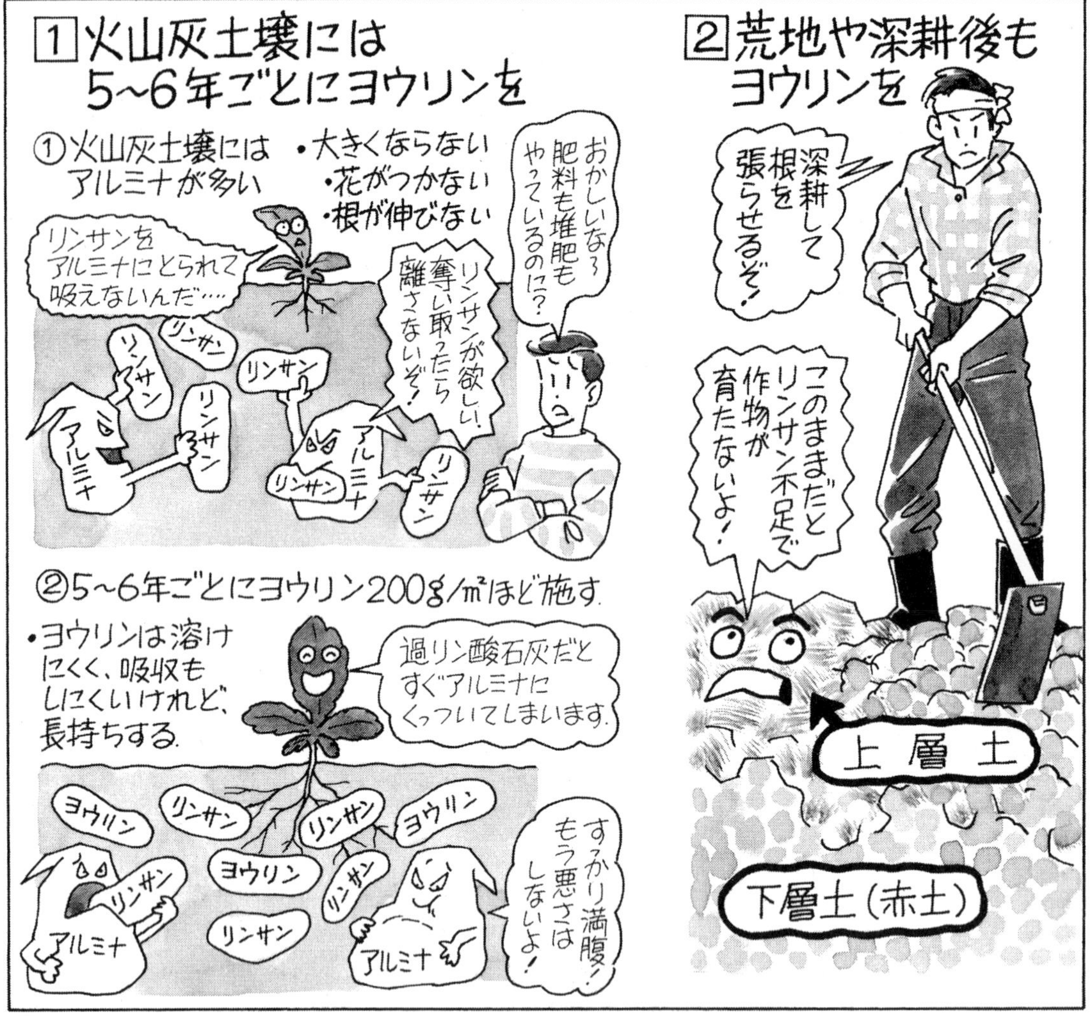

1 火山灰土壌には 5～6年ごとにヨウリンを
①火山灰土壌には アルミナが多い
・大きくならない ・花がつかない ・根が伸びない
リンサンを アルミナにとられて 吸えないんだ…
おかしいな～ 肥料も堆肥も やっているのに？
リンサンが欲しい！ 奪い取ったら 離さないぞ！
リンサン
アルミナ
②5～6年ごとにヨウリン200g/㎡ほど施す
・ヨウリンは溶けにくく、吸収もしにくいけれど、長持ちする
過リン酸石灰だと すぐアルミナに くっついてしまいます
ヨウリン
すっかり満腹！ もう悪さは しないよ！
2 荒地や深耕後も ヨウリンを
深耕して 根を 張らせるぞ！
このままだと リンサン不足で 作物が 育たないよ！
上層土
下層土(赤土)

リンサンが効きにくい火山灰土壌

酸性土壌では，アルミナが溶けて活性化しリンサンが吸着・固定され，欠乏症が発生しがちです。アルミナはどんな土壌にも含まれていますが，極端に多いのが火山灰土壌です。火山灰土壌の畑では，pHが適正でもリンサン欠乏になりやすいのです。

火山灰土壌の改良にうってつけなリンサン肥料が，ヨウリンです。ヨウリンはじっくり溶け出るく溶性のリンサン肥料で，しかもアルカリ分が50％も含まれているため，酸性も矯正しアルミナの活性化も防いでくれます。5～6年に1回，1㎡当たり200～300gくらい施すと効果的です。ある程度のアルミナにあらかじめリンサンを吸着させておけば，それ以上吸着しなくなります。過リン酸石灰は酸性でリンサンが水溶性なのでアルミナにすぐ吸着されてしまい，土壌改良には向いていません。

また，リンサンは土壌中を移動しにくいため，下層の土壌にはほとんど含まれていません。深耕して下層の土が表層に出てくると，同様にリンサン欠乏症を起こすことがあります。この場合も深耕後，ヨウリンを施す必要があります。

土つくり
土壌改良剤⑥

粘土・砂などで肥もち・水はけをアップ

1 砂質土壌には粘土やバーミキュライトで保水・保肥力アップ
●ふかふか堆肥でアップ
砂地
水もち、肥もちが悪い。
●肥料タンク小
さらに
堆肥だけでは長持ちしない
●粘土、ゼオライトやバーミキュライトを1～2ℓ/㎡ふかふか堆肥に混ぜて施す。
全面混和
水もち、肥もちがさらにアップ。
●肥料タンク大
量が少ないときはウネの下に施すと効果的。
2 粘質土壌には砂やパーライトで通気・排水性をアップ
●ふかふか堆肥でアップ
粘質土壌
排水、通気性が悪い。
さらに
堆肥だけでは長持ちしない！
●砂、パーライトを5ℓ/㎡ふかふか堆肥に混ぜて施す。
空気
水
全面混和で空隙が多くなる。
パーライトや砂は、ウネの下に施すと経済的。

砂質土壌，粘土質土壌の改良には

砂質土壌は粘土が少なく団粒構造ができにくいため，肥料を保持する力が小さく，また，水もちも悪いため肥料が流亡しやすいのが欠点です。この欠点を改良するには，肥料の保持能力が高く保水力もあるゼオライト（沸石を含む凝灰岩の粉末）を1㎡当たり0.5～1ℓ混和すると効果的です。鉢花用土に使われるバーミキュライトも割高ですが1㎡に1～2ℓ施すと有効です。

全面散布し混和するといいですが，効果的に使うには，堆肥や肥料に混ぜてウネの下や植え穴の下に施します。

一方，粘土質の土壌は肥もちや水もちはいいのですが，乾くと固まって耕しにくくなり，水はけや通気性が悪いのが欠点です。ふかふか堆肥を多めに入れ続けると団粒構造が発達し改良されますが，砂や多孔質のパーライト（真珠岩を粉砕し焼いたもの）を1㎡に5ℓ以上加えてやると，空隙ができ水はけや通気性がよくなります。堆肥は分解しやすいので入れ続けないと効果がすぐになくなりますが，これらは鉱物質なので長持ちします。

土 つ く り
土壌改良剤⑦

微生物資材

1 土の中は微生物の世界
土の中は僕らがとりしきってるんだよ
アンモニア
①肥料の流れ、吸収をよくする、
硝酸態チッソ
⑥光合成細菌が炭水化物を合成したり、チッソ固定を行ない、土壌中に供給する
②有害微生物の繁殖を抑え、土壌病害を防ぐ
抗生物質やホルモン分泌でやっつけるぞ
⑤根粒菌・菌根菌が根に共生して、チッソやリンサン分を供給する
リンサン
チッソ
③分解された有機物を使い、粘土粒子や鉄分、根などといっしょになり団粒構造をつくる
④有機物を分解し、作物の吸収しやすい栄養分に変える

土壌の中は微生物の領分

土つくりの目標には，排水性・通気性，水もち・肥もちをよくすること，酸度矯正し適正なpHにすることのほかに，有用微生物が豊富に住む土壌にすることがあります。微生物は堆肥などの有機物を分解し腐植をつくり，作物が吸収できる無機養分を生産したり団粒つくりに活躍してくれるだけではありません。

1サジ1杯の土（1g）の土の中には，約1,000万の微生物がいるといわれていますが，その種類も多種多彩です。アンモニアを硝酸に変える硝化菌，土の中で光合成をし根に糖を供給する光合成細菌，根と共生し根にリンサン分を供給する菌根菌，空気中のチッソを固定し根にチッソ分を供給する根粒菌，ホルモンや抗生物質を分泌して有害菌の繁殖を抑制するさまざまな有用菌などです。

土壌消毒は有害菌だけでなく，有用菌も殺してしまいます。それよりはさまざまな種類の微生物をより多くふやし，有害菌の勢力を豊富な微生物の力で弱めるほうが，自然です。土の中は微生物の領分で，人間の力でなかなか制御できないからです。

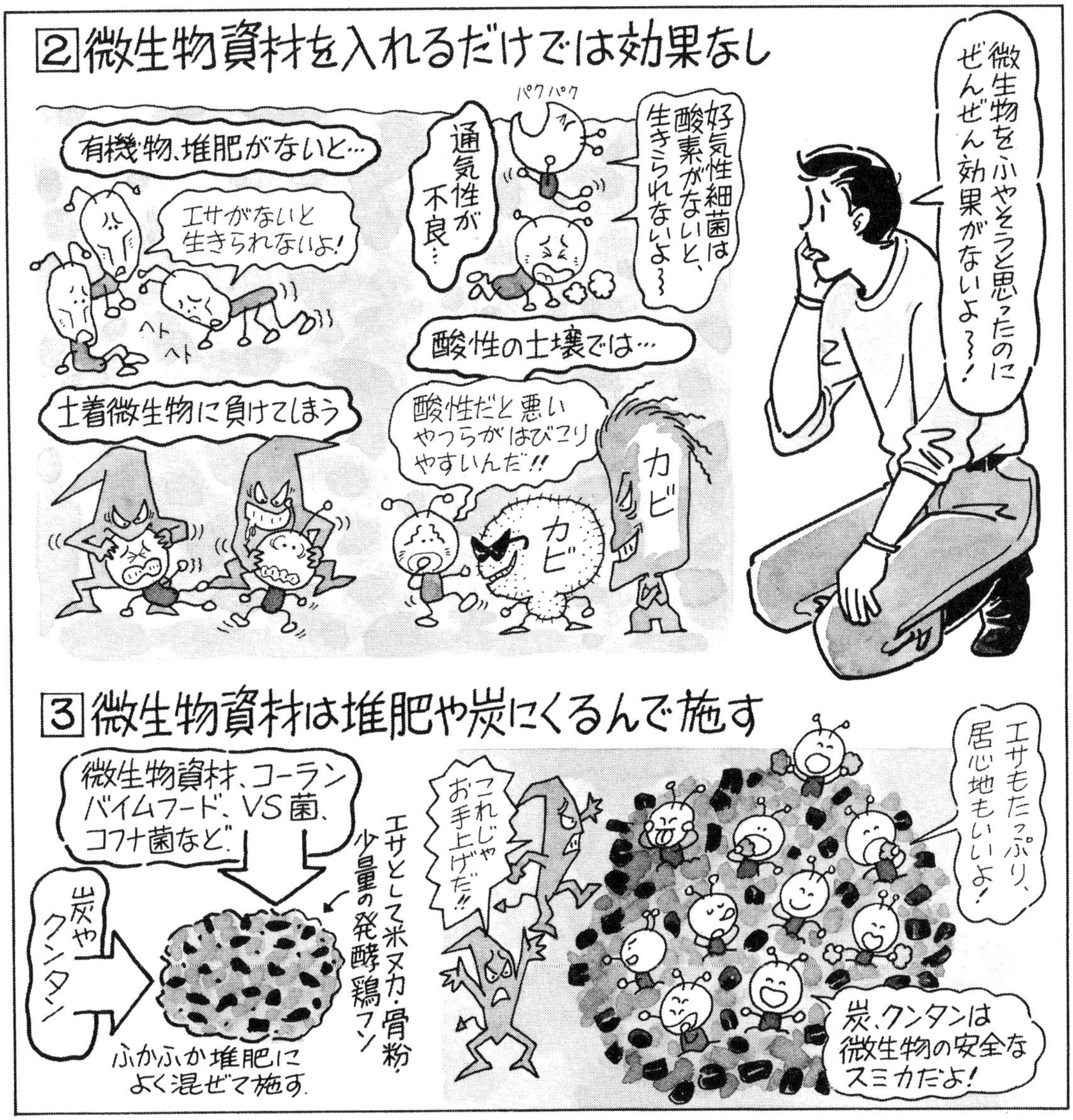

微生物資材は堆肥と炭資材をセットで

現在，コーラン，バイムフード，VS菌，コフナ菌などさまざまな有用菌を含んだ微生物資材が市販され注目されています。しかし，微生物資材を単独で施しても本当に効果があったのか，わからないことが少なくありません。土壌に生存している土着微生物の勢力に負け増殖しにくいからです。

よい微生物をふやすには，微生物のエサとなる堆肥を投入することが一番です。堆肥1gには1億もの微生物がいるといわれています。エサがふえれば自然に微生物もふえてきます。微生物資材は単独ではなく，堆肥に混ぜるか，堆肥やボカシ肥をつくる際の発酵促進剤として使う方法がもっとも有効です。

また，微生物の繁殖を促すには，酸性や通気性を改良し，有用微生物が住みやすい環境をつくることが大切です。モミガラクン炭や木炭，ヤシガラ炭などの炭は，有用微生物の最良の住みかになります。炭には目に見えない小さな穴が無数にあり，そこが有用微生物の繁殖拠点になるからです。堆肥と炭資材をセットで施せば，有用微生物の威力も格段にアップします。

肥料は作物の吸収量に応じて

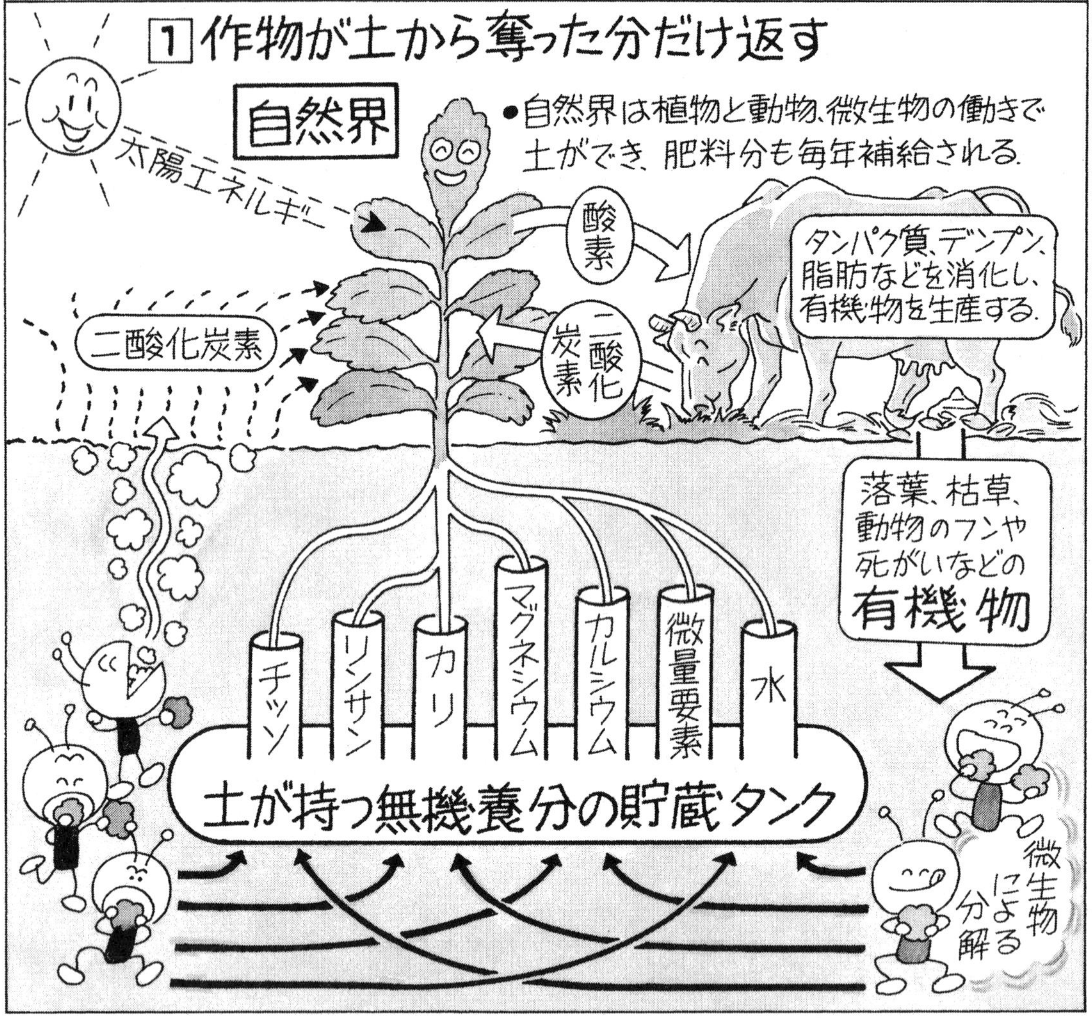
1 作物が土から奪った分だけ返す
自然界
●自然界は植物と動物、微生物の働きで土ができ、肥料分も毎年補給される。
太陽エネルギー
酸素
タンパク質、デンプン、脂肪などを消化し、有機物を生産する。
二酸化炭素
二酸化炭素
落葉、枯草、動物のフンや死がいなどの有機物
チッソ
リンサン
カリ
マグネシウム
カルシウム
微量要素
水
土が持つ無機養分の貯蔵タンク
微生物による分解

自然界は土つくりの輪廻運動

植物は葉が空気中の二酸化炭素を吸い，太陽エネルギーを利用して，根が土壌中から吸い上げた水や無機肥料分とでデンプンやタンパク質などの有機物を合成し，酸素を放出して成長します。

そして枯死した植物は，土の中で微生物によって分解され腐植となって土をつくり，土に無機養分を返し微生物は空気中に二酸化炭素を放出します。

野生動物もデンプンやタンパク質を食べ体をつくり，植物のつくった酸素を吸って分解しエネルギーを取り出し，二酸化炭素を放出して生きています。そして糞尿や死体は，微生物によって分解され再び無機養分となって土に返されます。

このように，自然界は太陽エネルギーが媒介となって，チッソ，リンサン，カリなどの養分が無機質，有機質の無限の輪廻を繰り返して循環しています。その長い過程で岩石が風化し腐植がふえ，植物が育つ肥えた土壌の深さがしだいに増してきました。岩石から1cmの深さの土ができるには，数百年かかるといわれています。自然界ではこの輪廻が繰り返されるほど，土は

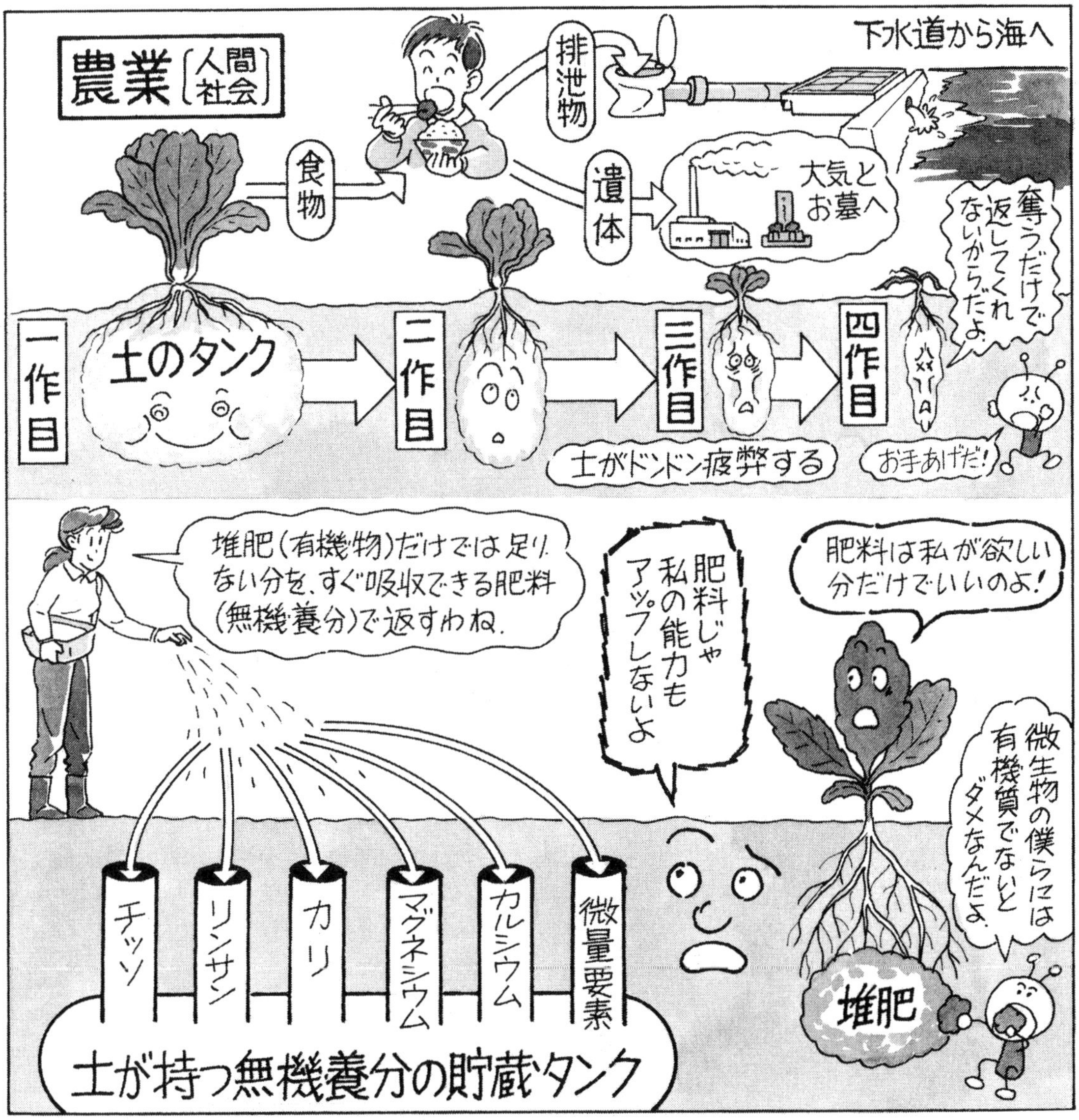

ふえ栄養分も豊富になっていきます。

土を収奪し返さぬ人間存在

人間は自然界が長年かかってつくった原始林の大地を耕地に変え，食物となる作物を栽培しています。野生の植生は耕地に比べ有機物生産量が多く，動物によって食べられる植物は一部分で，ほとんどの野生植物の枯死したものは直接，土に返っていきます。耕地では雑草も駆逐され，ほとんどが収穫され大地から持ち出されてしまいます。さらに人間は野生動物のように糞尿を大地に返すことは少なく，その多くは浄化され海に流しています。

そのため，耕地では絶えず堆肥を投入し有機物を還元するとともに，無機養分，肥料を補給しないと土がだんだんやせてきてしまいます。放っていると腐植がだんだん少なくなるため，肥料分の保持能力も低下し，貯蔵された肥料分も少なくなって作物が育たなくなってきます。

畑では堆肥だけでなく，作物が吸収した肥料分を補ってやることが，土に対する礼儀です。そのうえ，作物の多くは野生植物よりも肥料を好むように改良されているため，肥料を施さないと育ちません。

② 過剰施肥は肥やけ、木ボケの原因
鶏フンをドカドカ入れて失敗だったね!!
木ボケ
茎葉ばかりが大きくなって、花や実がつかない。
超過剰
肥やけしおれ
発芽不良
根が漬物になっちゃった…
チッソ
カリ
チッソ濃度が高くなる
僕の貯蔵能力以上にもらっても調整できないよォ～!!
砂質土の僕は貯蔵タンクが小さいから、特に気をつけてね。

土に伺い立てずに肥料を施すことなかれ

施肥の失敗の多くが，チッソの過剰施肥による木ボケ，ツルボケです。さらに肥料分が多くなると肥やけ，発芽障害，生育不良になります。たとえば，鶏フンは速効的で普通化成なみの肥料分を含みますから，過剰施用すると失敗します。発酵鶏フンでも1㎡当たり300～500gが限度です。

果菜類や根菜が茎葉ばかりが太く大きくなって，肝心の実がつかなかったり根が太らないのは，チッソ分が作物の要求以上に過剰に吸収され生育を乱したからです。土の肥料貯蔵能力以上に一度に施すと，チッソ分やカリ分があふれて水に溶け出て過剰に吸収されてしまいます。なおひどい場合は，土壌溶液の肥料濃度が濃くなり，塩漬けしたように根の水分が逆に奪われてしまいます。これが肥やけです。

土壌の肥料貯蔵能力は土の種類，団粒の発達度合いによって違います。普通の土壌では一度に施せるチッソ成分量の目安は1㎡当たり20g以下ですが，粘土が少なく団粒も発達しにくい砂質土壌は，貯蔵能力が低いので，10g以下です。

③N(チッソ)・P(リンサン)・K(カリ)のバランスが大切
〈油カスばっかりじゃ リンサン、カリが不足〉
油カスの養分バランス
リンサン10%
カリ10%
チッソ80%
ツルボケ
スイカの
チッソ優先生育
栄養のバランスが悪いんだよ!
ツルは元気
有機栽培でやっているのに…
実がつかない
リンサンが欲しいよ〜
〈三要素を多く必要とする部位〉
チッソ
葉と茎に
リンサン
花と実に
カリ
根に
〈肥料成分表示をよく見ること〉
油カス
7-1-1
N P K
(5kg)
骨粉入り
油カス
4.5-7-0.7
N P K
(5kg)
チッソ→5kg×7%=350g
リンサン→5kg×1%=50g
カリ→5kg×1%=50g
リンサンとカリが足りないわ!

肥料は成分のバランスが肝心

施肥のポイントの第2は，肥料成分のバランスです。油カスばっかりだと，チッソだけが多くなりリンサン，カリが不足し，チッソ優先の生育になってしまいます。油カスのチッソ成分は5〜7％と普通化成なみですが，リンサン，カリはそれぞれ1〜2％しか含まれていないからです。

植物が必要とする主な無機栄養分は，主にタンパク質の材料となり茎葉や根の成長に重要なチッソ，成長点の細胞分裂，根の伸長や花・実の生育を促進するリンサン，生理作用の活動をスムーズにし根や茎を強固にするカリ，この3つが三大要素です。カルシウム，マグネシウム，イオウも比較的多く必要ですが，土壌改良で施しておけば十分です。そのほかの微量要素も堆肥を十分に施用すれば，あえて必要ありません。むしろ肥料のバランスが悪いと，これらはあっても吸収しにくくなります。

肥料には，チッソ，リンサン，カリの含有量が記載されています。チッソが7％ということは，その肥料100gの中に7gのチッソが入っているという意味です。

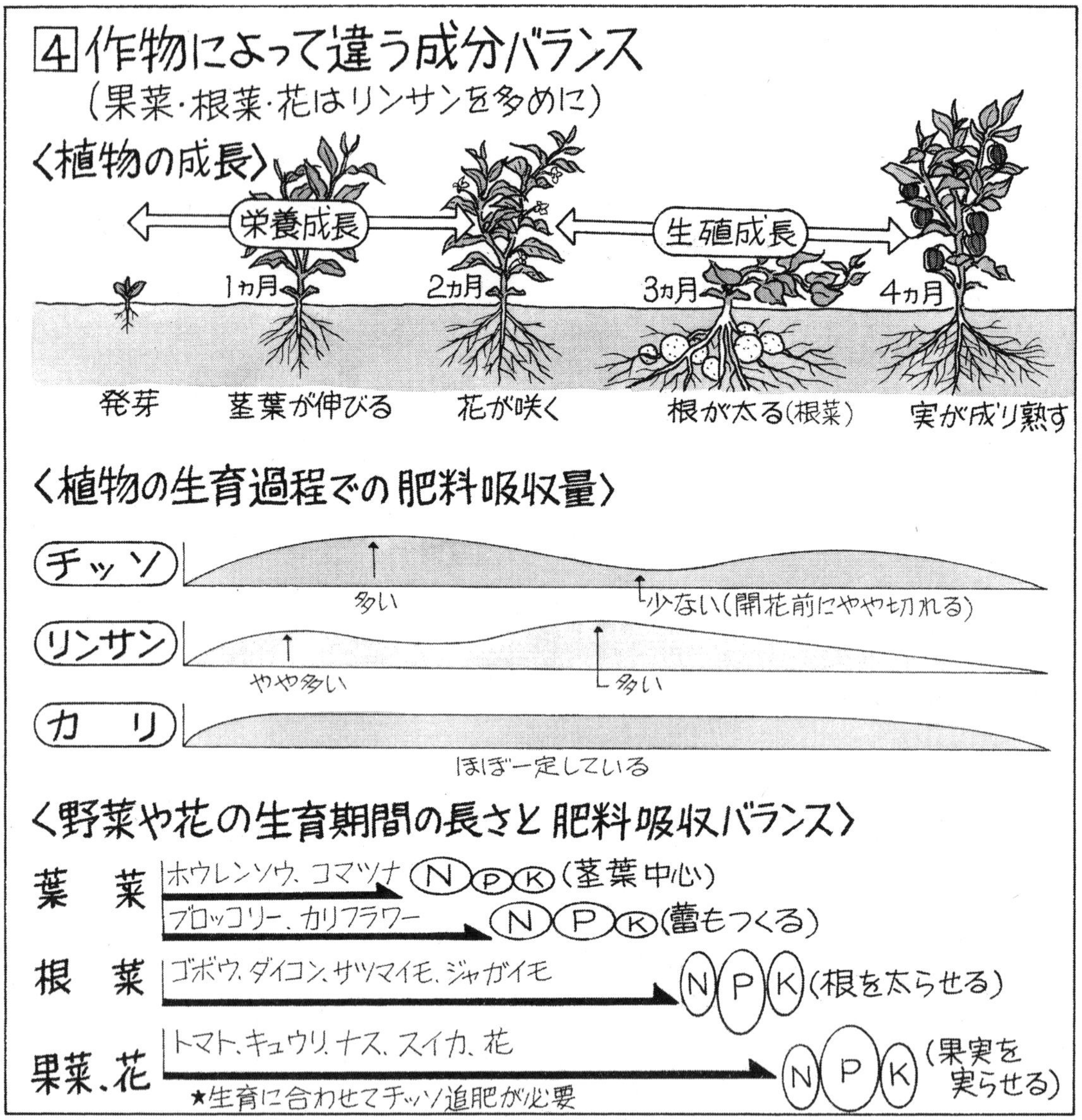

4 作物によって違う成分バランス
(果菜・根菜・花はリンサンを多めに)
<植物の成長>
栄養成長
生殖成長
1ヵ月
2ヵ月
3ヵ月
4ヵ月
発芽
茎葉が伸びる
花が咲く
根が太る(根菜)
実が成り熟す
<植物の生育過程での肥料吸収量>
チッソ
多い
少ない(開花前にやや切れる)
リンサン
やや多い
多い
カリ
ほぼ一定している
<野菜や花の生育期間の長さと肥料吸収バランス>
葉菜
ホウレンソウ、コマツナ
N P K (茎葉中心)
ブロッコリー、カリフラワー
N P K (蕾もつくる)
根菜
ゴボウ、ダイコン、サツマイモ、ジャガイモ
N P K (根を太らせる)
果菜、花
トマト、キュウリ、ナス、スイカ、花
N P K (果実を実らせる)
★生育に合わせてチッソ追肥が必要

葉菜はチッソ主体，根菜・果菜・花はリンサンを多く

つくる作物や植物の種類によって三大要素の必要量が違います。生育期間が長く大きくなるものほど，必要成分が多くなります。カイワレ大根などは短期間で生育量も小さいので，肥料はほとんど必要ありませんが，キュウリやナスなどは生育期間が長いので多く必要です。生育期間の長い作物には，追肥が必要になります。

また，収穫する部分による違いもあります。茎葉を収穫するホウレンソウやキャベツなどはチッソ主体ですが，実や養分を蓄積した根を収穫する根菜は，リンサンを多く必要とします。植物が体を大きくするときはチッソが重要ですが，花を咲かせ実らせたり，デンプンを蓄積させるときにはチッソを切らし気味にし，リンサンの肥効を高める必要があります。木ボケ，ツルボケはいつまでもチッソが効き過ぎたため，茎葉ばかりで，実がつかなくなる現象です。

草花も一般にチッソがいつまでも多いと花が乱れ，きれいに咲いてくれません。花芽ができるときや開花するときは，原則としてチッソの追肥は禁物です。

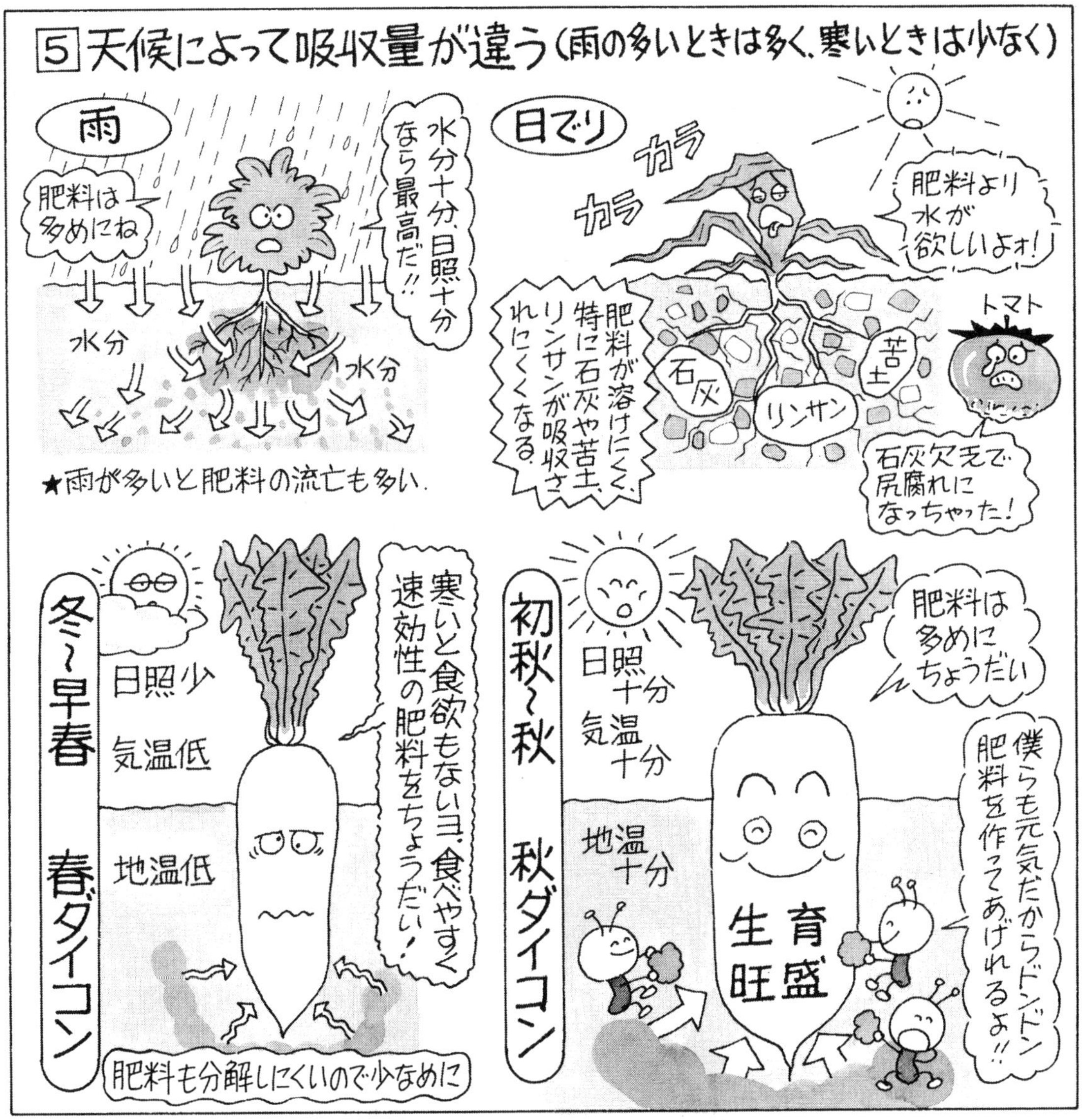

こんなときは追肥は禁物

植物の主食はあくまで太陽の光と二酸化炭素と水です。植物の生育は，肥料分よりも日照や水や温度によって左右されます。肥料分があっても，低温のときや水不足のときや，曇天が続くときは，肥料の吸収量も少なく成長も鈍くなります。春先の寒いときにいくら多く肥料をやっても無駄です。地温が低いと植物の活動も低下し，微生物の活動も鈍いため肥料の分解も悪く吸収しにくいのです。

当たり前のことですが，水分不足でしおれているときは，肥料より水です。酸素不足で根腐れが発生したり，病害虫にやられて元気がないときも，肥料は禁物です。やるとかえって根が弱ってしまいます。

生育期間の長い作物は，葉色を見てさめてきたら追肥が必要です。たとえば春植えのナスなどは，梅雨入り，梅雨明け，秋口と3回くらい追肥が必要になります。しかし，葉色が落ちてきたからといって，それがチッソ不足によるものなのか，根が弱って吸えないからなのか，リンサンやカリが不足しているためなのか，よく見きわめて追肥しないと失敗します。

施肥
施肥設計①

化成派の施肥設計

1 作物ごとの標準施肥量を目安に

＋ プラス
①肥料不足の畑
（ただし、砂質土は少量を多回数施す）
②吸収効率の悪い有機質肥料
［初年度は3〜4割増し、以後少しずつ減らす］
③火山灰土壌にはリンサンを多めに
④深耕し、作土を深くしたとき
⑤暖かく、雨の多いとき
（生育が旺盛なとき）
標準施肥成分量 g/m²
― マイナス
①肥えた肥もちのよい畑
［過剰害は少ないがたまりやすい］
②吸収効率のよい緩効性肥料（1〜2割減）
③栄養堆肥を多く施したとき（鶏フン、豚フン、牛フン）
④有機質肥料を長年入れ続けた畑
⑤寒く、雨の少ないとき
（生育のよくないとき）

◆1m²当たりの作物別施肥成分量の目安（g）　（詳しくは第3章参照）

種類		葉をとるもの			根をとるもの		実をとるもの		マメ類
		ツケナ類	レタス、ネギ、ホウレンソウ	結球ハクサイ、キャベツ類	ダイコン、カブ	ニンジン	トマト、ナス	キュウリ、マクワウリ	エンドウ、エダマメ
成分量	チッソ	15	20	25	20	20	25	25	10
	リンサン	15	15	25	20	25	30	25	15
	カリ	15	15	20	15	20	25	20	10

肥料は無理，無駄なく施すのが基本

施肥の基本で説明したように，肥料はつくる作物の必要とする分だけを，バランスよく，土の肥料保持能力に合わせて，元肥と追肥に分けて施すことが原則です。

標準的な施肥量は，上記のように作物によって違います。また，肥えている畑，肥料成分の多い堆肥を入れたとき，流亡が少なく吸収効率のよい緩効性肥料を施したときなどは，標準施肥量からその分を差し引いて施さないと，肥料を食い残したり流亡量が多くなって無駄です。

逆にやせた畑や深耕してやせた下層土が上層に出たとき，緩効的で肥料成分の吸収効率が悪い有機質肥料を使うとき，雨が多く成長も旺盛で流亡も多いときなどは，施肥成分量も多めにする必要があります。

しかし，畑では土壌が土壌溶液に溶けだす肥料分を調整し溶液の濃度を一定にしてくれるので，あまり厳密に計算する必要はありません。要は一度に施せる量は土壌が保持できる量であることを守り，生育をみて肥料が切れてきたら追肥し補えば間違いがありません。土の能力以上に施すと，土壌溶液の濃度が高くなって肥やけしたり根

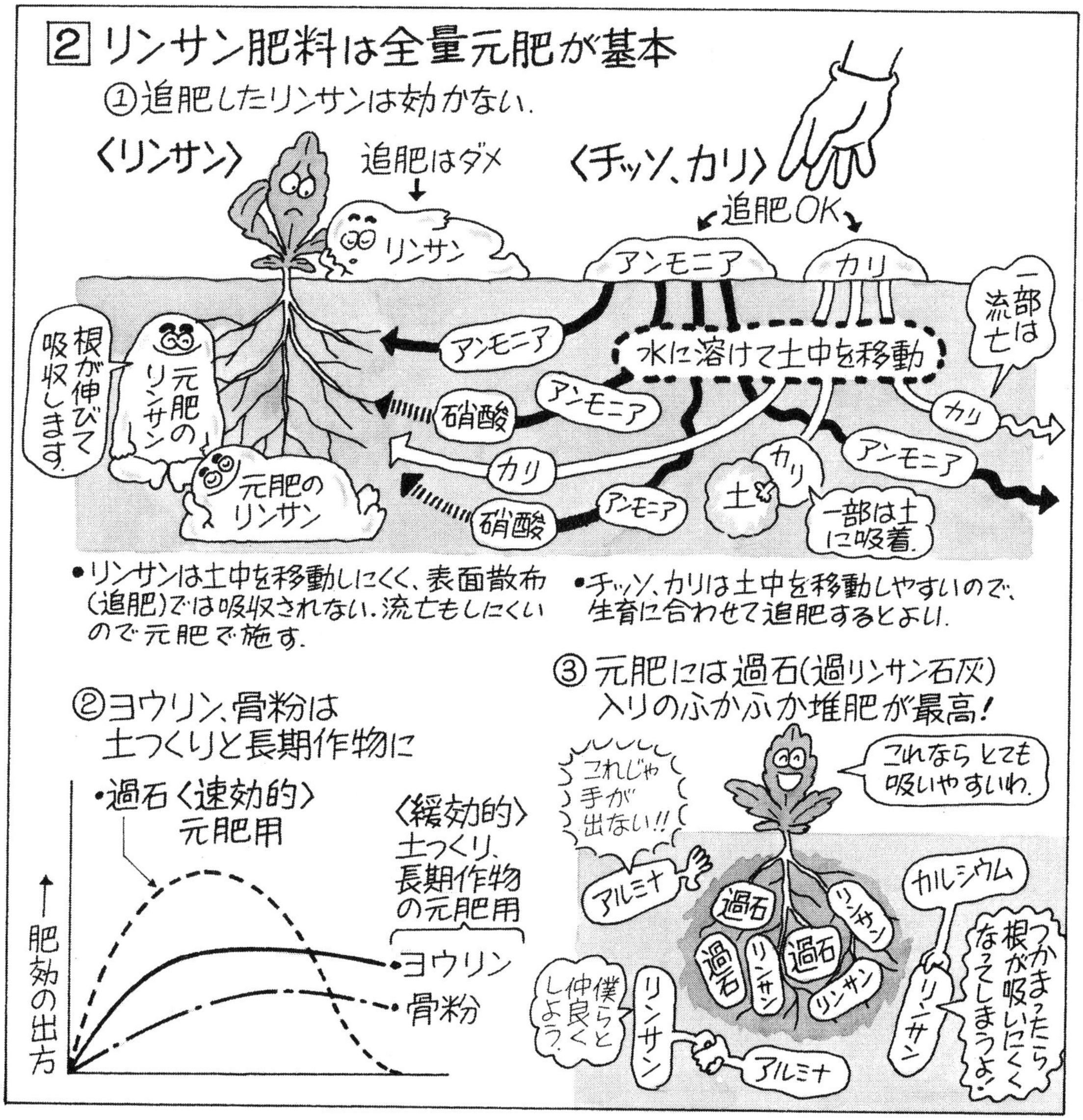

2 リンサン肥料は全量元肥が基本
①追肥したリンサンは効かない.
〈リンサン〉
追肥はダメ
リンサン
根が伸びて吸収します.
元肥のリンサン
元肥のリンサン
〈チッソ、カリ〉
追肥OK
アンモニア
カリ
一部は流亡
アンモニア
水に溶けて土中を移動
アンモニア
硝酸
カリ
カリ
アンモニア
カリ
土
一部は土に吸着.
アンモニア
硝酸
•リンサンは土中を移動しにくく、表面散布(追肥)では吸収されない.流亡もしにくいので元肥で施す.
•チッソ、カリは土中を移動しやすいので、生育に合わせて追肥するとよい.
②ヨウリン、骨粉は土つくりと長期作物に
•過石〈速効的〉元肥用
〈緩効的〉土つくり、長期作物の元肥用
•ヨウリン
•骨粉
肥効の出方
③元肥には過石(過リンサン石灰)入りのふかふか堆肥が最高!
これじゃ手が出ない!!
これならとても吸いやすいわ.
アルミナ
カルシウム
過石
リンサン
過石
リンサン
過石
リンサン
根が吸いにくくなってしまうよ!
つかまったら
リンサン
僕らと仲良くしよう.
リンサン
アルミナ

に無理をかけ，流亡やガスになって脱窒し無駄も多くなります。

リンサンは全量を元肥に施す

ただし，リンサンは元肥に全量を施すのが基本です。それは，リンサンは土の中で移動しにくく，追肥で施しても根の張っている深い部分に入っていかないからです。水溶性の過リン酸石灰を追肥しても，溶けたリンサンがすぐ表層の土壌に吸着され土壌中を移動しにくく，有効に吸収されません（ただし，収穫後耕せば次の作物には吸収されます）。

また，リンサンは一度に施しても土壌溶液の濃度をあまり上げず，過剰に吸収されても障害があまり発生しません。リンサンはむしろ生育初期に吸わせて，体内の細胞に蓄えておいたほうがよいのです。

リンサン肥料には，緩効性のヨウリンや骨粉，水溶性のリンサンを13％以上含んだ過リン酸石灰（過石）などがありますが，元肥には過石が適しています。ヨウリンや骨粉は土壌改良的に施したり，過石と併用するとリンサンの肥効が安定します。過石は前述したように堆肥にくるんで施すと植物に吸収しやすくなって効果的です。

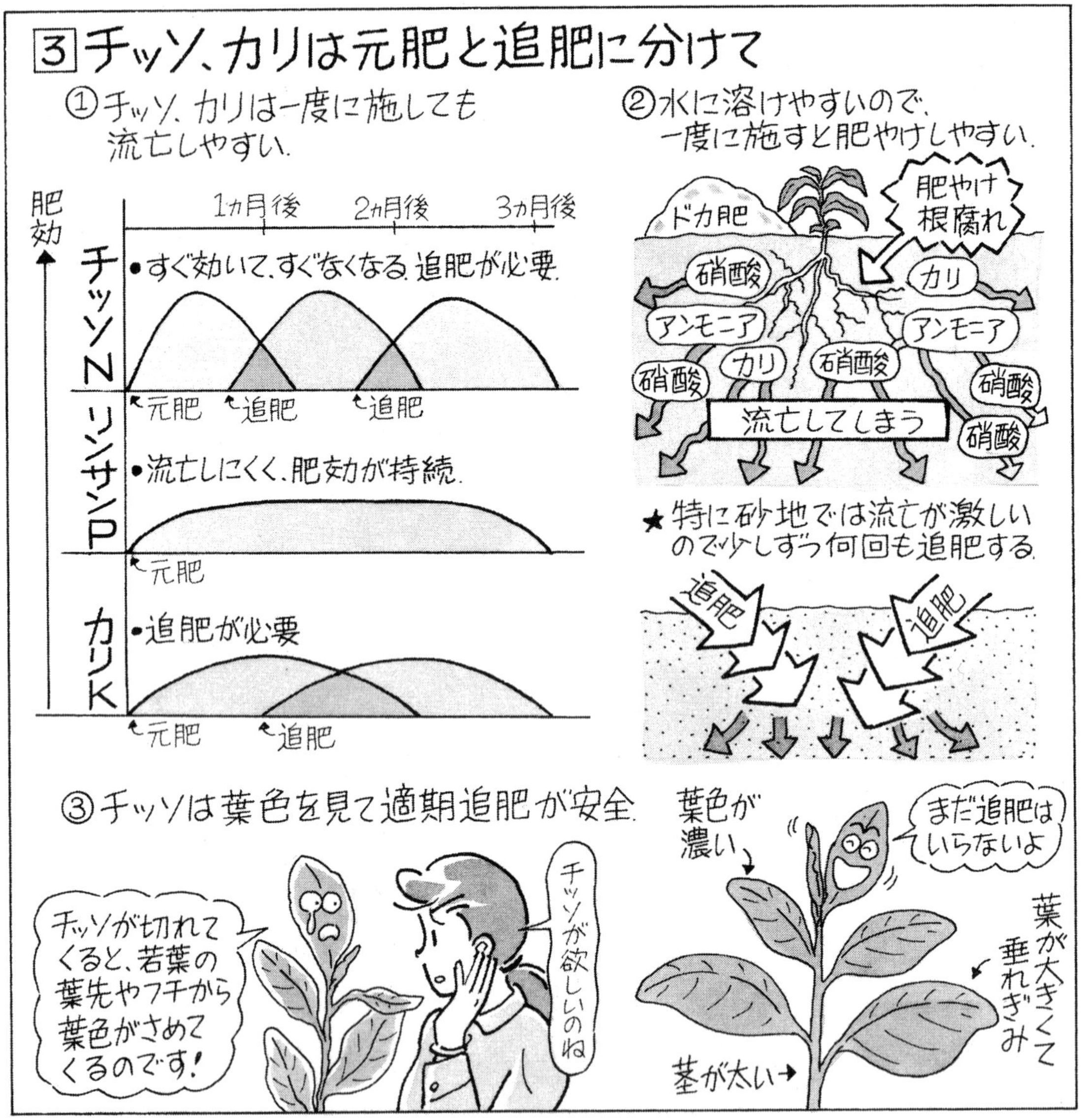

3 チッソ、カリは元肥と追肥に分けて
①チッソ、カリは一度に施しても流亡しやすい。
肥効
1カ月後
2カ月後
3カ月後
チッソN
•すぐ効いて、すぐなくなる。追肥が必要。
元肥
追肥
追肥
リンサンP
•流亡しにくく、肥効が持続。
元肥
カリK
•追肥が必要
元肥
追肥
②水に溶けやすいので、一度に施すと肥やけしやすい。
ドカ肥
肥やけ
根腐れ
硝酸
カリ
アンモニア
アンモニア
硝酸
カリ
硝酸
硝酸
流亡してしまう
硝酸
★特に砂地では流亡が激しいので少しずつ何回も追肥する。
追肥
追肥
③チッソは葉色を見て適期追肥が安全。
チッソが切れてくると、若葉の葉先やフチから葉色がさめてくるのです！
チッソが欲しいのね
葉色が濃い
まだ追肥はいらないよ
葉が大きくて垂れぎみ
茎が太い

チッソとカリは水に溶け，吸収しやすいが流亡もしやすい

化学肥料などの無機態のチッソ，カリは，水に溶けて土壌中を移動しやすく根にすみやかに吸収されます。しかし，過剰に施すと肥やけを起こす危険があります。また，適量なら土が保持してくれますが，水に溶けやすいだけに流亡しやすく，とくに硫安や塩安などのアンモニア態のチッソは，硝化菌によって土壌が保持できない硝酸に変えられるため，流れ去ったりします。一度に多く施しても無駄です。緩効性の肥料は別ですが，普通の肥料のチッソの肥効期間は2週間から1カ月以内です。

リンサンは元肥に施せば十分ですが，チッソやカリ肥料は，生育期間が1カ月以上の作物の場合，追肥が必要になります。ただし，有機質肥料や栄養堆肥を施しておくと，微生物に分解されながらジワジワ効いてくるので，肥ぎれも起きにくくなります。

追肥のタイミングは一番元気のいい葉の葉色が先や縁からさめ始めたときです。葉色が濃いうちはまだ必要ありません。しかし，肥やけや酸素不足などで根が弱って葉色がさめたときは，追肥は禁物です。

4 化学肥料の元肥チッソは10〜15g/㎡以下 1回の追肥チッソは5〜10g/㎡以下に

一度量って、覚えておくと便利よね！
硫安ならジュースの缶(200cc)で200gだよ

1回に施せる1㎡当たりの限度量

肥料 ( )内はチッソ含有率	元肥チッソ 10〜15g	追肥チッソ 5〜10g
硫安(21%)	47〜71g	24〜47g
塩安(25%)	40〜60g	20〜40g
尿素(46%)	22〜33g	11〜22g
硝安(34%)	29〜44g	15〜29g
石灰チッソ(21%)	47〜71g	24〜47g
普通化成(6〜8%)	167〜250g	83〜167g
高度化成(12〜16%)	83〜125g	42〜83g

ジュースの缶(200cc)1本当たりの重さ

	普通化成 200g
硫安 200g	高度化成 200g
塩安 180g	ヨウリン 320g
尿素 150g	過石 180g
硝安 150g	硫加 290g
石灰チッソ 200g	苦土石灰 320g

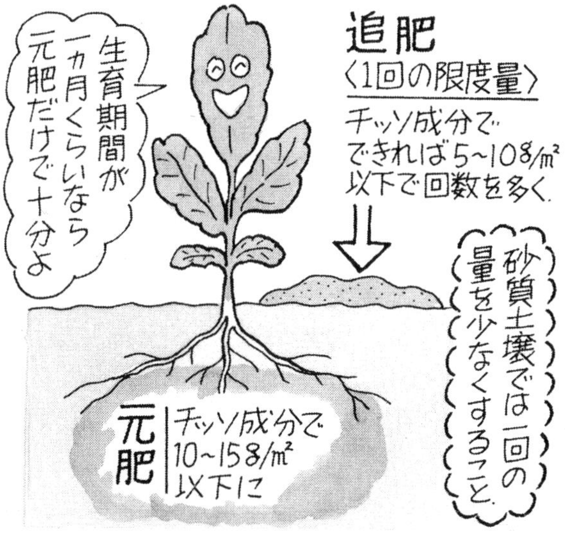
生育期間が一ヵ月くらいなら元肥だけで十分よ
追肥
〈1回の限度量〉
チッソ成分でできれば5〜10g/㎡以下で回数を多く
砂質土壌では一回の量を少なくすること。
元肥
チッソ成分で10〜15g/㎡以下に

適量を量って覚え過剰施肥を避ける

家庭園芸では面積が少ないため，とかく過剰施肥になりがちです。速効性の単肥や化成肥料などでは，土に混和できる元肥量はチッソ成分で1㎡当たり10〜15g，表面散布する追肥量はチッソ成分で5〜10gが限度です（有機質肥料や緩効性肥料はやや多く施せる）。とくに肥料の保持力の弱い砂質土壌では，少なめに施す必要があります。

チッソ成分が21％（100g中にチッソが21g）含まれている硫安なら50g前後が限度です。硫安50gは約50ccですが，肥料の種類や同じ肥料でも粉状，粒状で量が違ってくるので，一度，ジュースの空缶やひと握りの量を量って，1回に施せる量を覚えておきましょう。多く施しがちの方は，チッソ成分の少ない普通化成肥料がおすすめです。

追肥は土壌と混和ができにくいため，1回に施せる量は元肥の半分くらいです。できたらチッソ成分で5g（硫安で24g）くらいにして，回数を多く施したほうが無駄なく安全です。

5 化成派の施肥設計の実際 例＝キュウリ

単肥主体の場合（硫安、過石、硫加）

標準施肥成分量（g）

	チッソ	リンサン	カリ
成分量	25	25	20
元　肥	12.5	25	10
追肥(1)	6.25		5
追肥(2)	6.25		5

①標準施肥量を元肥と追肥に分ける

- リンサンは ⇨ 全量元肥
- チッソは ⇨ 元肥に10～15g ⇨ 残りを追肥に.1回5～10g

②元肥量を計算

- チッソ量 ⇨ 硫安(21%)　$\frac{成分量}{含有率\%} = \frac{12.5g}{0.21} = 59.5g$
- リンサン量 ⇨ 過石(20%)　$\frac{成分量}{含有率\%} = \frac{25g}{0.20} = 125g$
- カリ量 ⇨ 硫加(50%)　$\frac{成分量}{含有率\%} = \frac{10g}{0.5} = 20g$

③1回分の追肥量を計算

- チッソ量 ⇨ 硫安(21%)　$\frac{成分量}{含有率\%} = \frac{6.25g}{0.21} = 29.7g$
- カリ量 ⇨ 硫加(50%)　$\frac{成分量}{含有率\%} = \frac{5g}{0.5} = 10g$

結果

g/㎡	硫　安	過　石	硫　加
元　肥	約60	125	20
追肥(1)	約30		10
追肥(2)	約30		10

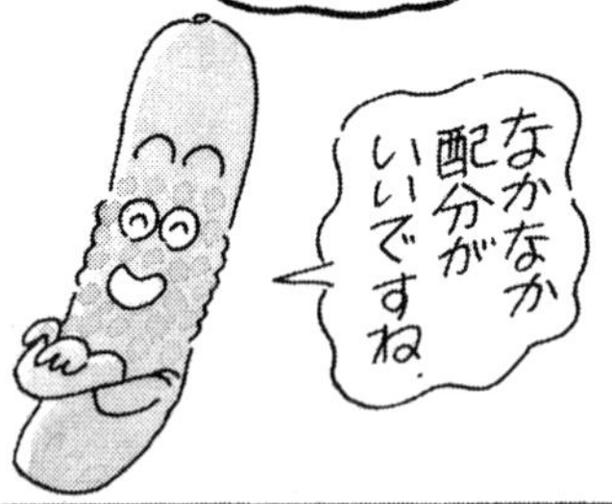
なかなか配分がいいですね

元肥半分，あとは追肥2～3回に分けて

化成派の施肥設計の基本は，リンサンは必要量を元肥に，チッソとカリは，生育期間が2カ月以上になる作物は，元肥に半分，あとは追肥で1カ月おきくらいに1～3回に分けて施すのが基本です。チッソの必要量は作物によって違いますが，だいたい1㎡当たり10～15gなので，上記の表のように10g程度を元肥に，残りを1回に5gを目安に追肥すればいいでしょう。

硫安，硫加などの単肥では上記のようにそれぞれの量を計算し混合して施しますが，化成肥料の場合は元肥のチッソ成分を基準に元肥の量を計算し，リンサン分がそれだけでは不足するときは過リン酸石灰で補います。

追肥はリンサン分は必要ないので三要素の入った化成肥料よりも，チッソとカリだけのNK化成が無駄がなくおすすめです。

化成肥料主体の施肥は効率がよいですが，土つくりなしにはだんだんつくりにくくなります。堆肥は必ず施してやりましょう。栄養堆肥を施したときは，元肥のチッソ，カリ量を控えて生育を見て追肥しましょう。

化成肥料の場合（普通化成888、過石、NK化成2号〔16-0-16〕

①元肥量を計算（普通化成＋過石）

(イ)普通化成量を元肥チッソ成分量から計算（前頁表より）

$$\frac{\text{元肥のチッソ成分量}}{\text{普通化成のチッソ含有量\%}} = \frac{25-12.5}{0.08} = 156.3\,g$$

(ロ)元肥の普通化成のリンサン、カリ量を計算

- リンサン量⇨普通化成量×リンサン含有量％＝
  156.3×0.08＝12.5g
- カ リ 量⇨普通化成量×カリ含有量％＝
  156.3×0.08＝12.5g ⇦ カリの量はこれでOK

(ハ)不足分のリンサンを過石で補う

$$\frac{\text{リンサンの標準施肥成分量}-\text{普通化成のリンサン量}}{\text{過石のリンサン含有量\%}} = \frac{25-12.5}{0.20} = 62.5\,g$$

②1回の追肥量を計算（NK化成2号〔16-0-16〕）

- チッソ量⇨ $\frac{\text{1回の追肥チッソ成分量}}{\text{NK化成のチッソ含有量\%}} = \frac{6.25}{0.16} = 39.1\,g$
- カ リ量（NK化成2号で39g中に含まれるカリ分）⇨
  NK化成量×カリ含有量％＝39.1×0.16＝6.25g

結 果

	肥 料	施肥量g/㎡
元肥	普通化成888	156.3
	過リンサン石灰	62.5
追肥(1)	NK化成2号	39.1
追肥(2)	NK化成2号	39.1

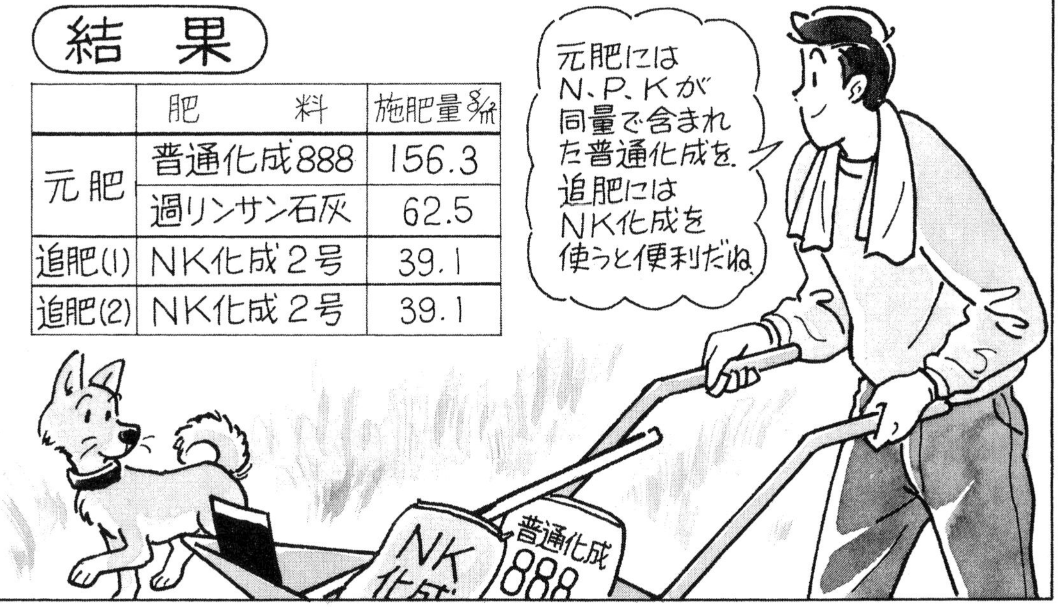

元肥にはN、P、Kが同量で含まれた普通化成を、追肥にはNK化成を使うと便利だね。
普通化成888

⑥土つくりが万全なら石灰、苦土、微量要素は必要なし

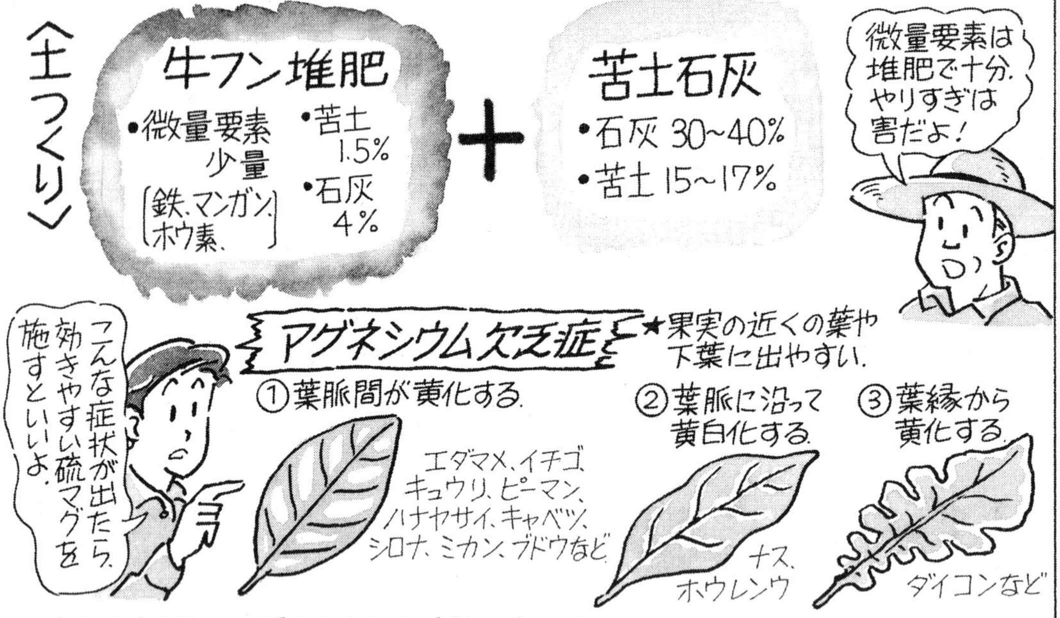
〈土つくり〉
牛フン堆肥
•微量要素 少量
〔鉄、マンガン、ホウ素、〕
•苦土 1.5%
•石灰 4%
＋
苦土石灰
•石灰 30~40%
•苦土 15~17%
微量要素は堆肥で十分。やりすぎは害だよ!
こんな症状が出たら、効きやすい硫マグを施すといいよ。
マグネシウム欠乏症
★果実の近くの葉や下葉に出やすい。
①葉脈間が黄化する。
エダマメ、イチゴ、キュウリ、ピーマン、ハナヤサイ、キャベツ、シロナ、ミカン、ブドウなど
②葉脈に沿って黄白化する。
ナス、ホウレンソウ
③葉縁から黄化する。
ダイコンなど

⑦速効性と緩効性を使い分ける

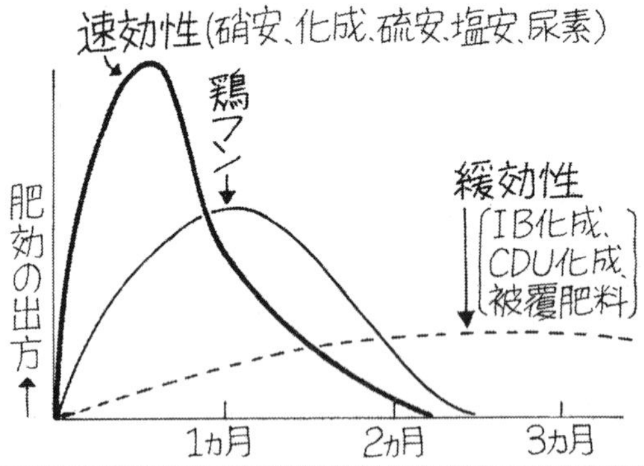
速効性(硝安、化成、硫安、塩安、尿素)
鶏フン
緩効性
〔IB化成、CDU化成、被覆肥料〕
肥効の出方↑
1カ月
2カ月
3カ月

	速効性	緩効性
肥効	すぐ効き すぐ切れる	すぐ効かないが 長持ちする
向く土	壌土～埴壌土	砂壌土
元肥 追肥	元肥・追肥	元肥 (全量元肥でもOK)
注意事項	一度に多く施すと肥やけしやすく、流亡してムダ	速効性のものと組み合わせないと初期生育が悪化

カルシウム・マグネシウム・微量要素は堆肥と苦土石灰で十分

植物の生育にはチッソ・リンサン・カリのほかに，石灰（カルシウム）や苦土（マグネシウム）や微量要素などが必要です。マグネシウムや微量要素の入った複合化成肥料も売られています。しかし，微量要素は堆肥のなかに含まれているので，あらためて施さなくても構いません。

しかし，下葉の縁や葉脈間が黄変する苦土欠乏症状などが発生することがあります。このときは，硫マグ（硫酸苦土肥料）などの速効性肥料を追肥すると効果的です。しかし，栄養堆肥のやり過ぎなどでカリ過剰になると，苦土が土壌にあっても吸収しにくくなって欠乏症が発生します。石灰が過剰の場合も苦土欠乏症になります。欠乏症は肥料バランスがくずれたり，根が弱って吸収しにくくなったり，土壌水分不足のために起こることが多いのです。

緩効性肥料を上手に使うのもコツ

化学肥料のなかには，IB化成，CDU，LP被覆肥料など，肥効が油カスなどの有機質肥料のようにじっくり長く発現する緩効性

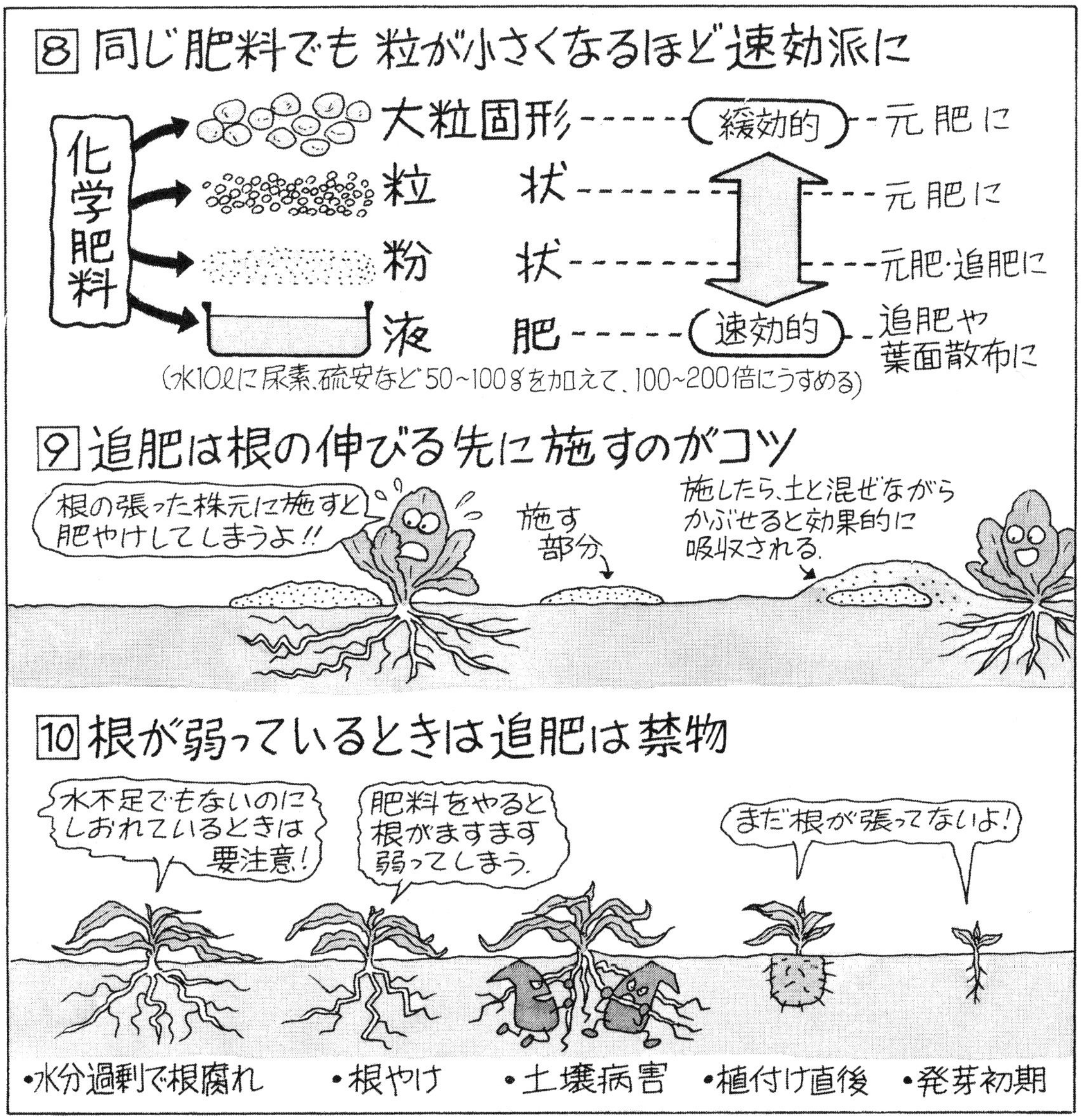
8 同じ肥料でも 粒が小さくなるほど速効派に
化学肥料
大粒固形
緩効的
元肥に
粒状
元肥に
粉状
元肥・追肥に
液肥
速効的
追肥や
葉面散布に
(水10ℓに尿素、硫安など50~100gを加えて、100~200倍にうすめる)
9 追肥は根の伸びる先に施すのがコツ
根の張った株元に施すと
肥やけしてしまうよ!!
施す
部分
施したら、土と混ぜながら
かぶせると効果的に
吸収される。
10 根が弱っているときは追肥は禁物
水不足でもないのに
しおれているときは
要注意!
肥料をやると
根がますます
弱ってしまう。
まだ根が張ってないよ!
・水分過剰で根腐れ
・根やけ
・土壌病害
・植付け直後
・発芽初期

の肥料があります。これらは少しずつ溶け出たり，水や微生物によってゆっくり分解されて肥効が出てくるため，肥料分の流亡も少なく，一度に多く施しても砂地でも肥やけする心配がありません。

緩効性肥料はすぐ肥効が出ないため，初期生育がやや鈍りがちです。そのため，緩効性肥料に速効性の肥料を加えた緩効性複合肥料として製造されていることが多いようです。緩効性複合肥料は，生育期間の長い作物に適しています。元肥に必要量を全量施し，追肥なしでも栽培できます。ただし，多少高価なのが欠点です。

また，化成肥料でも粒が細くなるほど効き方は速効的になり，大粒になるほど緩効的で長効きします。

追肥は根の先に施し覆土すると効果的

追肥の施し方のコツは，肥やけや葉やけを避けるように，株元でなく，これから根が伸びる株間やウネの両サイドの肩や通路に施すことです。追肥を無駄なく早く効かせるには，施す部分に浅く溝を切り，施したあと土に混ぜるようにして覆土すると効果的です。土が乾いているときは，追肥後かん水すると早く効きます。

施　　肥
施肥設計②

折衷派の施肥設計

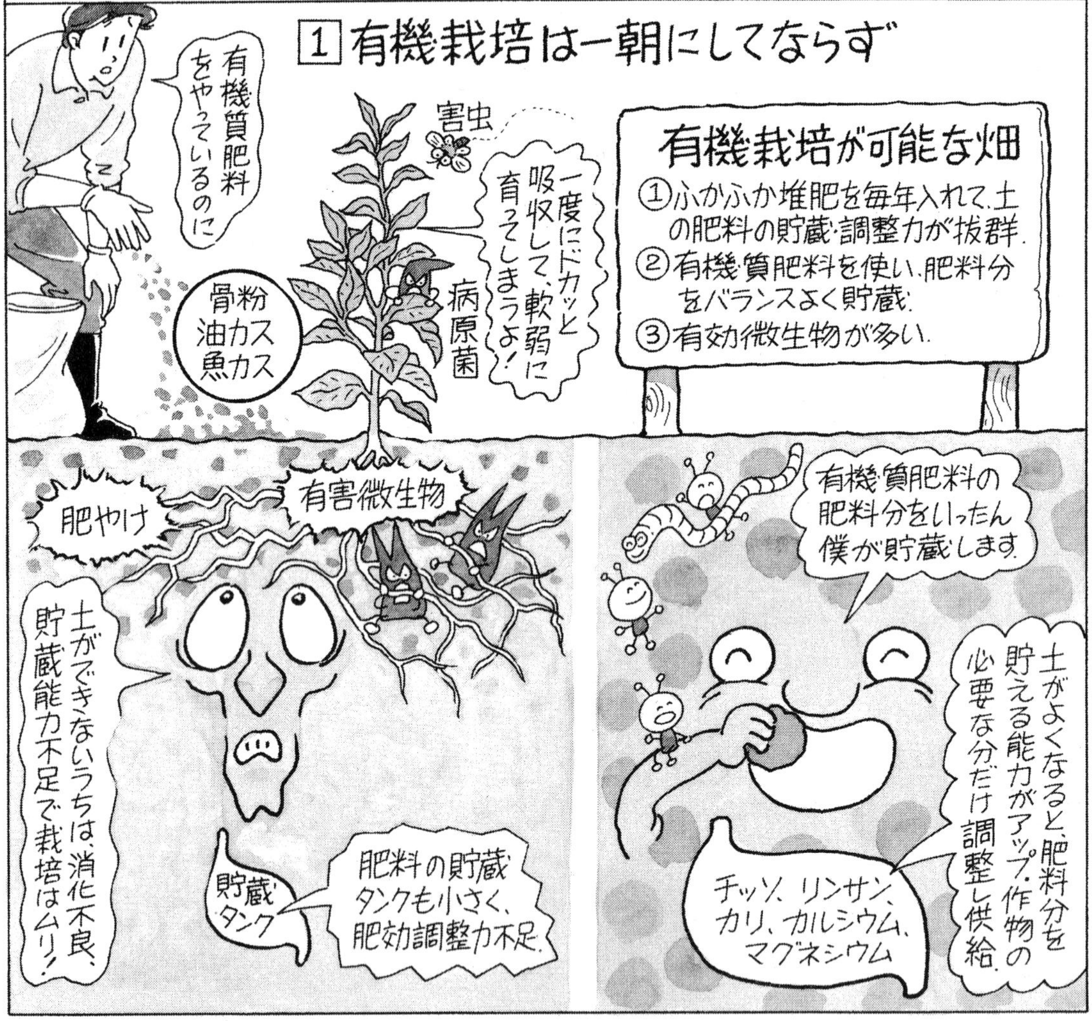

有機栽培は土壌の力と余裕なしに不可能

化学肥料でなく有機無農薬でつくりたいという方がふえています。しかし，油カス・骨粉・魚カス・米ヌカなどの有機質肥料だけで上手につくるには，土の力がそうとうないと困難です。有機質肥料は微生物によって分解・無機化されて土壌に保持・貯蔵されますが，土に力がないと余裕をもって養分を保持・貯蔵できないため，作物へのスムーズな養分供給ができません。

力のない土壌は，有機質肥料を施しても微生物の活動が鈍いため分解も遅く，肥料保持力が弱いため土壌溶液に安定して養分を供給できず，肥やけ・肥ぎれしやすくなります。肥料分が多くなるとチッソ過剰で軟弱徒長し病害虫に弱くなり，無農薬栽培ではできません。かといって元肥を減らし追肥でといっても，すぐ効かないので，肥ぎれになること必定。有機質肥料は作付け前，早めに全量元肥で施すことが原則です。

ふかふか堆肥を長年施し続けた畑なら，貯蔵肥料分も多く，まだ肥料の保持能力に余裕があるため，肥料が多いときは保持し，少ないときは放出してカバーしてくれます。

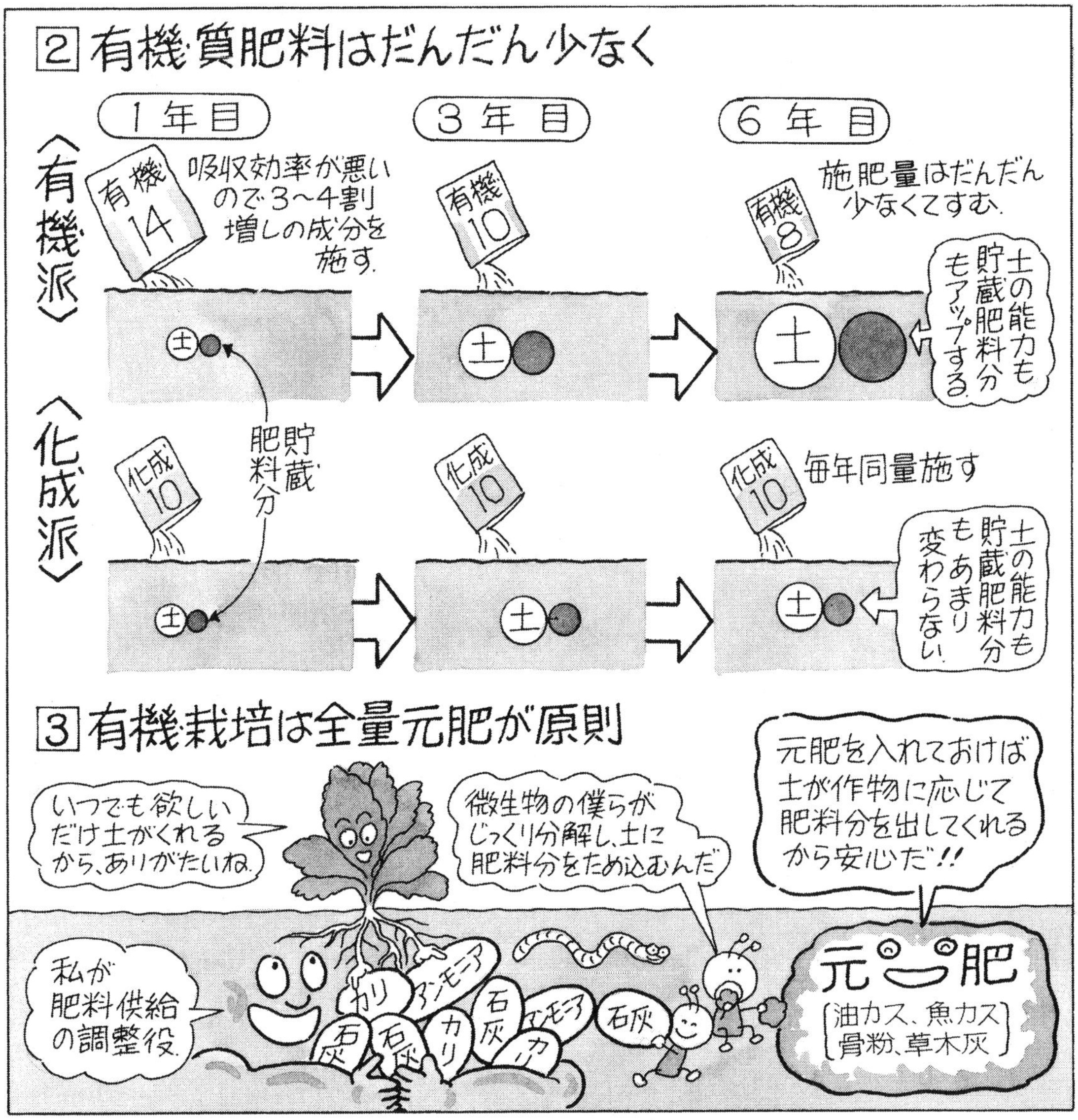

2 有機質肥料はだんだん少なく
1年目
3年目
6年目
〈有機派〉
有機 14
吸収効率が悪いので3～4割増しの成分を施す
有機 10
有機 8
施肥量はだんだん少なくてすむ
土の能力も貯蔵肥料分もアップする
貯蔵肥料分
〈化成派〉
化成 10
化成 10
化成 10
毎年同量施す
土の能力も貯蔵肥料分もあまり変わらない
3 有機栽培は全量元肥が原則
いつでも欲しいだけ土がくれるから、ありがたいね
微生物の僕らがじっくり分解し、土に肥料分をため込むんだ
元肥を入れておけば土が作物に応じて肥料分を出してくれるから安心だ!!
私が肥料供給の調整役
カリ
アンモニア
石灰
元肥
油カス、魚カス
骨粉、草木灰

有機質肥料は土壌に肥料分を貯金

有機質肥料はゆっくり分解するため，含まれている肥料分のすべてが無機化し作物に吸収されるようになるには時間がかかります。また，有機質肥料の肥料分の3～4割は，1年では分解されなかったり，微生物にとりこまれたりして，作物に吸収されず翌年に持ち越されます。

ですから，土壌に力が不足している場合，はじめは化学肥料でつくる場合よりも成分で3～4割増しにしないと，肥料不足になります。しかし，有機質肥料でも一度に大量に施すのはよくありません。

しかし，有機質肥料はその年作物に吸収されなかった肥料分が，土壌に貯金されていきます。3年目くらいからは標準施肥量で十分です。5～6年目くらいからはむしろ減肥が必要になります。

ただし，それには堆肥といっしょに有機質肥料を施していく必要があります。土つくりがともなわないと土壌に力がついてきません。堆肥といっしょに施すほど土壌に力がつき微生物の活動も活発になります。そして自然に病害虫にも強い健全な生育になり，無農薬も可能となってきます。

④土の能力がアップするまでは折衷派
――有機質肥料と速効的化成の組合わせ――
土つくり＝ふかふか堆肥2kg/㎡＋ヨウリン 骨粉＋苦土石灰 貝化石
土壌に応じて
元肥＝チッソ分＋リンサン分＋カリ分
有機質肥料中心
油カス 魚カス 鶏フン
骨粉＋過石
〔効果の遅い骨粉に、早い過石〕
草木灰
追肥＝チッソ分＋カリ分
化成肥料で補う
硫安、NK化成
硫加、塩加
生育を見て追肥よ。だんだん追肥もいらなくなれば、私たちの畑も有機派に昇格できるわ。

有機栽培は土つくりなしには困難

有機無農薬栽培をめざすには，はじめは元肥に緩効性の有機質肥料を使い，生育を見ながら化学肥料を追肥する折衷型でスタートするといいでしょう。

リンサン肥料も緩効性のヨウリンや骨粉をベースにして，ふかふか堆肥に過リン酸石灰を混ぜたものを併用します。骨粉などの有機質のリンサンは吸収されにくいので，それだけではチッソやカリだけが多く吸収されバランスがくずれ，軟弱な生育になり病害虫にも弱くなってしまいます。

有機栽培では，チッソ分をスムーズに過不足なく供給するとともに，リンサン肥料を上手に使うことがコツです。石灰も貝化石などの有機石灰をベースに比較的効きやすい苦土石灰を併用すれば，pH調整も円滑で石灰吸収もよくなります。

さらに重要なことは，ふかふか堆肥を毎年，1㎡当たり2～3kg入れ続けることです。堆肥が分解されてできる腐植は，1㎡当たり1～2kgが毎年消耗してなくなっていくといわれているからです。土壌に力をつけ有機栽培を可能にするには，それが絶対条件です。

5 有機折衷派の施肥設計の実際

例 ナス 必要な肥料分g/㎡ ⇨ チッソ25g、リンサン30g、カリ25g

元肥

①必要チッソの半分を油カスと魚カスで

$$\frac{25}{2} \div 0.065 \fallingdotseq 200g$$

〔元肥に必要なチッソ量〕÷〔油カス・魚カスのチッソ含有割合〕≒〔元肥に使う油カス＋魚カスの量〕

	成分 N·P·K	チッソ	リンサン	カリ
油カス100g	6-1-1	6	1	1
魚カス100g	7-5-1	7	5	1
計		13	6	2

②不足のリンサンを全量骨粉で

$$(30-6) \div 0.2 \fallingdotseq 120g$$

〔元肥に必要なリンサン量－油カス・魚カスのリンサン分〕÷〔骨粉のリンサン含有割合〕≒〔元肥で使う骨粉量〕

③必要なカリ分の半分を硫加で

$$\left(\frac{25}{2}-2\right) \div 0.5 \fallingdotseq 21g$$

〔元肥に必要なカリ量－油カス・魚カスのカリ分〕÷〔硫加のカリ含有割合〕≒〔元肥で使う硫加の量〕

追肥

チッソは硫安（チッソ21％）、カリは硫加（カリ50％）で2回に分けて

①硫安 $= \frac{25}{2} \div 0.21 \fallingdotseq 60g$

②硫加 $= \frac{25}{2} \div 0.5 \fallingdotseq 25g$

これをそれぞれ2回に分けて施します

ナスの有機折衷派の施肥設計

		肥料	g/㎡
元肥		油カス	100
		魚カス	100
		骨粉	120
		硫加	21
追肥	①	硫安	30
		硫加	12
	②	硫安	30
		硫加	12

魚カスを加え，うま味向上

元肥チッソは，油カス，魚カスで施します。安さ使いやすさでは，油カスが一般的で油カスだけでもかまいませんが，少し高価な魚カスを加えると，肥効が早まり初期生育が促進し，うま味もアップします。生育が長い果菜などは油カスと魚カスを半々，そのほかの野菜には油カスと魚カスを2対1にするとよいでしょう。

油カスも魚カスもチッソ成分が6～7％なので，元肥には，必要なチッソ量の半分をこのチッソ含有率で割れば，元肥に入れる油カスと魚カスの量がでます。ナスの場合は油カスと魚カスを半々にし，それに含まれるリンサン，カリの量を求めます。

リンサンは骨粉で全量元肥が基本です。必要とするリンサン成分量から油カスと魚カスのリンサンを引き，骨粉のリンサン含有率で割れば，骨粉の量が計算できます。

カリ分も必要量の半分を元肥に入れます。草木灰がない場合は，不足分を硫加で補います。追肥は残り半分のチッソ，カリ分の量から硫安，硫化それぞれの量を計算し，2回に分けて施します。追肥はNK化成や普通化成でもかまいません。

6 有機質肥料は作付けの2~3週間前に施す
•施してすぐ種まき・植付けすると
悪臭
発芽不良
ガス害
虫害
初期酸性化
初期の肥効低下
未熟〜〜→分解 有機質肥料
肥やけ
•2~3週間後
もう安全だ
肥料分も根に吸収しやすくなります。
肥料が土になじんできます。まだ十分に分解してないけど、この後もじっくり分解を続けるから害は出ません。
7 ボカシ肥なら1週間前でもOK
〈元 肥〉
溝施用が基本
・果菜1株=250g
・葉菜1m²=1kg
・花 1m²=500g
骨粉入り 油カス ボカシ N P K 2.5-2.5-1
溝が浅いと早く効き、深いとゆっくり効く
★ボカシ肥の上に土をかぶせ、播種や苗の移植をする。
有用微生物の僕たちが一度消化をしてるので、害が少なくよく効くよ！
ボカシ肥
〈追 肥〉生育期間の長い野菜に
•穴肥
株から離れた所に埋める「待ち肥」
20~30cm
•溝施肥
株から離れた所に溝を掘り、肥料を入れる。
20~30cm

播種や定植の最低2～3週間前に施す

堆肥と同じく有機質肥料は播種や定植の少なくとも2～3週間前に施し，土の中である程度腐熟させ土になじませてから作付けすることが重要です。すぐに作付けると肥やけ・ガス障害・発芽障害・害虫害が発生します。チッソ分の多い鶏フン・油カス・魚粉・米ヌカなどは，とくに要注意です。また，有機質肥料はすぐには効きません。2～3週間前に施しておけば分解もすすみ，作付け直後から吸収されます。とくにまだ地温の低い春には，微生物の活動が鈍いので，1カ月前に施しておくと安心です。

まいたらすぐ，固まりにならないようによく耕します。溝施肥や穴肥に施す場合は，まいたら土とよくかき混ぜ，必ず有機質肥料の上に5～10cm前後の土をかぶせて，根がすぐふれないようにしてください。土をかぶせればガスが発生しても土壌に吸着されるので，根傷みしません。

発酵させたボカシ肥なら害も少ない

有機質肥料を発酵させてつくった発酵有機質肥料のボカシ肥は，よく分解されているため害も少なく早く吸収されます。市販

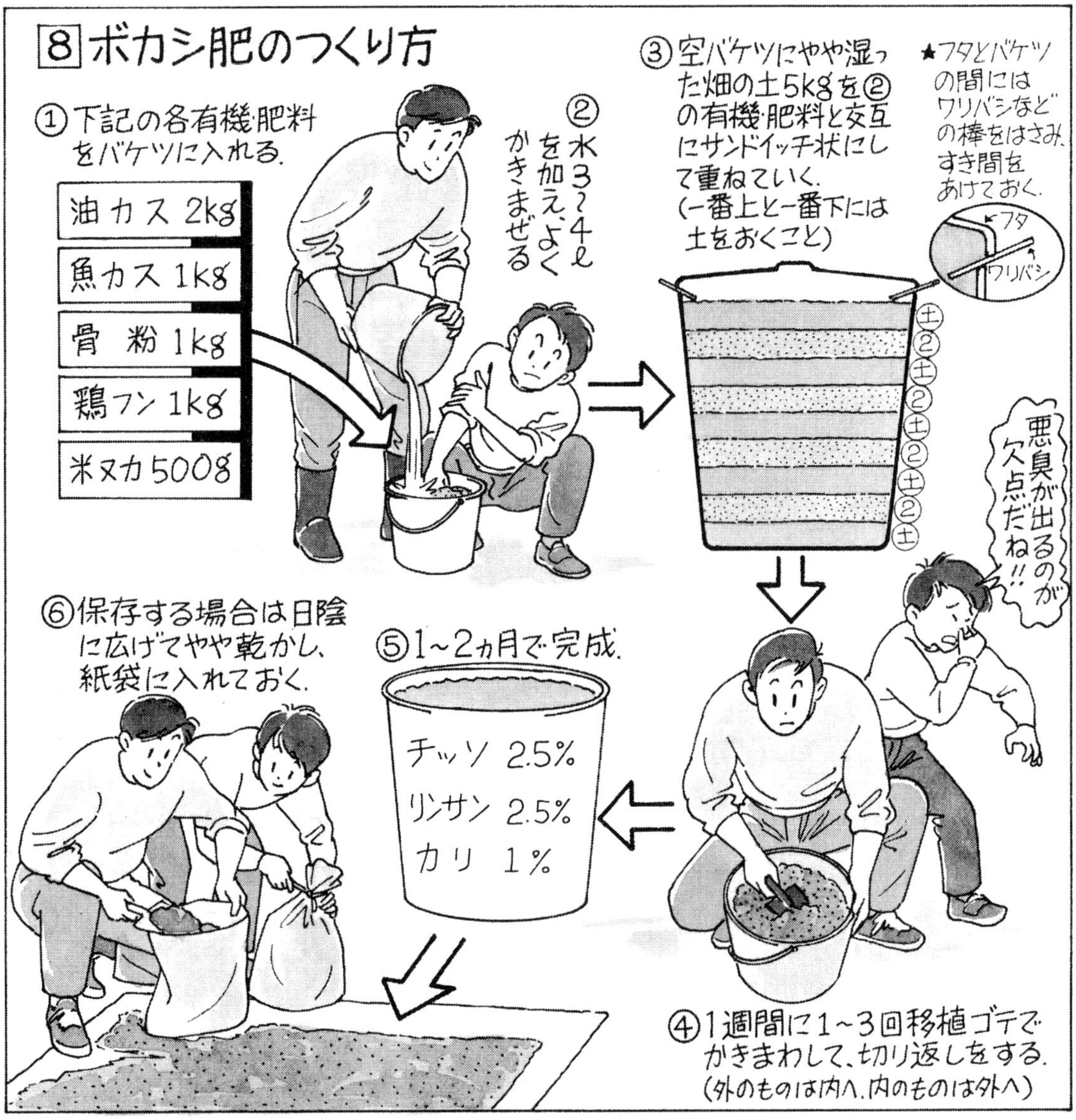

8 ボカシ肥のつくり方
①下記の各有機肥料をバケツに入れる.
油カス 2kg
魚カス 1kg
骨 粉 1kg
鶏フン 1kg
米ヌカ 500g
②水3〜4ℓを加え,よくかきまぜる
③空バケツにやや湿った畑の土5kgを②の有機肥料と交互にサンドイッチ状にして重ねていく.(一番上と一番下には土をおくこと)
★フタとバケツの間にはワリバシなどの棒をはさみ,すき間をあけておく.
フタ
ワリバシ
悪臭が出るのが欠点だね!!
④1週間に1〜3回移植ゴテでかきまわして,切り返しをする.(外のものは内へ.内のものは外へ)
⑤1〜2ヵ月で完成.
チッソ 2.5%
リンサン 2.5%
カリ 1%
⑥保存する場合は日陰に広げてやや乾かし,紙袋に入れておく.

のボカシ肥は油カスと骨粉を混ぜて発酵させたものが多く，便利です。これらは作付けの1週間前に施しても安心です。ボカシ肥はウネの下や肩へ溝を掘って溝施肥すると効果的に吸収されます。

手づくりボカシ肥は土をフタにし悪臭防止

自分で有機質肥料を発酵させてボカシ肥をつくると安上がりです。しかも魚カス・鶏フン・米ヌカなどをいっしょに混ぜてつくると，いろいろな微量要素なども豊富な高級ボカシ肥ができます。しかし，発酵の際に強烈な悪臭が発生するので，畑など迷惑のかからない場所でつくってください。

つくり方は，まず手で握って固まりができる程度に有機質肥料に水を加えます。これをフタのあるポリバケツに，同量の畑の土と交互にサンドイッチ状に積み込みます。こうすると土が悪臭を吸着してくれます。ハエなどの害虫が産卵しないようガーゼや布で口を包みフタをしますが，発酵には酸素が必要なので，すこし隙間を空けておきます。積み込み後2週間くらいから1週間に1〜3回切り返せば，1〜2カ月後には完成し悪臭もなくなります。

施肥　肥料①

化学肥料

1 単肥肥料（チッソ肥料）

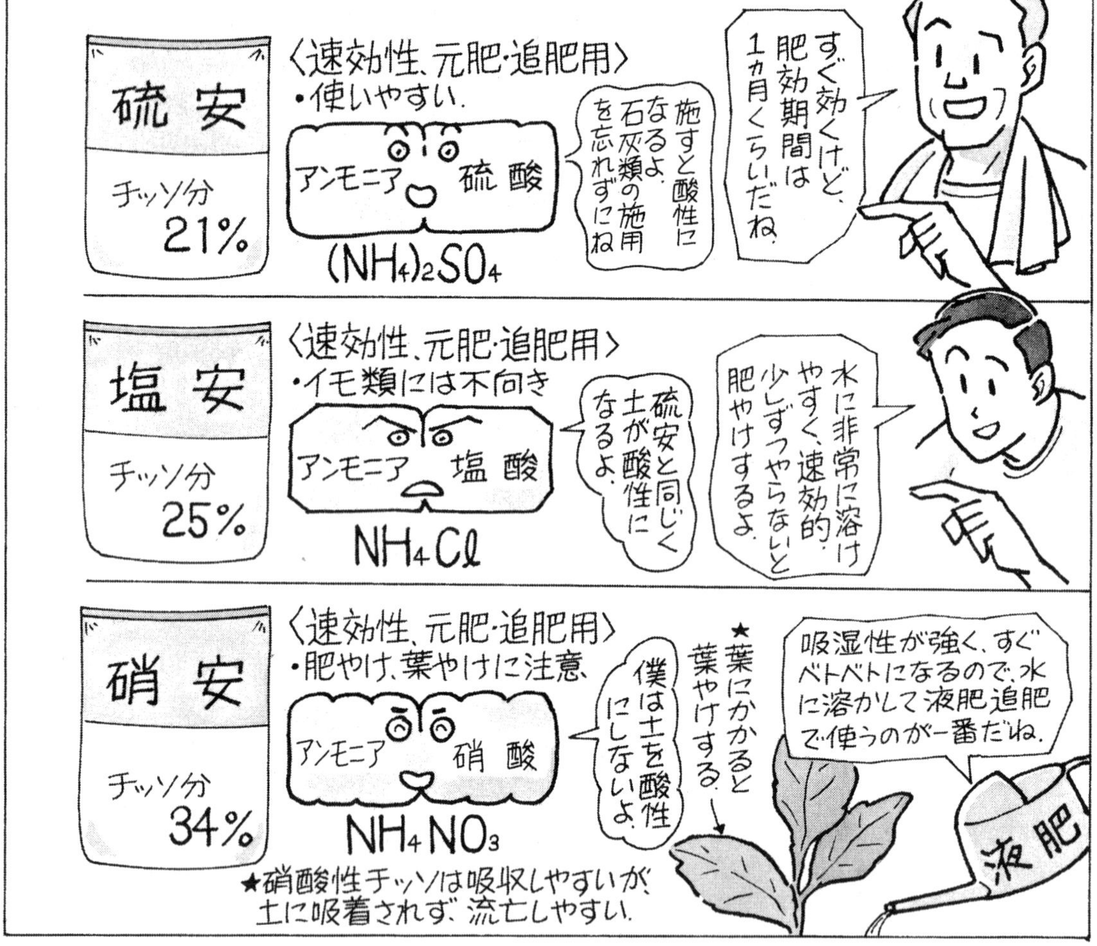

硫安
チッソ分 21%
〈速効性、元肥・追肥用〉
・使いやすい。
アンモニア 硫酸
$(NH_4)_2SO_4$
施すと酸性になるよ。石灰類の施用を忘れずにね
すぐ効くけど、肥効期間は1カ月くらいだね。
塩安
チッソ分 25%
〈速効性、元肥・追肥用〉
・イモ類には不向き
アンモニア 塩酸
NH_4Cl
硫安と同じく土が酸性になるよ。
水に非常に溶けやすく、速効的。少しずつやらないと肥やけするよ。
硝安
チッソ分 34%
〈速効性、元肥・追肥用〉
・肥やけ、葉やけに注意、
アンモニア 硝酸
NH_4NO_3
僕は土を酸性にしないよ。
★葉にかかると葉やけする。
吸湿性が強く、すぐベトベトになるので、水に溶かして液肥追肥で使うのが一番だね。
液肥
★硝酸性チッソは吸収しやすいが、土に吸着されず、流亡しやすい。

硫　　安

水に溶けやすく，土壌の中でアンモニアと硫酸に分かれ，アンモニアは土壌に保持され速効的です。硫酸が副成分として残り酸性化するので，石灰資材を前もって施用しておく必要があります。石灰資材に接触するとアンモニアが逃げるので7〜10日ずらして別に施してください。

塩　　安

塩酸とアンモニアが結合したチッソ肥料で硫安以上に水に溶けやすく速効的なので，過剰施肥に要注意です。吸湿性も強いので，葉にかからないように施してください。塩酸が残るので硫安と同じく土壌を酸性化します。副成分の塩素は繊維質をふやす性質があるので，イモ類などのデンプンの多い作物には不向きです。

硝　　安

硝酸とアンモニアが結合した肥料で，チッソ分が多く，きわめて水に溶けやすく速効的で吸収も一番早い肥料です。中性肥料ですが，硝酸は土壌に保持されないため流亡がより激しいので，生育初期からチッソ分が多く必要な野菜などの元肥や，追肥に使うと有効です。また，塩安以上に吸湿性が強いので，200倍くらいの液肥にして追

肥すると吸収もよく葉やけなどの障害の心配もありません。

尿　　素

尿素は尿素態チッソで中性です。施すとすぐに水に溶け，アンモニアと硝酸に変わる速効的で追肥に適した肥料です。チッソ成分が46％も含まれているため，経済的ですが過剰施肥になりがちです。また，尿素は葉からも吸収されやすいので，液肥を葉面散布するのも効果的です。

石灰チッソ

石灰にシアナミド態チッソが結合した肥料です。シアナミド態チッソは人間を含めて生物には有害で，施すときは吸い込まないようにマスクをかけてください。毒性によって微生物の活動が抑制され，分解し無毒のアンモニアになるまで10日間（冬は20日間）くらいかかるため，その間は作付けできません。また，硝酸に変化するのも遅く，肥効の長い緩効性なので元肥用です。

この毒性を利用して作付けの20日前に1㎡当たり100g程度施し，よく耕しておけばセンチュウや土壌病原菌の防除になり，石灰分も多いのでpH矯正効果もあります。緑肥をすき込むときに施すと腐熟も早まり土壌も改良されます。

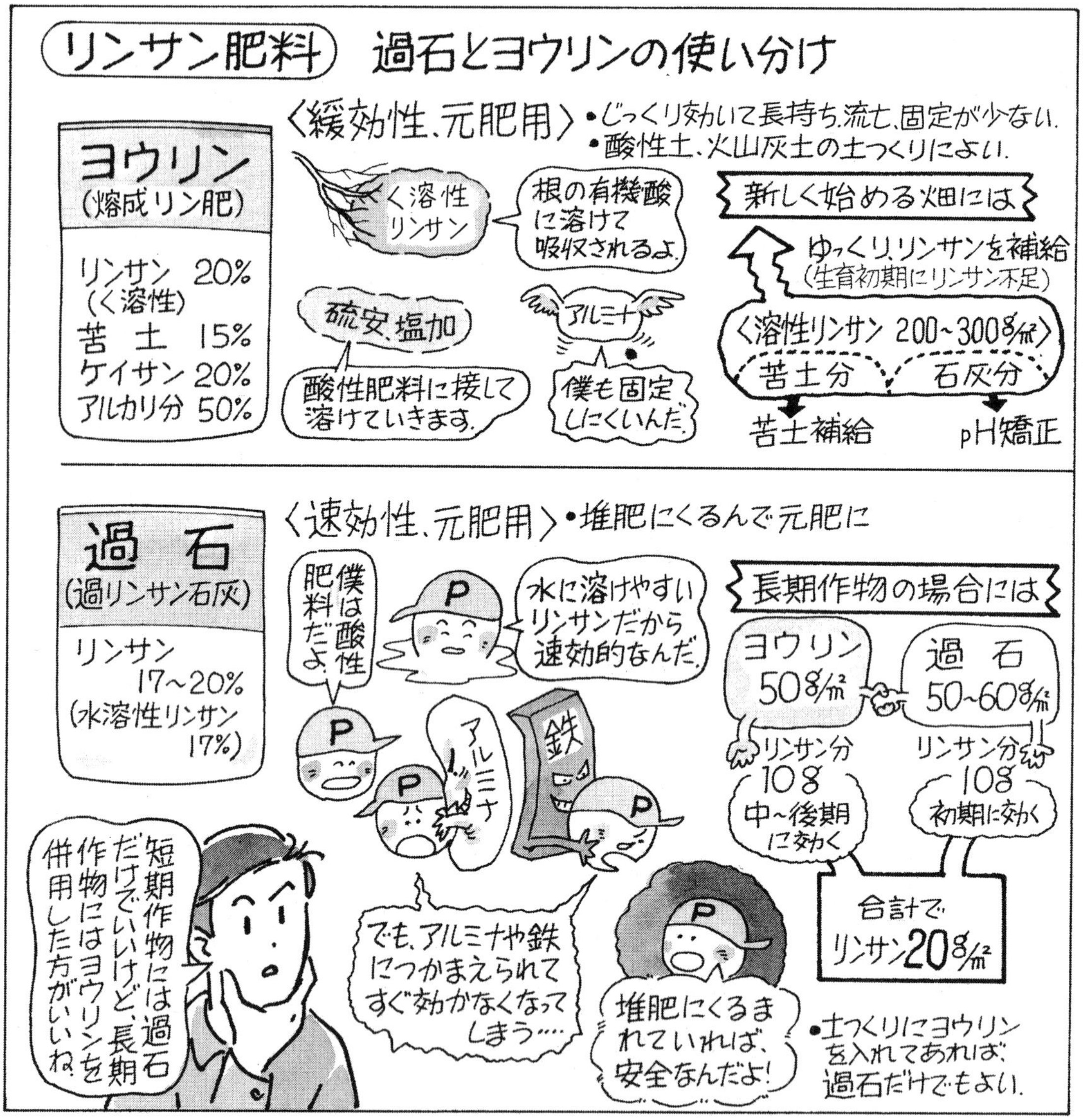

リンサン肥料 過石とヨウリンの使い分け
ヨウリン
(熔成リン肥)
リンサン 20%
(く溶性)
苦土 15%
ケイサン 20%
アルカリ分 50%
〈緩効性、元肥用〉
・じっくり効いて長持ち、流亡、固定が少ない。
・酸性土、火山灰土の土つくりによい。
く溶性リンサン
根の有機酸に溶けて吸収されるよ。
硫安、塩加
酸性肥料に接して溶けていきます。
アルミナ
僕も固定しにくいんだ。
新しく始める畑には
ゆっくり、リンサンを補給
(生育初期にリンサン不足)
〈溶性リンサン 200~300g/㎡〉
苦土分
石灰分
苦土補給
pH矯正
過石
(過リンサン石灰)
リンサン 17~20%
(水溶性リンサン 17%)
〈速効性、元肥用〉・堆肥にくるんで元肥に
僕は酸性肥料だよ。
水に溶けやすいリンサンだから速効的なんだ。
アルミナ
鉄
長期作物の場合には
ヨウリン 50g/㎡
過石 50~60g/㎡
リンサン分 10g 中~後期に効く
リンサン分 10g 初期に効く
合計でリンサン20g/㎡
短期作物には過石だけでいいけど、長期作物にはヨウリンを併用した方がいいね。
でも、アルミナや鉄につかまえられてすぐ効かなくなってしまう…。
堆肥にくるまれていれば、安全なんだよ!
・土つくりにヨウリンを入れてあれば、過石だけでもよい。

ヨウリン

水に溶けにくいく溶性リンサンを20％含み，ゆっくり溶けだす緩効性のリンサン肥料で，火山灰土壌ややせた畑の土壌改良にうってつけ。苦土はリンサン吸収を高めますが，ヨウリンにはく溶性の苦土も12％以上含まれているので効果的です。5～6年に一度，1㎡当たり200～300gくらい施し土とよく混和します。リンサンは移動しにくいので深く耕して下層まで入れることがコツです。

また，ヨウリンは長効きしますが，速やかに吸収されないため，元肥には過リン酸石灰を1㎡当たり50～60g施し補う必要があります。また，ヨウリンは石灰分の多いアルカリ肥料なのでpH矯正効果もありますが，硫安，塩安などの酸性肥料といっしょに施さないでください。

過リン酸石灰（過石）

水溶性のリンサン肥料で，速効的で吸収しやすいですが，土壌にふれるとまもなくアルミナに吸着され作物が吸収できなくなってしまいます。完熟堆肥に混ぜて土壌にふれないようにして元肥に施すのがコツです。堆肥をつくる際に，混ぜておくと効果的です。アルミナは酸性になると溶けだす

ので，石灰資材を施しpH矯正することも重要です。ただし，過リン酸石灰は石灰資材や草木灰と混ぜると溶けにくいリンサンに変化するので，石灰資材を施してから1週間ほど空けて施してください。

このほか，リンサン肥料には過石より2倍以上の水溶性リンサンを含む重過リンサン石灰もあります。

硫酸カリ（硫加）

水溶性で速効的カリ肥料。土壌に保持されるので元肥にも追肥にも向きます。硫酸を含む土壌pHには注意が必要です。また，カリ分が50％と多く含み，過剰に施すと肥やけしたり，苦土が吸収しにくくなります。水に溶け流亡しやすいので，チッソ肥料と同様，元肥と追肥に分けて施します。

塩化カリ（塩加）

硫加以上にカリ含量が多く，塩酸と結合した水に溶けやすい速効的カリ肥料です。吸湿性が強いので葉にかからないように散布し，ビニール袋に密閉して保管してください。含有成分の塩素は石灰やマグネシウムを溶かし吸収を促進しますが，これらの流亡も多くなるので注意してください。

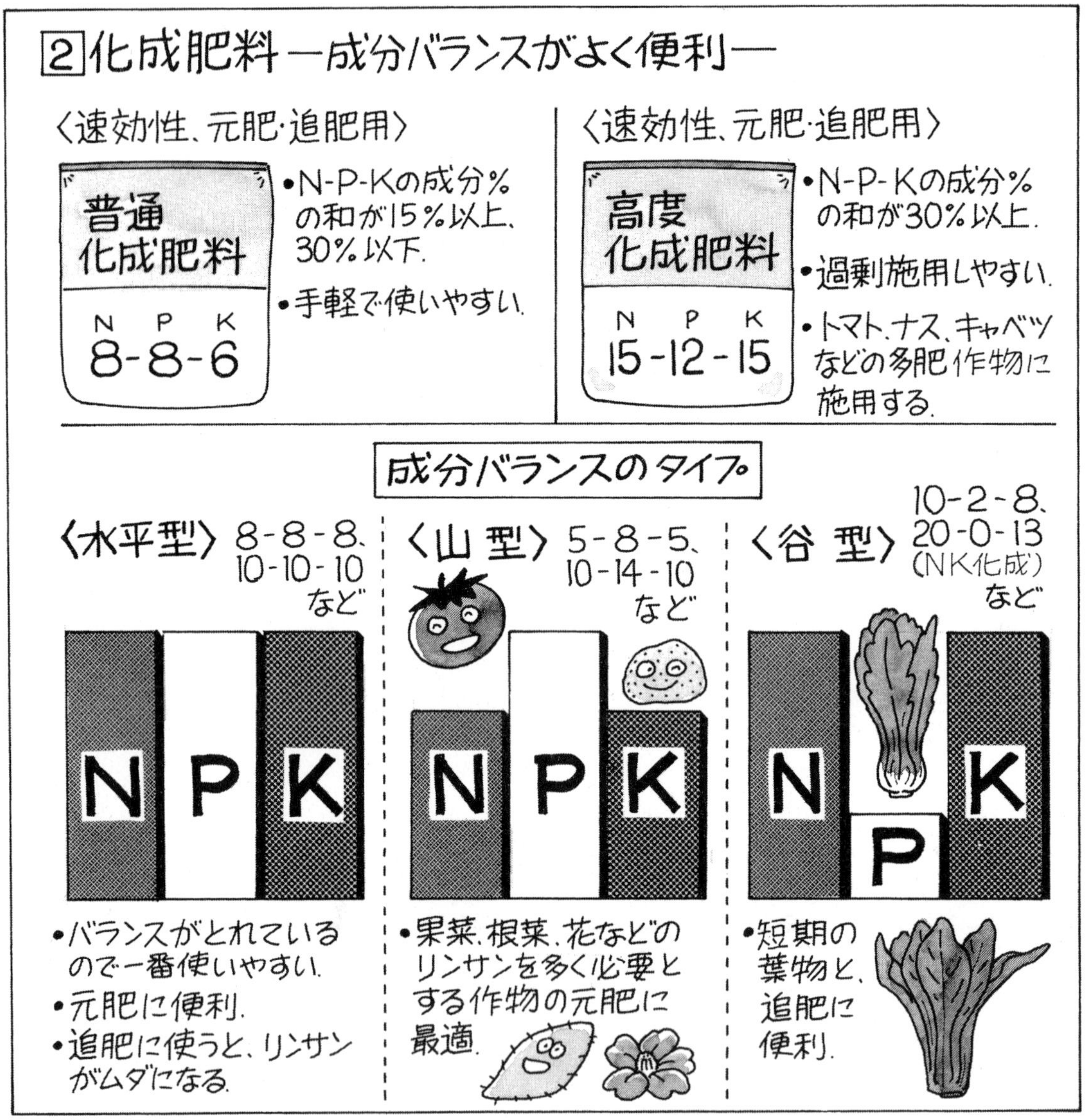

2 化成肥料 ―成分バランスがよく便利―
〈速効性、元肥・追肥用〉
普通化成肥料
N P K
8-8-6
・N-P-Kの成分%の和が15%以上、30%以下.
・手軽で使いやすい.
〈速効性、元肥・追肥用〉
高度化成肥料
N P K
15-12-15
・N-P-Kの成分%の和が30%以上.
・過剰施用しやすい.
・トマト、ナス、キャベツなどの多肥作物に施用する.
成分バランスのタイプ
〈水平型〉 8-8-8、10-10-10 など
N P K
・バランスがとれているので一番使いやすい.
・元肥に便利.
・追肥に使うと、リンサンがムダになる.
〈山型〉 5-8-5、10-14-10 など
N P K
・果菜、根菜、花などのリンサンを多く必要とする作物の元肥に最適.
〈谷型〉 10-2-8、20-0-13 (NK化成) など
N P K
・短期の葉物と、追肥に便利.

化成肥料

化成肥料にはチッソ，リンサン，カリの含有率の合計が15～30％の普通化成と30％以上の高度化成とがあります。普通化成肥料は単肥肥料を混ぜ化学合成したものが多く，配合している単肥肥料によって特性が異なりますが，一般的に速効的で使いやすいものばかりです。

高度化成肥料は，リンサンとチッソの吸収のよいリンサンアンモニウムを主体に合成され，成分量が多く，く溶性肥料と水溶性肥料とが混合されているので生育期間の長い作物に向いています。成分量が多いのでやり過ぎに注意してください。

普通化成も高度化成も選ぶときには，チッソ，リンサン，カリの含有率のバランスに注意してください。上図のように三要素が同等に含まれている水平型，リンサンが多い山型，リンサンが少ない谷型などがあります。水平型はバランスがとれているので元肥に向き，使いやすいタイプです。山型はリンサンが多いので長期作物の元肥に適し，とくに果菜，根菜，花などのリンサンを多く必要とする作物の元肥に最適です。谷型は生育期間の短い葉物や追肥に最適です。

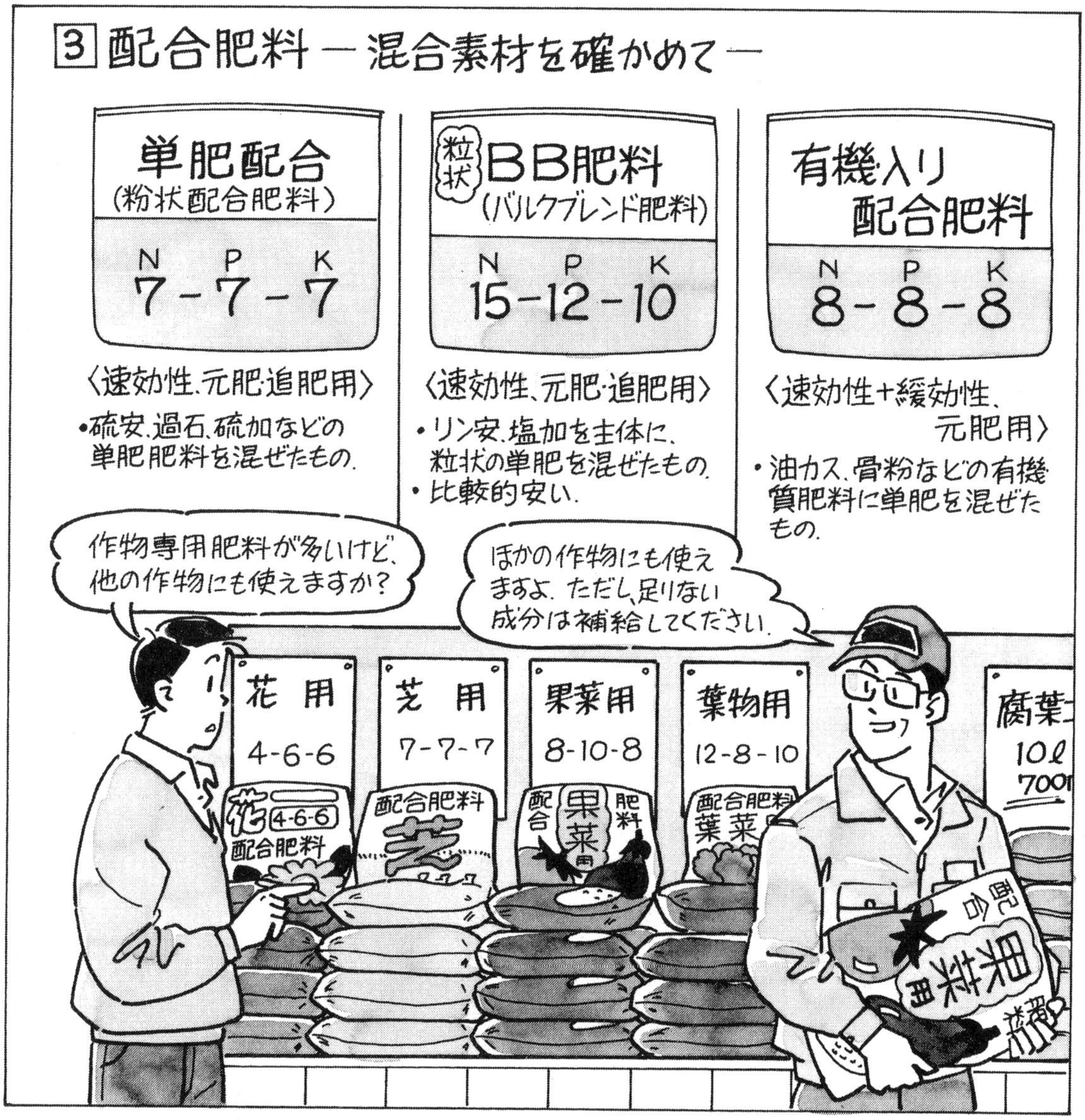
3 配合肥料 ―混合素材を確かめて―
単肥配合
（粉状配合肥料）
N P K
7－7－7
〈速効性、元肥・追肥用〉
・硫安、過石、硫加などの単肥肥料を混ぜたもの。
粒状 BB肥料
（バルクブレンド肥料）
N P K
15－12－10
〈速効性、元肥・追肥用〉
・リン安、塩加を主体に、粒状の単肥を混ぜたもの。
・比較的安い。
有機入り配合肥料
N P K
8－8－8
〈速効性＋緩効性、元肥用〉
・油カス、骨粉などの有機質肥料に単肥を混ぜたもの。
作物専用肥料が多いけど、他の作物にも使えますか？
ほかの作物にも使えますよ。ただし、足りない成分は補給してください。
花用 4-6-6
芝用 7-7-7
果菜用 8-10-8
葉物用 12-8-10
花 4-6-6 配合肥料
配合肥料 芝
配合肥料 果菜用
配合肥料 葉菜

配合肥料

化学的操作をしないで単純に混ぜ合わせた配合肥料は，化成肥料と同じく複合肥料の一種です。比較的安価で，作物の特性に合わせて多くの種類が市販されています。粉状の単肥を配合したものは吸湿性が強く固くなりやすいですが，粒状の単肥肥料を配合したBB肥料はその欠点も少なく扱いやすい肥料です。また，緩効的な有機質肥料のよさを加えた有機入り配合肥料も多く市販されています。

配合肥料を購入する際にはどんな肥料がどのくらいの割合で配合されているかを確認してください。チッソ分が硫安なのか尿素なのか，リン安なのか，油カスなのかなど。それによって肥効特性が違ってくるからです。次に紹介するIB化成，CDU化成，LP被覆肥料などの緩効性肥料を配合した追肥の必要のないものもあります。

また，配合肥料は作物の特性に合わせて配合された○○専用肥料として市販されていることが多く，一般的に花用や果菜用はリンサンが多く配合されています。しかし専用肥料だからといって，ほかの作物に使えないことではありません。足りないものは単肥肥料で補ってやればいいのです。

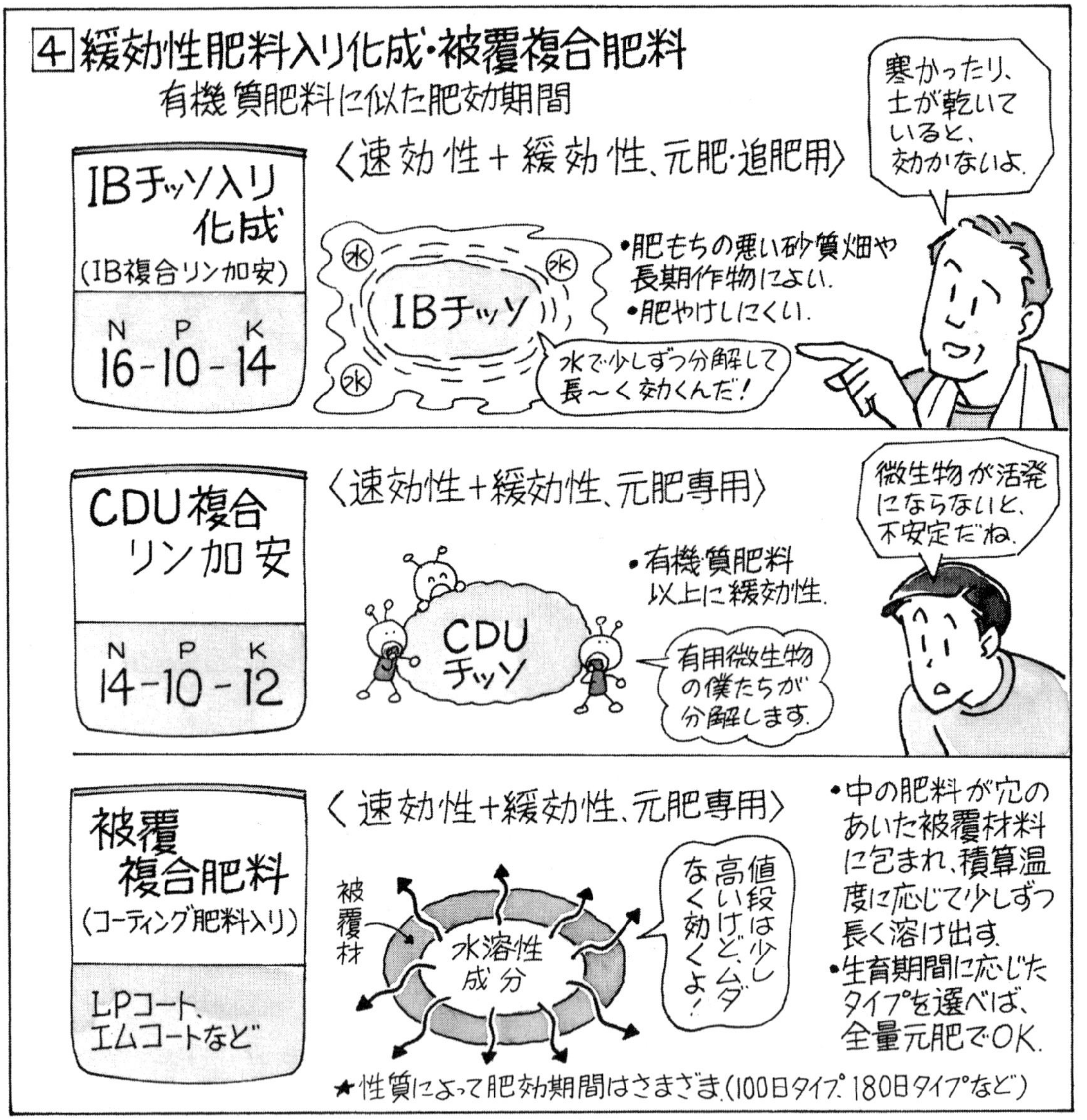

4 緩効性肥料入り化成・被覆複合肥料
有機質肥料に似た肥効期間
寒かったり、土が乾いていると、効かないよ。
IBチッソ入り化成
(IB複合リン加安)
N P K
16-10-14
〈速効性＋緩効性、元肥・追肥用〉
水
IBチッソ
•肥もちの悪い砂質畑や長期作物によい。
•肥やけしにくい。
水で少しずつ分解して長〜く効くんだ！
CDU複合リン加安
N P K
14-10-12
〈速効性＋緩効性、元肥専用〉
微生物が活発にならないと、不安定だね。
•有機質肥料以上に緩効性。
CDUチッソ
有用微生物の僕たちが分解します。
被覆複合肥料
(コーティング肥料入り)
LPコート、エムコートなど
〈速効性＋緩効性、元肥専用〉
被覆材
水溶性成分
値段は少し高いけど、ムダなく効くよ！
•中の肥料が穴のあいた被覆材料に包まれ、積算温度に応じて少しずつ長く溶け出す。
•生育期間に応じたタイプを選べば、全量元肥でOK。
★性質によって肥効期間はさまざま(100日タイプ、180日タイプなど)

緩効性肥料入り複合肥料

化成肥料のほとんどは，3～4週間以上すると流亡したり吸収されてしまいます。かといって一度に多く施すと肥やけします。この欠点を改良した化学肥料が，ホルムチッソ，CDU，IBなどを含む緩効性肥料です。これらは尿素を水に溶けにくい形にした緩効性の化学肥料で，速効的な単肥肥料が加えられています。これらは，肥効が1～2カ月持続し果菜や花など生育期間の長い作物の元肥に適しています。肥やけや肥ぎれの心配がなく，砂地でも安心して施せます。緩効性のチッソが多く，粒形が大きいほど緩効的で遅くまで肥効が持続します。

同じ緩効性肥料でもLP肥料などの被覆肥料は，尿素や粒状化成肥料などを樹脂などで覆い溶け出にくくしています。被覆材の厚さや開けた穴の大きさや数によって肥効期間が調整され，100日タイプから360日まで多くのタイプがあります。

作物の生育期間に合わせて選択すれば，元肥だけで追肥なしでもできます。溶け出す量は，温度や土壌水分によって左右され，地温が高く水分が多くなるほど多くなります。緩効性肥料は流亡が少ないので，施肥成分量は2割くらい減らしてください。

施肥 肥料②

有機質肥料

1 油カス―有機栽培のベースとなるチッソ肥料―

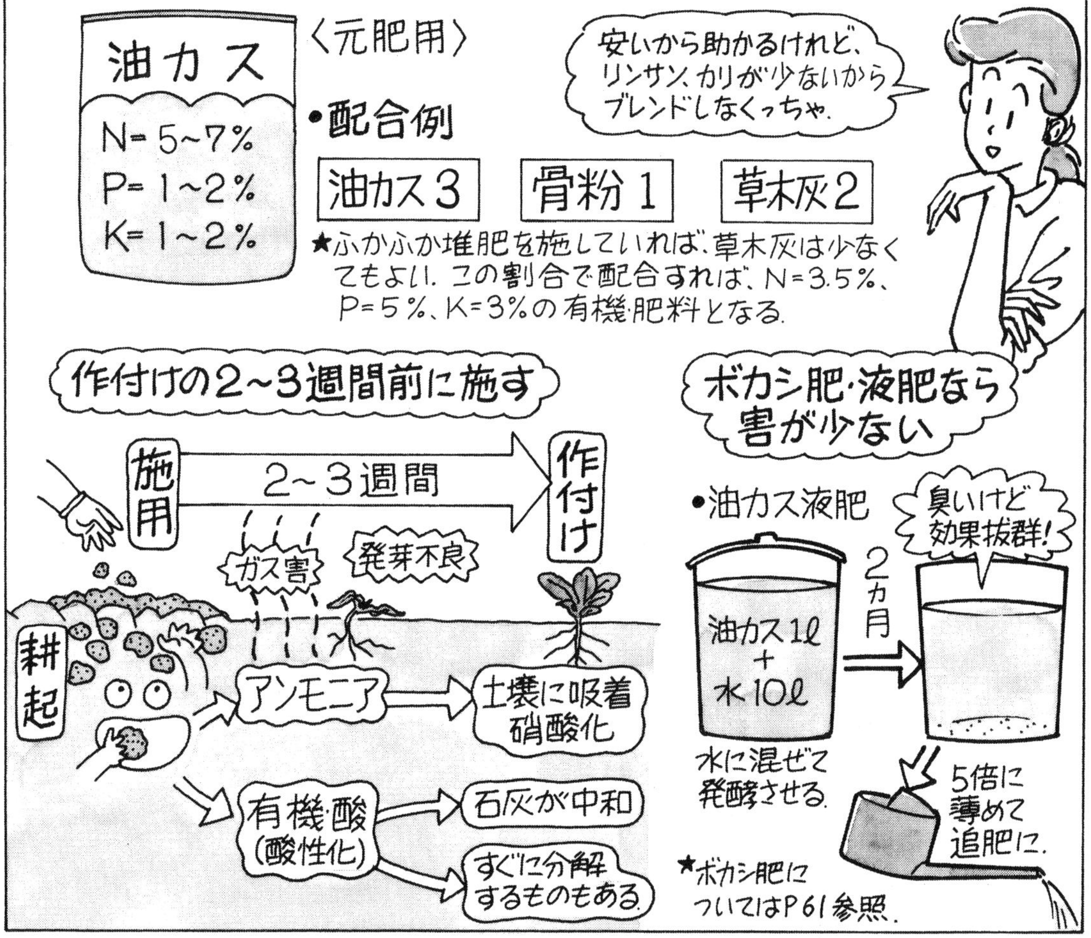

油カス
N＝5～7％
P＝1～2％
K＝1～2％
〈元肥用〉
安いから助かるけれど、リンサン、カリが少ないからブレンドしなくっちゃ。
•配合例
油カス3
骨粉1
草木灰2
★ふかふか堆肥を施していれば、草木灰は少なくてもよい。この割合で配合すれば、N＝3.5％、P＝5％、K＝3％の有機肥料となる。
作付けの2～3週間前に施す
施用
2～3週間
作付け
ガス害
発芽不良
耕起
アンモニア
土壌に吸着
硝酸化
有機酸
（酸性化）
石灰が中和
すぐに分解するものもある
ボカシ肥・液肥なら害が少ない
•油カス液肥
臭いけど効果抜群！
油カス1ℓ
＋
水10ℓ
2カ月
水に混ぜて発酵させる
5倍に薄めて追肥に
★ボカシ肥についてはP61参照

油　カ　ス

油カスはナタネやダイズから油を搾ったカスで，安価でチッソ主体の有機質肥料の王者です。土壌の中で微生物によって分解され無機化し，ゆっくり肥効が出る緩効性肥料です。しかし，分解される過程で有機酸が発生し，大量に施すとアンモニアガスも発生します。このためすぐ播種すると発芽障害や根傷みを起こしたり，大量に施すとガス障害も発生します。

このような障害の心配がなくなるには，施してから2～3週間かかります。油カスは元肥に使い，作付けの2～3週間前に施し土によく混和しておくことが大切です。

この欠点をなくしたものが，発酵油カスです。発酵させているので障害がなく施肥後1週間後には作付けでき，追肥にも使えます。また，上図のように油カスを水に入れ発酵させ，液肥にして追肥することもできます。

油カスの肥料成分はチッソ分が5～7％で，リンサンとカリは1～2％しかありません。骨粉や草木灰を加えてバランスをとる必要があります。油カスに骨粉を配合して市販されているものが多いのは，このためです。

2 骨 粉ーヨウリンなみの緩効性リンサンー
蒸製 骨粉
N=4%
P=17~24%
〈緩効性、
元肥用〉
早く効かせるには
①細粒のものを選ぶ.
②堆肥と混ぜ、微生物の繁殖を促す.
③速効的リンサンを含む草木灰、魚カス、鶏フンを併用し、補う.
過石を加えたり、ボカシ肥にするのもいいよ.
骨粉
※骨粉となった家畜の種類、メーカー、つくり方によって成分が多少違う.
3 草木灰ー速効性のカリ、リンサン、石灰肥料ーー
草木灰
P=3~4%
K=7~8%
石灰分 11%
〈速効性、
元肥・追肥用〉
私たちのエキスだから、ミネラル分がタップリ!
•速効的だから
追肥効果抜群
果菜などの花が咲く前後に施すといいのです.
※ただし、アルカリ性なので硫安、塩加、過石などといっしょに施さぬこと.
•石灰分が多めなので
pH矯正もOK
1m
1m
草木灰
100g

骨　　粉

家畜の骨を砕いたリンサン主体の緩効性肥料です。製法によって肉骨粉，生骨粉，蒸製骨粉などがありますが，市販の多くは蒸製骨粉です。根や微生物の分泌する有機酸に溶けて吸収される緩効性肥料なので，水溶性のリンサンを含む過石や草木灰を併用する必要があります。発酵させ，ボカシ肥にすると吸収もよくなり，また，細粒のものほど分解が速く肥効も早まります。

草　木　灰

草や木を燃やしてつくった草木灰は，花咲か爺さんの昔話にあるように，速効的で花や実をつけるのに必要なリンサンやカリ分の多い貴重な肥料です。石灰分も多いためpH矯正効果もあります。油カスに加えて施すとバランスがとれ，油カスの肥効も高まります。元肥に使うのが基本ですが，速効的なので追肥にも使えます。

アルカリ性なので，硫安などのアンモニア肥料といっしょに施すとアンモニアがガス化し逃げるので避けてください。自分でつくるときは，ビニールなどの化学物質や金属類などを取り除いてください。都市ゴミなどの灰には有害物質が含まれている危険があるのでおすすめできません。

4 魚カス ― 味をよくする動物質の有機肥料 ―
魚カス
N＝7～8%
P＝5～6%
K＝1%
〈元肥用〉
•やや速効的なチッソ、リンサン
•イワシやニシンの粉末
本来は家畜のエサだから少し高いけど、僕たち有用微生物も動物性のタンパク質を食べたいのです。
リンサンの補給、果菜のおいしさアップに効果
骨粉 50g (緩効性リンサン)
＋
魚カス 20g (速効性リンサン)
初期吸収
おいしさアップ
やり過ぎは失敗の元 かくし味程度に
5 米ヌカ ― 堆肥・ボカシ肥の発酵剤として最適 ―
米ヌカ
N＝2～2.6%
P＝4～6%
K＝1～1.2%
〈緩効性リンサン肥料、元肥用〉
•近くの米屋さんから入手
米の皮だから油分が多く、腐りにくい
米
糖分も多いし僕たちの大好物!!
•堆肥・ボカシ肥に混ぜ、発酵させて使う
•米ヌカ 300～500g
•落葉、ワラ、枯草 30～100kg
よく混ぜて発酵促進させる
•生米ヌカの固まりは害虫、雑菌の巣
(作付けの3週間前に施し、よく混ぜる)

魚　カ　ス

イワシなどの魚を煮て脂肪を抜き乾燥したもので，本来，家畜のエサでやや高価です。リンサン分も効きやすく，チッソ分がタンパク質で，微生物によって分解されアミノ酸としても吸収されるため，果菜類などは美味しくなります。カリ分はほとんどありません。作付けの2～3週間前に施し土とよく混和させ，鳥や虫に食われないように注意してください。速効的なので追肥にも使えますが，追肥に使うときは，根のない部分に穴や溝を切って施し，必ず覆土してください。他の有機質肥料に混ぜ発酵させてボカシ肥にすると最高です。

米　ヌ　カ

玄米の表層を削り白米に精米するときできる米ヌカは，リンサンの多い有機質肥料です。近くの米屋さんで安く入手できます。糖分やタンパク質も多いので微生物や虫の大好物です。堆肥を積み込むときに混ぜると悪臭も弱まり，微生物の繁殖が高まり腐熟が早まります。しかし脂肪分が多いため分解が遅く，水をはじき土の中で固まりになりやすいので注意してください。固まると害虫の巣になります。堆肥・ボカシ肥に混ぜて使うのが最適です。

6 鶏フン―リンサン分の多い普通化成なみの肥効
〈速効性、元肥・追肥用〉
乾燥鶏フン
N＝3％
P＝5～6％
K＝3％
石灰分＝9～14％
•水にもどすと悪臭
•3～4週間くらい土になじませないと、ガス害、肥やけに
発酵鶏フン
N＝4％
P＝7～9％
K＝2.5％
石灰分＝10～15％
•臭いはない
•まいて1週間後に作付けOK
冬場に土つくり・元肥をかねて施しておく
2～3月に施用
乾燥鶏フン
500g/㎡以下
★まいたら、すぐ耕起
作付けは
1ヵ月後に
鶏フンが肥やけさせた失敗が一番多い。要注意だ！
肥料不足のとき、発酵鶏フンを少量ウネ間に追肥もできる
ウネ間や株間にまいて土をかぶせておきます
追肥なら1㎡に100～200gで十分ね

鶏　フ　ン

家畜フンのなかで鶏フンは，普通化成なみの肥料成分があり速効的に効くので，土壌を改良する堆肥というよりも有機質肥料として多く使われています。油カスと比べてもチッソ分は少ないもののリンサン，カリが多く，バランスのとれた山型の肥料です。安く使いやすいですが，すぐ作付けたりやり過ぎるとガス障害や発芽障害，肥やけする危険が大変高いので要注意です。

乾燥鶏フンと発酵鶏フンとがあり，乾燥鶏フンは生鶏フンを乾燥させただけなので，水分を吸うと悪臭を放ちます。そのため，作付けの1カ月くらい前に施しよく土に混和させて使ってください。土に混和すると悪臭も発生せず，肥料分も逃げません。

ただし，悪臭のない発酵鶏フンは微生物に一度分解されているので，1週間後には作付けできます。リンサン分が多くバランスがとれているので，元肥に最適ですが，発酵鶏フンなら追肥に使っても効果的です。しかし，肥料成分が多いので一度に施せる量は1㎡当たり500g以下にしないと，肥やけする心配があります。また，鶏フンは堆肥に混ぜ発酵促進に使ったり，ボカシ肥の材料としても有効です。

畑に適した主な肥料の特性と使い方

有機質肥料

肥料の種類		含有成分の割合（%）			肥効	用途		適用その他
		チッソ	リンサン	カ　リ		元肥	追肥	
動物質	魚カス	7 〜8	5〜6	1	速効的	○	○	野菜・果樹に向く。虫に注意。
	干魚肥料	4〜10	1〜5	−	〃	○	○	微量要素も含む。草木灰との併用がよい。
	骨粉（蒸製）	2.5〜4	17〜24	−	緩効的	○		すべての作物，とくに果樹に適す。
	カニガラ粉末	4〜9	1〜6	−	〃	○		キチン質を含む。病害抑制効果あり。野菜。
植物質	ナタネ油カス	5〜6	2〜3	1〜1.5	緩効的	○		野菜・花・果樹など何でもに向く。
	ダイズ油カス	6〜7	1〜2	1〜2	〃	○		すべての野菜。暖地では追肥もできる。
	草木灰	−	3〜4	7〜8	速効的	○	○	魚カスと併用して多くの野菜に向く。追肥にもよい。

無機質肥料

肥料の種類		含有成分の割合（%）			肥料の型	肥効	用途		適用その他
		チッソ	リンサン	カリ			元肥	追肥	
単肥	硫安	21	−	−		速効性	○	○	水溶性，野菜・果樹・花など
	尿素	46	−	−		〃	○	○	葉面散布も可。野菜・果樹・花など
	石灰チッソ	21	−	−		緩効性	○		殺菌効果あり。野菜・果樹・花など
	過リン酸石灰（過石）	−	17〜20	−		速効性	○		堆肥と併用。野菜・果樹・花など
	熔成リン肥（ヨウリン）	−	20	−		〃	○		水に溶けにくい。野菜・果樹・花など
	硫酸カリ（硫加）	−	−	50		〃	○	○	水溶性。野菜（とくにイモ類）・果樹・花など
	塩化カリ（塩化）	−	−	60		〃	○	○	水溶性。露地野菜（イモ類には不向き）
普通化成	化成8号	8	8	8	水平型	速効性	○	○	野菜・果樹・花など
	化成9号	6	9	6	山型	〃	○		火山灰土に適す。野菜・果樹・花など
	エヌビー化成	10	5	10	谷型	〃		○	野菜・果樹・花など
高度化成	複合リン加安42号	14	14	14	水平型	速効性	○		野菜，果樹など
	硫加リン安131号	10	30	10	山型	〃	○		〃
	硫加リン安474号	14	7	14	谷型	〃	○	○	〃
NK化成	NK化成606	16	−	16	水平型	速効性		○	露地野菜
	尿素入りNK化成	14	−	18	上がり型	〃		○	〃
配合肥料	高度複合4－2－4	14	22	14	山型	速効性	○		野菜・果樹など
	有機入り配合777	7	7	7	水平型	〃	○	○	野菜・果樹・花など
	粒状複合5－0－2	15	10	12	谷型	〃	○	○	野菜・果樹など
	塩基性複合11号	11	6	7	谷型	〃	○		アルカリ性。野菜・花など
緩効性肥料	尿素入りIB化成	10	10	10	水平型	緩効性	○	○	果菜類，果樹，花木，花など
	複合リン硝安カリ	12	12	12	水平型	〃	○	○	果菜類，花
	CDU複合リン加安	10	12	10	山型	〃	○	○	果菜類，果樹，花木，花など
	被覆複合	12	4	12	谷型	〃		○	果菜類，果樹，花など

肥料の購入・保存法

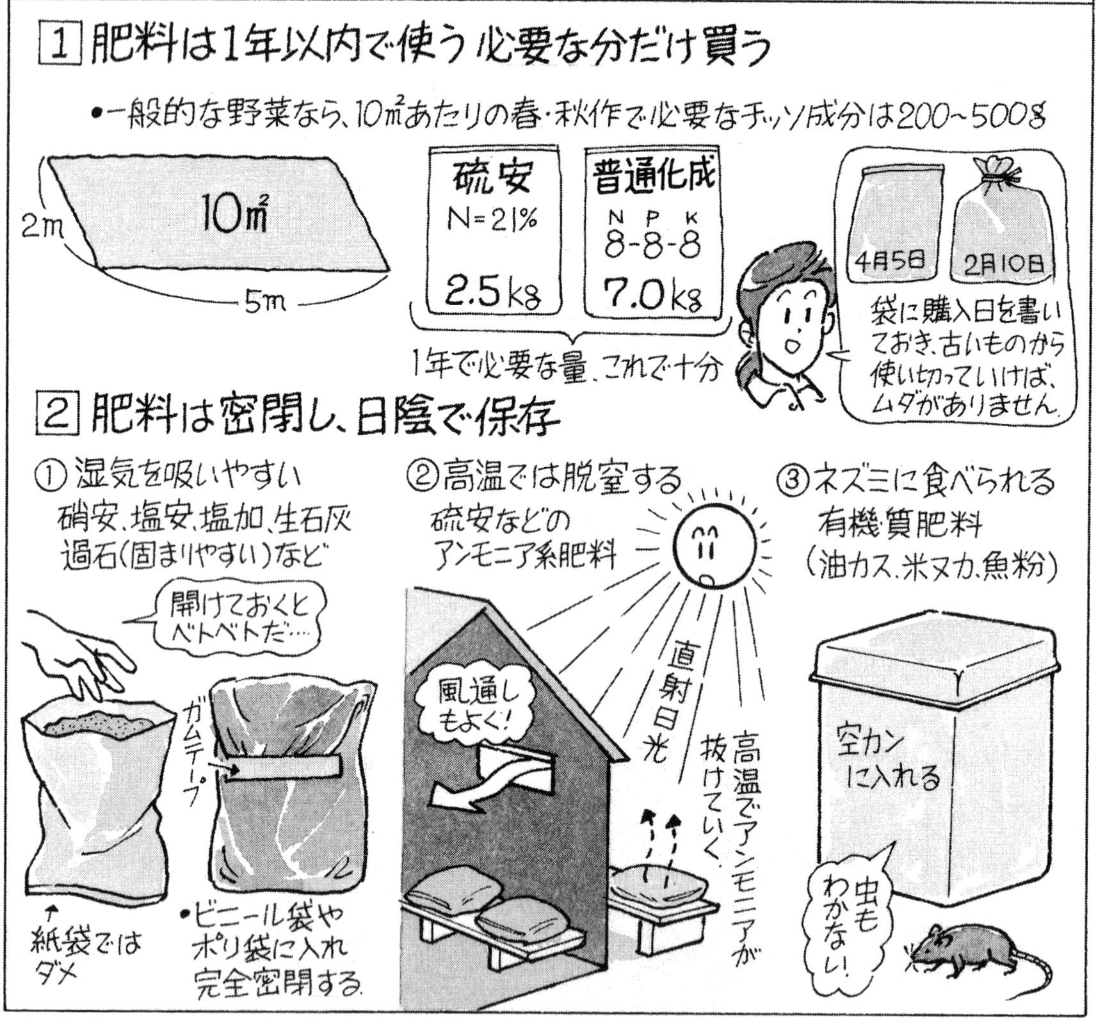

1 肥料は1年以内で使う 必要な分だけ買う
•一般的な野菜なら、10㎡あたりの春・秋作で必要なチッソ成分は200～500g
10㎡
2m
5m
硫安
N=21%
2.5kg
普通化成
N P K
8-8-8
7.0kg
1年で必要な量、これで十分
4月5日
2月10日
袋に購入日を書いておき、古いものから使い切っていけば、ムダがありません
2 肥料は密閉し、日陰で保存
① 湿気を吸いやすい
硝安、塩安、塩加、生石灰
過石(固まりやすい)など
開けておくとベトベトだ…
ガムテープ
紙袋ではダメ
•ビニール袋やポリ袋に入れ完全密閉する
② 高温では脱窒する
硫安などのアンモニア系肥料
風通しもよく!
直射日光
高温でアンモニアが抜けていく
③ ネズミに食べられる
有機質肥料
(油カス、米ヌカ、魚粉)
空カンに入れる
虫もわかない!

肥料や土壌改良剤は1年以内に使いきる

肥料は1年間で使い切る分だけ購入するのが得策です。石灰資材や過石は空気や水にふれるとセメントのように固まりやすく，硝安，塩加，塩安，尿素など吸湿性が強い肥料は水分を吸って固まったりベトベトになります。アンモニア系の肥料は高温にさらされるとアンモニアがガスとなって逃げやすく，有機質肥料は水分を吸って虫がわいたり，腐敗して悪臭を放ちます。

普通の作物なら10㎡で1年間に必要なチッソ分はせいぜい200～500g，硫安なら2.5kg，普通化成なら7kg（10坪でも20kg）もあれば十分です。

1年で必要とする肥料を元肥用と追肥用に分けてあらかじめ計算し，余分に買わないことが過剰施肥も避けられ無駄をなくすコツです。また，購入したら袋に日付けを書いて，古い肥料から使い切ってください。

安く購入するには，園芸仲間と共同購入し分けて使う方法もあります。緩効性の肥料や土壌改良剤，液肥などは，園芸店よりも近くの農協で農業用の20kg単位の肥料を買って，分配すれば安くなります。

第2章
コンテナ編

畑と違うコンテナ栽培

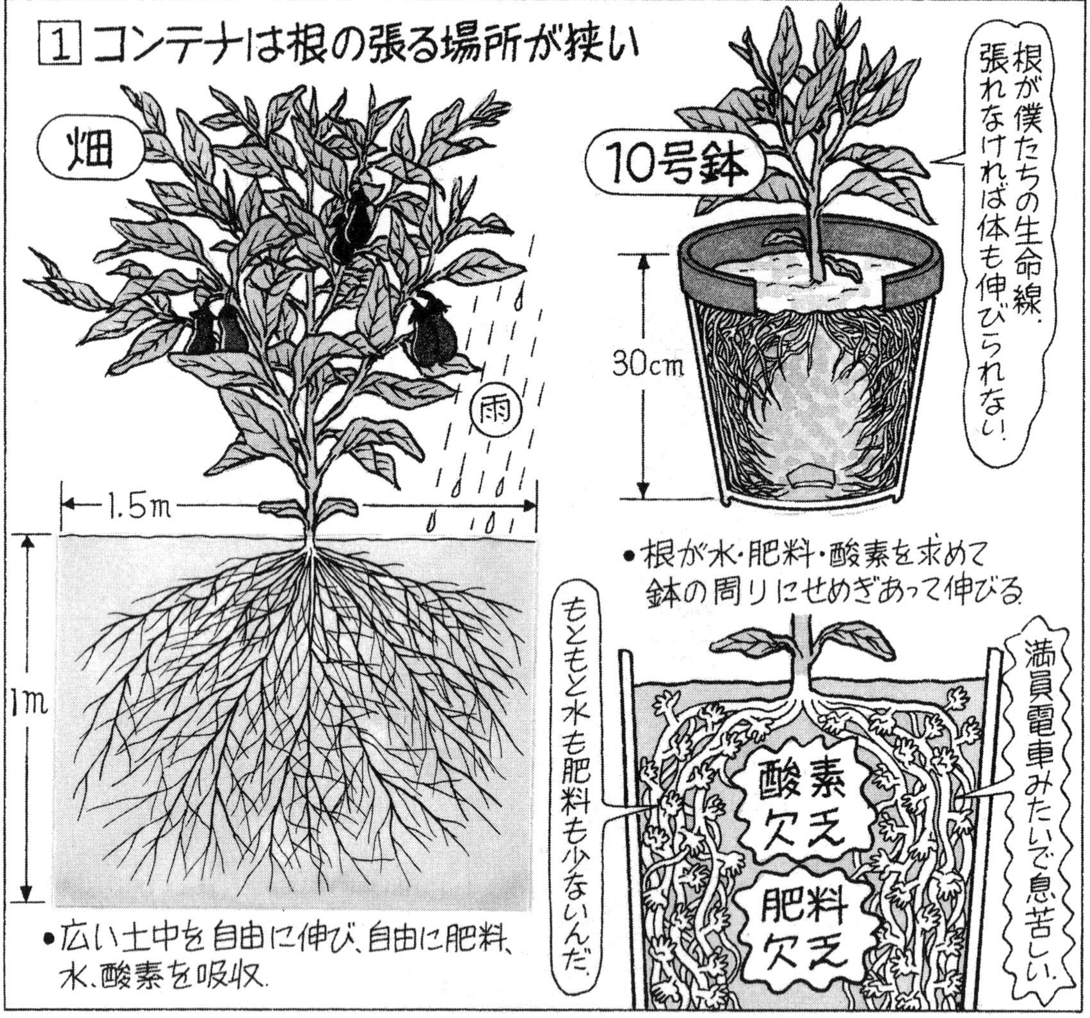

1 コンテナは根の張る場所が狭い
畑
雨
1.5m
1m
●広い土中を自由に伸び、自由に肥料、水、酸素を吸収
10号鉢
30cm
根が僕たちの生命線。張れなければ体も伸びられない!
●根が水・肥料・酸素を求めて鉢の周りにせめぎあって伸びる
もともと水も肥料も少ないんだ
満員電車みたいで息苦しい
酸素欠乏
肥料欠乏

根が老化，衰弱しやすいコンテナ栽培

容器でつくるコンテナ栽培と畑の栽培とでは地上部の環境も多少違いがありますが，根の環境には大きな違いがあります。畑では根が四方八方，地中深くまで自由自在に肥料や水や酸素を求めて伸びていきます。ところが，容器栽培ではその範囲が制限され狭い空間に根はせめぎあいながら伸びるほかないのです。

根の張る土壌空間が小さいため，土壌（培養土）の保持する肥料分も水分も空気も，畑とは雲泥の違いです。とくに根にとって致命傷になるのが空気，酸素です。根は無機養分（肥料）や水を吸収し，茎葉に供給する役目を担っています。根は，その活動エネルギーを葉から供給される炭水化物を呼吸によって酸化して取り出しているので，根が生きていくためには酸素が不可欠なのです。それは畑でも同様ですが，コンテナの場合は狭い空間に根がぎっしり詰まりがちです。そのため満員電車で息苦しくなるように根同士が酸素を奪い合って酸素不足になりやすい宿命をもっています。

容器栽培では，根が空気の多い鉢底や鉢のまわりに張りやすく，衰弱，老化しやす

2 乾きやすく、かん水が不可欠
畑
雨
下層土で水分を貯蔵
下層土
上層が乾燥すると、水分が下層土から上昇する。
下層土
鉢
蒸散
根が水を奪いあって吸う。
定期的なかん水が必要です。
少ない水分量
流出
3 用土は水もちより、水はけ重視
水はけが悪い
水
水より酸素が欲しい！
土粒の隙間がないので水が通れない。
・粉状の用土は水もちはよいが、酸欠になって根腐れしやすい。
水はけがよい
水
水も酸素も吸えるよ。
土粒の隙間が大きいと、水はすぐ流れ空気が保持される。
流出
・かん水で有害物質や余分な肥料分も追い出され、新しい空気が入ってくる。

いため，すぐ下葉から枯れ上がってきてしまうことが多いのはそのためです。

コンテナ栽培の要はかん水技術

コンテナ栽培では培養土が少ないうえに，鉢内の温度が上昇しやすいため，定期的なかん水が不可欠です。コンテナ栽培で一番失敗が多いのは，水のやり過ぎによる根腐れです。もちろん，水不足で枯らすことも少なくありません。

かん水回数を減らすには，水もちのよい粘土質の用土を多めに配合して水もちをよくすればいいのですが，水もちのよい用土ほど，空隙が少なく酸素不足になりやすいという矛盾があります。また，水もちのよい用土ほど肥もちもよいのですが，水はけが悪くなって，かん水を慎重にやらないと根腐れしやすくなります。

コンテナ栽培にとって，かん水の目的は，水分の補給だけではありません。肥料分を溶かし吸収しやすくするほか，かん水した水が空隙に満ち，それが底穴から流れ出る過程で，根が排泄した二酸化炭素や有機酸などの有害物質をいっしょに流し出します。こうして新しい空気と入れ替わります。つまりかん水は，根に酸素を供給する

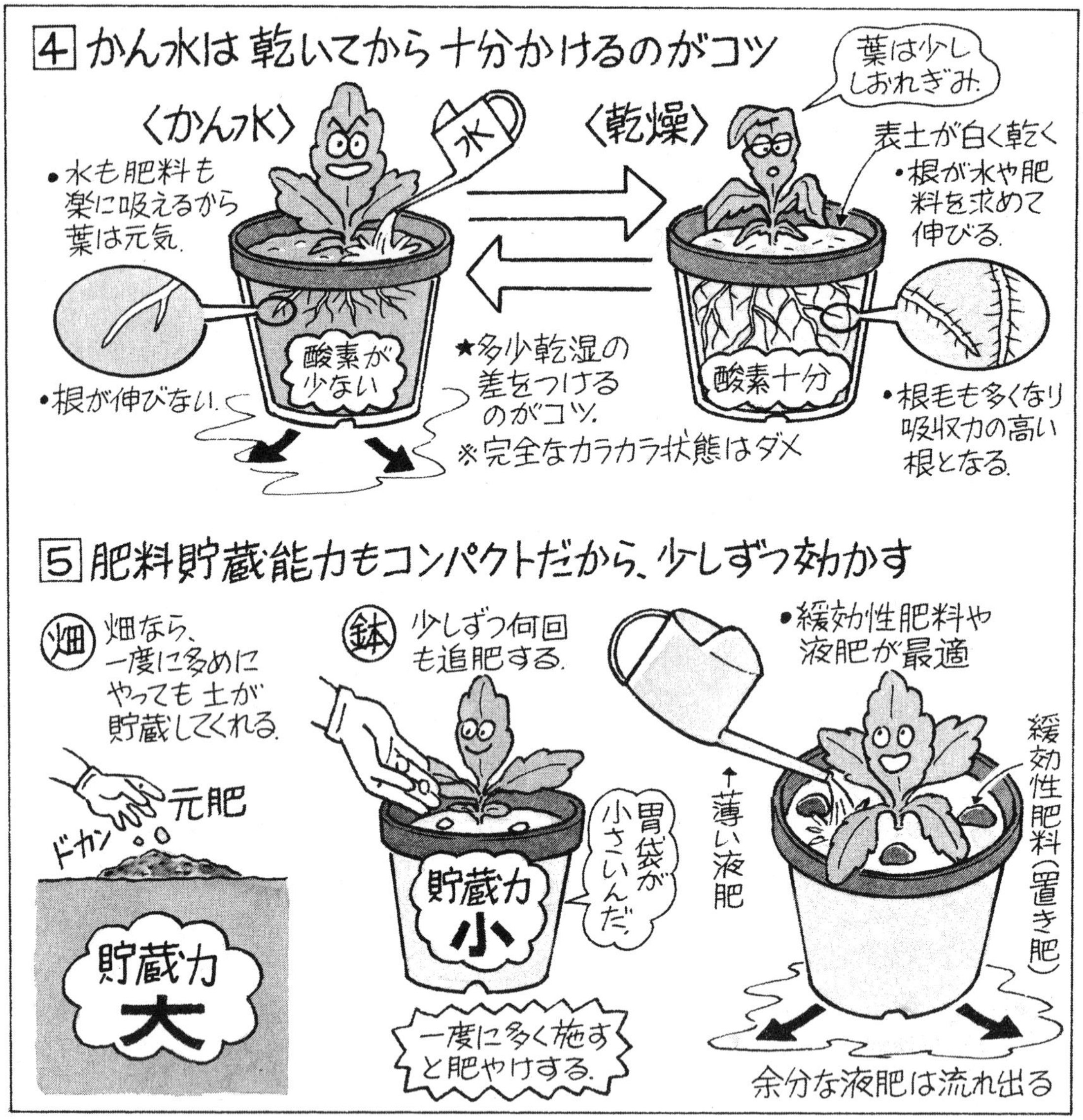
4 かん水は乾いてから十分かけるのがコツ
〈かん水〉
水
〈乾燥〉
葉は少ししおれぎみ
表土が白く乾く
•水も肥料も楽に吸えるから葉は元気
•根が水や肥料を求めて伸びる
酸素が少ない
酸素十分
•根が伸びない
★多少乾湿の差をつけるのがコツ
※完全なカラカラ状態はダメ
•根毛も多くなり吸収力の高い根となる
5 肥料貯蔵能力もコンパクトだから、少しずつ効かす
畑 畑なら、一度に多めにやっても土が貯蔵してくれる
鉢 少しずつ何回も追肥する
•緩効性肥料や液肥が最適
元肥
ドカン
貯蔵力大
貯蔵力小
胃袋が小さいんだ
一度に多く施すと肥やけする
薄い液肥
緩効性肥料（置き肥）
余分な液肥は流れ出る

役目も担っているのです。水はけの悪い土ではこの酸素補給がうまくいきません。

また，根はいつも水分の多い状態だと伸びません。水分がだんだん少なくなり，空隙に酸素が多くなると，根は伸びだします。そして肥料の吸収力の強い細根や根毛も発達してきます。多少の乾湿の差をつけることが，活力の高い根を張らせるかん水のコツです。「表面が白く乾くまで待ってたっぷりかん水をせよ」という理由は，このためです。水はけのよい培養土ならこの操作もしやすいのです。

しかし，水はけのよい用土ほどかん水の回数も多くなり，肥料も流亡しやすくなります。用土が重要なのはこのためです。水はけがよく，しかも肥もちも水もちもよい培養土をいかにつくるかです。

肥料は追肥，緩効性肥料が基本

かん水と同じく，肥料のやり方も畑とは違います。肥料分を保持できる培養土が少ないために，少しの肥料でも肥やけしがちです。10号鉢でも一度に施せるチッソ分は0.2g以下で，8－8－8の普通化成肥料なら2g程度，これはティースプーンたったの1杯くらいの量です。

6 未熟有機物は厳禁 栄養堆肥も要注意
•肥料分を保持できる土の量が少ないから肥やけする。
未熟は厳禁
•鶏フン、豚フンなど肥料分の多い堆肥はダメ。（十分発酵した牛フン堆肥はOK）
7 1年に1回は用土を変える
•1作ごとに用土を新しくするか、ふかふか堆肥をたっぷりと。永年植物は1年1回植え替えを。
•土が少ないから肥料バランスもくずれやすい！
•古根がびっしり。
•用土の粒がこわれ、細かくなって水はけ、通気が悪くなる。
•有害成分、有害微生物が多くなる。
★古土は再生して使う。
8 でも、コンテナ栽培は自由自在
① 移動が自由自在。
② 庭や畑がなくても、ベランダや室内で楽しめる。
今日は玄関に置こう。
★管理も身近で楽々、楽しみもふえる

しかも，コンテナ栽培では定期的なかん水が不可欠なので，肥料は流亡しやすく肥ぎれしやすいのです。そのため，効きやすい肥料をこまめに追肥するか，緩効性の肥料を使って肥やけ，肥ぎれを避けることが重要になります。それに，堆肥や有機質肥料は畑以上に完熟したものでないと，肥やけ・ガス障害・土壌病害の原因になります。堆肥は，腐葉土なら最適ですが，栄養堆肥は完熟した牛フン堆肥以外は不向きです。

コンテナ栽培では以上のように，水や肥料を供給・調整する用土の能力が劣る分を，人が面倒をみてコントロールしなくてはなりません。生育期間の長い観葉植物などの永年植物では，1年ごとくらいに植え替えて，老化した根を切り，新しい培養土に替え，新しい根を張らせる必要もあります。コンテナ栽培は，このように根の管理がすべてといっても過言ではありません。

しかし，コンテナ栽培の長所もあります。畑がなくとも身近に楽しむことができ，持ち運びも自由自在です。育てるときは日当たりのよい場所におく必要はありますが，観賞期間は室内など多少日当たりが悪い場所でもかまいません。ベランダや庭先の狭い場所でも十分に楽しめます。

鉢・プランターの選び方

1 材質の特性

•安くて便利な大衆派
プラ鉢
プランター
•もっぱら廃物利用の実用派
肥料袋
トロ箱
•見ばえがよくインテリア感覚
化粧鉢
ウッドコンテナ
•乾きやすく根に優しい栽培用
素焼鉢
空気が入る
水がにじみ出る
夏は涼しい
駄温鉢

種類	材料	長所	短所
プラ鉢	プラスチック	安価で軽く,こわれにくい.カビもつかない.	通気性・透水性がない.
素焼鉢	粘土	多孔質で,通気性・透水性がある.	重くて,こわれやすく,コケがつく.
駄温鉢	粘土	素焼鉢より劣るが,通気性・透水性がある.	重くて,こわれやすい.
化粧鉢	粘土	見ばえがよい.	高価で,通気性・透水性がない.
ウッドコンテナ	木	見ばえがよく,保温性がよい.	値段が高く,重い.防腐処理しないと腐りやすい.
トロ箱	発泡スチロール	廃物利用ができ,保温性がある.	見ばえが悪く,こわれやすい.
肥料袋	ポリフィルム	廃物利用.容量が大きく,作りやすい.	見ばえが悪く,排水も悪い.日に当たるとボロボロになる.

コンテナの主流はプラスチック鉢

昔は鉢といえば素焼鉢が主流でした。素焼鉢は低温で甘く焼いてあるため，多孔質で小さな見えない穴が無数にできています。そのため鉢底だけでなく，壁面からも水がにじみ出たり空気が流入し，根が酸素不足になりにくく，鉢の温度も一定に保たれる長所があります。水はけや酸素の供給がとくに重要なコンテナ栽培では，育てやすい材質です。

しかし，素焼鉢は重くて壊れやすく，コケがついて見栄えも悪く，プラ鉢と比べて高価なため，いまではプラスチックのプランターや鉢が主流になっています。しかしプラ鉢は軽くて壊れにくく見栄えもよく比較的安価で使いやすい半面，素焼鉢に比べ空気の流入，水はけ，温度の調整などはよくありません。そのため，プラ鉢では素焼鉢よりも赤玉土やピートモスなどの水はけのよい用土を使う必要があります。

容器は，一定の培養土が入り，底に排水孔があれば，どんなものでもかまいません。見栄えを気にしなければ発泡スチロールのトロ箱や肥料袋などの厚めのポリ袋なども立派なコンテナになります。

2 コンテナは水はけが命
2～4cmあけ、かん水のスペースをとっておく。
ゴロ土を入れる
足があり、鉢底に空間がある。
鉢のかけら、または金網を敷く。
排水孔が大きく、多いものを選ぶ。
•トロ箱や肥料袋には穴を必ずあける。
袋は裏返しにすると安定する。
★タル木やレンガなどの上に置き水はけよくする
3 かん水が楽になる底面吸水鉢
水を好む植物向きだよ。
★ゴロ土は入れないこと
•水が毛細管現象で上昇。
注水口
水槽
吸水ひも
•プランター
二重底のプランターも室内では栓をして、底に水をためると乾きにくい。
★水を長期にためすぎぬこと。

水はけをよくするコンテナ構造

排水孔は，排水だけでなく，新しい空気の取入れ口でもあります。排水孔が目づまりすると排水性•通気性が悪くなるので，鉢花などでは大きな粒のゴロ土を底に敷いて空気や水の通りをよくしてください。トロ箱や肥料袋などには必ず底の部分に2cm前後の大きな排水孔を開け，タル木やブロックやレンガの台に置き，排水孔が床や地面に密着しないようにします。

かん水の回数を減らせる底面吸水鉢

最近，鉢の下に水槽のついた底面吸水鉢が市販されています。鉢底から吸水用のひもが水槽に垂れ，水槽の水や液肥を毛細管現象で吸い上げて，常時一定の水分に保つしくみです。水をためておけるので，かん水や追肥の回数が少なくてすみます。最初に上からたっぷりかけ，水槽には水道（みずみち）が切れないようにいつも水をためておきます。

しかし，長い間には肥料分が水といっしょに上昇し，培養土の表面に白く粉がふいたように集積して，肥やけすることがあります。このときは，洗い流すようにたっぷり上からかん水してください。

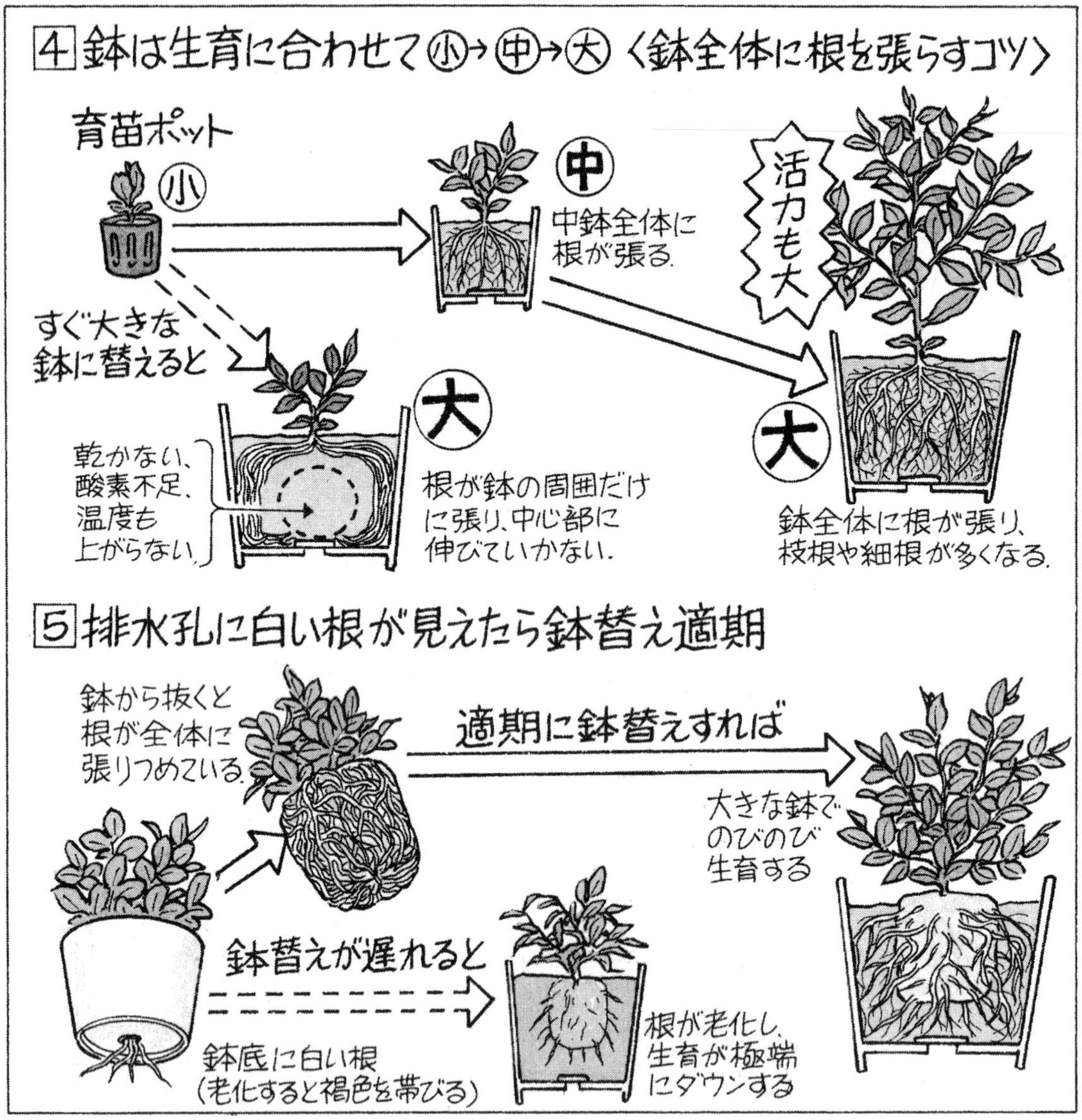

4 鉢は生育に合わせて小→中→大 〈鉢全体に根を張らすコツ〉
育苗ポット
小
中
中鉢全体に
根が張る.
活力も大
すぐ大きな
鉢に替えると
大
乾かない、
酸素不足、
温度も
上がらない.
根が鉢の周囲だけ
に張り、中心部に
伸びていかない.
大
鉢全体に根が張り、
枝根や細根が多くなる.
5 排水孔に白い根が見えたら鉢替え適期
鉢から抜くと
根が全体に
張りつめている.
適期に鉢替えすれば
大きな鉢で
のびのび
生育する
鉢替えが遅れると
鉢底に白い根
(老化すると褐色を帯びる)
根が老化し、
生育が極端
にダウンする

生育に合わせて鉢替えを

鉢は大きく培養土が多いほうが，肥もちも水もちもよく，管理がラクで作物は大きく育ちます。しかし，はじめから大きな鉢に植えると，大きな鉢の中心部は温度が上がりにくく空気や水も入りにくいため，根は温度が上がり空気の多い鉢の周囲だけに伸びて中心部が空洞になってしまいます。

図のように，小さな鉢から中くらいの鉢へと生育に合わせて鉢替えすれば，まんべんなく多くの根が張ります。ただし，直下根が深く伸びる野菜，とくに根菜は移植すると根傷みするのでこの方法は不向きです。

鉢替えの適期は，排水孔に白い根が見え根が外に出始めるころです。これ以上おくれると根が老化し褐色がかってきます。鉢替えが遅れると，その後の生育が大変停滞し格段の差がついてしまいます。

大きくなる果菜・根菜，観葉植物は10ℓ以上の培養土が必要

コンテナの大きさは，植物の成長量や生育に合わせて決めることです。根には地上部を支える役割もあり，地上部が大きく高

⑥大きな鉢か、小さな鉢か

•2~3号鉢
ミツバ
5~10cm
•5~6号鉢
15~20cm
トウガラシ
僕たちの容器は小さくても大丈夫、小さいほうが用土も少なく、軽くていいよ。植替えも楽なんだ。
•10~13号鉢（用土10~20ℓ）
トマト
大きな鉢でないと途中で息切れしちゃう。
•肥料袋（20ℓ）
トウモロコシ
20ℓあれば、トウモロコシだってつくれるんだ。

	小	中	大
用土	用土が少なく、軽くて、植替えも楽 ⟷		用土が多く重くて、移動しにくい
肥料・水	肥ぎれ、水ぎれしやすく、小さなものしかできない ⟷		肥もち、水もちがよく、大きなものも作りやすい
容器	2~3号鉢	5~6号鉢 プランター	10~13号鉢 肥料袋
用土量	3ℓ以下	3~10ℓ	10~20ℓ
適する植物	軟弱野菜 小さな草花	中くらいの草花、野菜、観葉植物	トマト、キュウリ、ダイコン、キャベツ、ブロッコリー、ジャガイモやガジュマルなどの大きな観葉植物

容器が小さいとコンパクトに育つ
伸び伸び育つから元気です。
小さくてかわいいでしょ！
ヒマワリ
5号鉢
10号鉢

くなるものには大きな鉢が必要です。小さなものでも株数が多くなれば，大きな容器が必要です。

トマト，ナス，キュウリ，スイカ，メロンなどの果菜は生育期間も長く根が太く深く張って，肥料や水の吸収量も多いので，1株10～20 ℓの培養土が必要です。培養土が少ないと肥ぎれや水不足で根が老化したり，地上部も息ぎれで実がつかなかったりして肥大しません。うまくできなかった方が，容器を大きくしただけで立派にできる場合が多いのです。また，スイカやカボチャのようにコンテナから這い出して伸びるものは，まわりに十分な空間が必要です。

ダイコン，ジャガイモ，サツマイモ，サトイモなども深さがあって10 ℓ以上の培養土が必要です。葉菜類でも肥料を好み大きくなるキャベツやハクサイも同様です。20 ℓくらいあれば2mにもなるトウモロコシもできます。

しかし，あえて小さな鉢に植えて小さくコンパクトに育てるのも一つの工夫です。大きな鉢だと2m以上にもなるヒマワリも，5号鉢くらいだと50cm前後にしかならず可愛らしいヒマワリになります。観葉植物も同様です。

7 植物の草姿に合わせて選ぶ鉢型
〈標準鉢〉
直径と同じ高さ
•草丈が中くらいの一般の植物.
•育苗用にも使う.
〈半鉢〉
浅い
•草丈が低く、細根が表層によく張る植物.小さな草花向け.
•育苗.さし木にも向いている.
〈腰高鉢〉
•縦に高く伸び、太根が張るゴムの木などの大型観葉植物.
•太根が長く伸びるラン類.
•高く伸びるツル性の植物(あんどん仕立てなどで使う).
〈バスケット、吊り鉢〉
•草丈が低いものやツル性植物など垂れ下がるもの.
プラバスケット
吊り鉢
ワイヤーバスケット
シンビジウム
ツルバラ
ゴムノキ

鉢の形も地上部の形に合わせて

鉢の大きさの規格は口径の長さで2号鉢から13号鉢までいろいろあります。1号とは直径約1寸，ほぼ3cmくらいの大きさですから，10号鉢の直径は約30cmになります。プランターには約4ℓの小型，約20ℓの標準，約50ℓの大型などがあります。

コンテナを選ぶときに大切なのは，大きさとともに深さが重要です。鉢では，深さが直径と同等の標準鉢，直径以上に深い腰高鉢，深さが直径の半分の半鉢などがあります。

標準鉢は一般的で，ほとんどの植物に適していますが，高さもあまり高くならない中くらいものに合っています。

腰高鉢は，高く伸び根が太く深く張るゴムの木などの観葉植物やトマトやナスなどの直根性の果菜に適しています。ゴロ土を多めに入れて排水をよくしてください。軽石やバークで育てるランも根が太く長く伸びるので，腰高鉢が適しています。

底の浅い半鉢は，草丈が低いものや横に這うもの，細い根が表層に張るものに向いています。底が浅く空気がよく流入するので，さし木や育苗にも適しています。

8 育苗ポット
•ピートポット
•連結ピートポット
2cm
5cm
ピートモスを圧縮してつくったもの.
苗を抜かず,そのまま定植できる.
•育苗箱(条まき,バラまき用)
播種用
さし芽用は
5~7cmの
深さが必要.
45cm
5cm
35cm
•ポリポット
播種用
2号
5~6cm
鉢替え用
3号
9cm
7号
21cm
9 定植用コンテナ
プランター
壁かけ鉢
ワイヤーバスケット
ウッドコンテナ(寄せ植え用)
鉢
プラバスケット
吊り鉢
コンテナを組み合わせて立体的に飾るのがコツよ.

育苗には浅い通気性のよい容器を

種まきやさし芽，さし木で苗を育てる容器は，浅くて水はけがよく通気性のよいことが条件です。育苗箱は，底が網目状になっていて通気性がよくなっています。ピートモスを圧縮してつくったピートポットは，鉢のままで根を傷めずにポリポットなどに移植でき，ポットとの間に隙間ができるので通気性も抜群です。

草花は鉢を立体的にアレンジして

草花を美しく飾るコツのひとつは，鉢を組み合わせて立体的に飾ることです。プランターを2〜3段のひな段に置いたり，スタンドの上に鉢を乗せたり，壁掛け鉢や吊り鉢やバスケットを高い所に配置したりすると，見栄えもよく豪華になります。また，ウッドコンテナなど大きな見栄えのよい容器には，寄せ植えをしたり鉢を中に入れアレンジすれば寄せ植え花壇になります。

草花のコンテナ栽培は，草花の特性に合った容器を選び，玄関先や庭先，ベランダなどを立体的に有効に利用できるのが，大きな魅力です。見ごろの鉢を次々と入れ替えるだけで1年中切らさず楽しめます。

用土① 用土の種類と配合の基本

1 用土で決まるコンテナ栽培

〈水もち、肥もちがいい用土〉
肥料や水は吸いやすいよ。
酸素不足で息苦しいな！
•赤土、荒畑土、黒土、粘土（粉状で重い）
肥もちがいいし、肥料切れしにくいけれど、水やりは要注意よ！
•水のやり過ぎに注意。
元肥も効率的に吸収される。
根腐れしやすい
〈水はけのいい用土〉
酸素が多いから、よく根が張るんだ。
肥ぎれ、水ぎれになりやすいよ
•赤玉土、鹿沼土、軽石、砂レキ（粒状で空隙が多い）
水をやり過ぎても安心。でも肥料を切らさない工夫が肝心だね。
液肥
緩効性肥料
かん水で肥料が流亡。

用土は根っこの住居です

土壌はいわば根の住居です。76頁で紹介したように，用土の量が限られるコンテナ栽培では，畑以上に酸素が十分に供給される用土が必要です。日当たりがよく肥料分や水分が十分にあっても，根の活力が低下してしまっては，養水分を吸収できず地上部もよく育ちません。

また，未熟堆肥や未熟な有機質肥料は，有害微生物や有害物質が狭い住居に蔓延するので，畑以上に厳禁です。堆肥は腐熟したふかふか堆肥に限ります。

一般の土壌ではつくりづらい

コンテナ栽培の用土の第一条件は，水はけのよいことです。水はけがよければ空隙が多く，かん水の回数が多くなっても酸素不足になりにくいからです。しかし，砂礫など粒の大きなものほど水はけはよいが，保肥力や保水力がなく，こまめな追肥やかん水が必要です。水はけもよく保肥力や保水力もよい用土が，コンテナ栽培用土の理想です。このような用土をつくるには，一種類の土だけでは無理で，特性の違う数種の用土を配合する以外にありません。

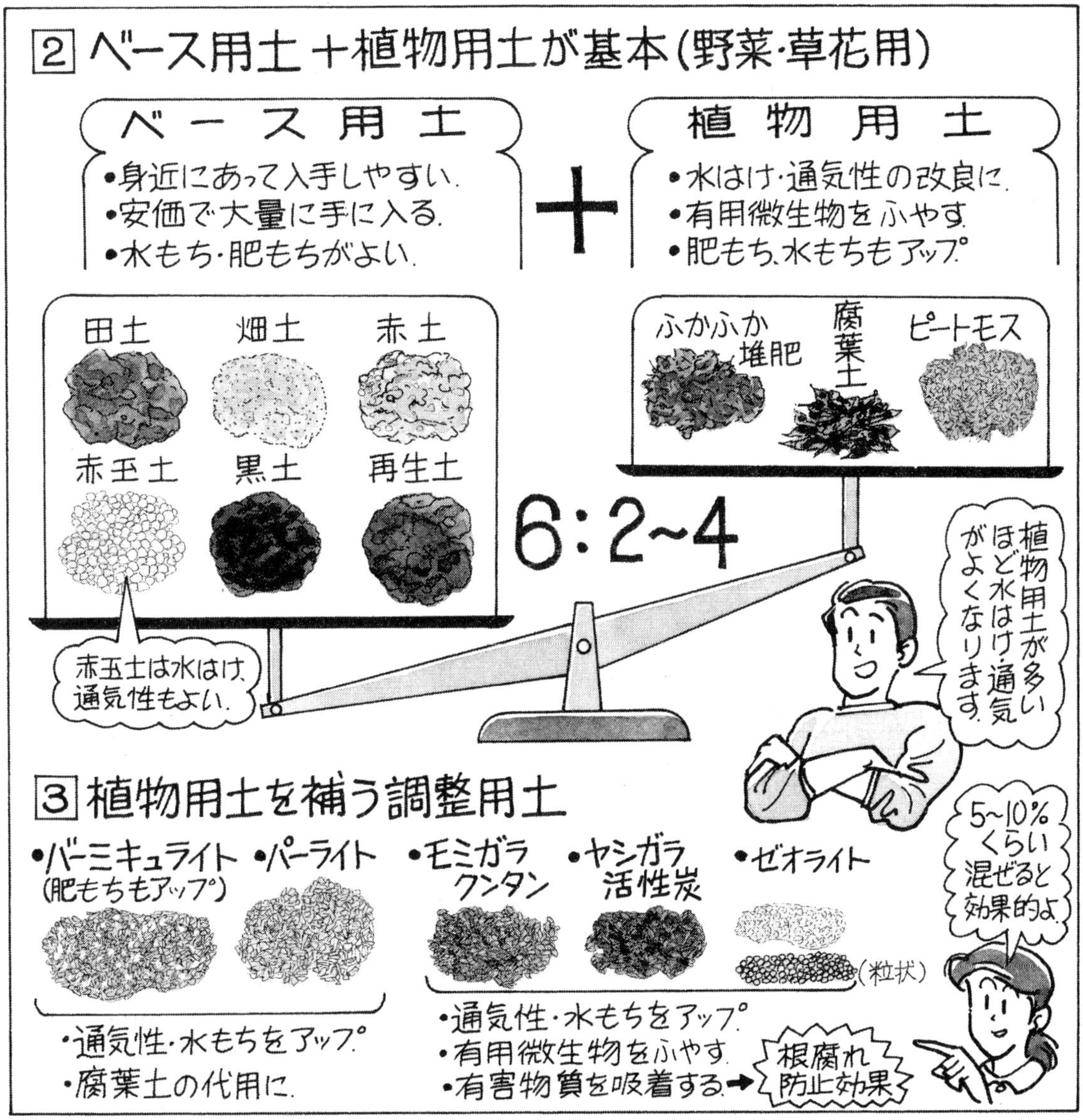

2 ベース用土＋植物用土が基本(野菜・草花用)
ベース用土
•身近にあって入手しやすい.
•安価で大量に手に入る.
•水もち・肥もちがよい.
植物用土
•水はけ・通気性の改良に.
•有用微生物をふやす.
•肥もち、水もちもアップ.
田土
畑土
赤土
赤玉土
黒土
再生土
ふかふか堆肥
腐葉土
ピートモス
6:2~4
赤玉土は水はけ、通気性もよい.
植物用土が多いほど水はけ・通気がよくなります.
3 植物用土を補う調整用土
•バーミキュライト(肥もちもアップ)
•パーライト
•モミガラクンタン
•ヤシガラ活性炭
•ゼオライト
(粒状)
5~10%くらい混ぜると効果的よ.
•通気性・水もちをアップ.
•腐葉土の代用に.
•通気性・水もちをアップ.
•有用微生物をふやす.
•有害物質を吸着する.
根腐れ防止効果

腐葉土を2～4割配合すればOK

しかし，あまり難しく考えることはありません。身近にある畑や庭先の土や，入手しやすい赤玉土，赤土，黒土をベースにして，ふかふか堆肥や腐葉土，ピートモスなどの腐熟した植物用土を2～4割加えるだけでいいのです。これらの植物用土は，水はけもよく，保水力も保肥力もよいからです。粒が細かく水はけの悪い畑土や黒土，赤土などには多めに配合します。

この用土は時が経つと植物用土が分解して1年後には，その機能が低下してきますが，消毒後（98，99頁参照)，新たに腐葉土や赤玉土などなどを加えれば再び利用できます。

さらに調整用土で機能アップ

このほか，岩石を工業的に加工したバーミキュライトやパーライトも，通気性や保水性をアップし，腐葉土の代用になります。これらは，軽いのでコンテナの持ち運びも楽になります。また，モミガラクン炭などの炭資材やゼオライトなどを5～10％混ぜると，有用微生物がふえたり有害物質を吸着し，根腐れ防止効果が期待できます。

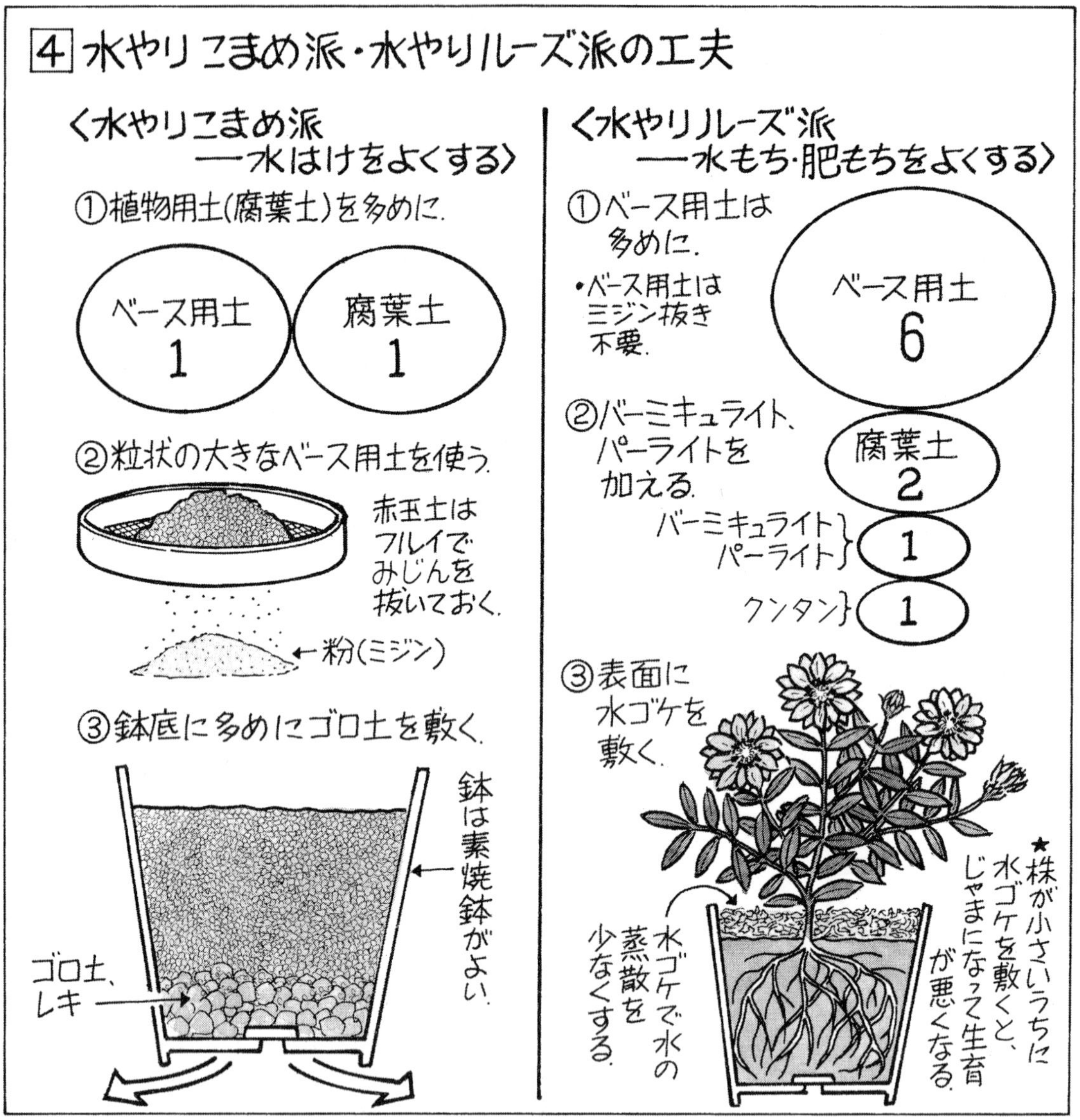

4 水やりこまめ派・水やりルーズ派の工夫
〈水やりこまめ派
—水はけをよくする〉
①植物用土(腐葉土)を多めに.
ベース用土
1
腐葉土
1
②粒状の大きなベース用土を使う.
赤玉土は
フルイで
みじんを
抜いておく.
←粉(ミジン)
③鉢底に多めにゴロ土を敷く.
鉢は素焼鉢がよい.
ゴロ土、
レキ
〈水やりルーズ派
—水もち・肥もちをよくする〉
①ベース用土は
多めに.
・ベース用土は
ミジン抜き
不要.
ベース用土
6
②バーミキュライト、
パーライトを
加える.
腐葉土
2
バーミキュライト
パーライト
1
クンタン
1
③表面に
水ゴケを
敷く.
水ゴケで水の
蒸散を
少なくする.
★株が小さいうちに
水ゴケを敷くと、
じゃまになって生育
が悪くなる.

かん水のクセに合わせて用土を配合

コンテナ栽培での失敗の多くは，水をやり過ぎての根腐れと，水を切らして枯らしてしまうことです。栽培する植物によっても違いますが，自分がどちらのタイプかを考えてください。

もし，水のやり過ぎタイプの方は，より水はけのよい用土をつくれば失敗が少なくなります。ベース用土はミジンをフルイで抜いて粒の荒いベース用土とし，腐葉土を多く配合し，ゴロ土も多めにいれます。鉢も水はけのよい素焼鉢が適しています。ただし，肥もちが悪くなるので，緩効性の肥料や液肥を上手に使ってください。

逆に忙しい方などかん水がこまめにできない方は，ベース用土の割合を多くしたり，保水性もあるバーミキュライトやパーライトを加えるといいでしょう。このようにすれば水もちや肥えもちがよくなって，かん水や施肥が楽になります。ただし，水をやり過ぎると根腐れしやすいので，クン炭などの炭資材を多少加えると効果的です。また，夏の用土の乾きを少なくするには，鉢の表面に保水力のある水ゴケを敷くと，蒸散が抑えられます。

5 野菜は肥もち・水もち派、草花・ランは水はけ派

育てる植物で違う用土配合

どんな用土がよいのかは，育てる植物によっても違います。一般に野菜は肥料吸収量も多く，肥もちがよい用土が適しています。腐葉土の代わりに完熟した牛フン堆肥を加えてもよいでしょう。植物用土が2～3割くらい入っていれば，ミジンも抜く必要もゴロ土を多く入れる必要もありません。

一方，多くの草花や観葉植物，とくに山野草は，肥料分もそれほど多く必要でなく，肥もちよりは水はけがよいほうが育てやすいものです。肥料分が多いと軟弱に育ったり茎葉や花が乱れてしまいがちです。根腐れもしやすいので，赤玉土でもミジンを抜き，ゴロ土も多めにいれます。

花のなかでもラン類は超水はけ派。大木や岩につくカトレヤなどの着性ランは，ヘゴ板につけるだけでも育つほどです。気根と呼ばれる根が空気中の湿度を吸収して育つので，ベース用土や腐葉土は使わず，通気性のよいバークや軽石を用土にします。水はけが悪いと必ず根腐れになります。

薄い鉢で小さく育てる盆栽も，肥もちは必要なく，水はけのよい赤玉土の細粒や砂を主体の用土とします。

6 特別用土の使い方
〈水ゴケ〉
•水もち・通気性抜群
•軽い
ラン用土
観葉植物用土
吊り鉢用土
バスケット用土
取り木の材料に
水盤で水を好む山野草などに使う
〈軽石〉
ラン用土（底敷きに）
ミズゴケ
軽石
〈天然砂レキ〉
（富士砂，矢作砂など）
山野草用土
盆栽用土
〈バーク〉
観葉植物の表土に（見栄えがよい）
ラン用土
〈ケト土〉
湿地植物の分解堆積土。かなりねばっこい。
盆栽の石付き用土
〈鹿沼土〉
サツキ用土
〈ヘゴ板〉
着生ランに
〈発泡煉石〉
ハイドロカルチャー用土

こんな植物にはこんな特別用土で

水ゴケ　通気性と水もちがよい用土です。ランや観葉植物，水を好む山野草など肥料をあまり必要としない植物に単独で使えます。また，取り木にはバーミキュライトか水ゴケが不可欠です。それに軽くて水もちもよいので，吊り鉢やバスケットの用土に加えると効果的です。

バーク　樹皮を粉砕したバークは通気性がよいのでラン用土に使われるほか，大きな破片は，観葉植物の鉢上に敷きつめると見栄えがよくなります。

軽石　通気性がよいのでランや山野草の用土に使うほか，ゴロ土にもできます。

天然砂礫　川砂，桐生砂，富士砂，矢作砂，天神川砂などがありますが，肥料が少なくてよい山野草や東洋ラン，オモト，盆栽などに適しています。

鹿沼土　ベース用土に使いますが，おもにサツキの用土として使われています。

発泡煉石　粘土玉を焼いて発泡させたもので通気性がよい。染色されたものもあり，ハイドロカルチャーなどに使われる。

ケト土　盆栽の石付きに使われます。

ヘゴ板　カトレヤなどの着生ランに。

7 主な用土の特性と利用

	用土の種類		通気性	保水性	保肥力	特性と使用上の注意点
ベース用土	単粒土	田土（荒木田土）	△	◎	◎	田の下層土や河川の沖積土。粘質で保肥力が高い。単用すると固まりやすい。
		黒土（黒ボク土）	○	◎	◎	関東地方の台地表層土。軽くてやわらかく，有機物に富む。リンサンを固定しやすい。
		赤土	○	◎	◎	火山灰が堆積した粘土質。保水力・保肥力が高い。排水性が悪い。
		畑土	○	◎	○	畑の表土。各種の土があり，有機物含量や土性などが違う。
	団粒土	赤玉土	◎	○	◎	赤土を篩にかけ，みじんを除いたもの。ラン・オモトに単用可。
		鹿沼土	◎	○	◎	軽石質火山灰砂礫が風化した黄色粒状土。肥料分が少ない。サツキ向き。
植物性用土	発酵物	ふかふか堆肥	◎	○	◎	植物質堆肥。肥料分が少ない。物理性改良効果が大きい。多くの作物に向く。
		腐葉土	◎	○	◎	落葉が堆積して発酵腐熟したもの。病害虫に注意。
	天然物	ピートモス	◎	◎	○	水ゴケの堆積腐熟物。腐葉土に似た性質。鉢花に向く。
調整用土	炭化資材	モミガラクン炭	◎	○	○	モミガラを蒸し焼きして炭化させたもの。アルカリ性。育苗土に単用。黒土・田土と混用。
		ヤシガラ活性炭	◎	○	○	ヤシガラを蒸し焼きして炭化させたもの。アルカリ性。黒土・田土と混用して通気性を高める。
	人造物	バーミキュライト	◎	○	◎	ヒル石を焼成して，薄板状に剥離したもの。肥料分なし。通気性を高める。培用土の材料に向く。
		パーライト	◎	△	△	真珠岩を焼成して，多孔質にしたもの。肥料分なし。通気性を高め，軽量化する。
	天然物	ゼオライト	○	○	◎	沸石を含む多孔質の石。保水力・保肥力を高める。
		ベントナイト	△	◎	◎	優良粘土。膨潤性あり。保水性・保肥力の乏しい用土の調整によい。
特別用土	植物性	バーク	◎	○	○	厚い樹皮を適当な大きさに切ったもの。洋ランや鉢底用。
		ヘゴ	◎	○	△	熱帯の木性常緑シダの幹を製材したもの。通気性がよく腐りにくいため，鉢をつくったり，洋ランの植込みに使う。
		ヤシガラ	◎	○	○	ヤシの実を細かくしてスポンジ状にしたもの。洋ランや観葉植物の植込みに使う。
		オスマンダ	◎	△	△	ゼンマイ属の根。黒色の硬い繊維。水ゴケと混ぜて洋ランの植込みに使う。
		水ゴケ	◎	◎	○	湿地に自生する緑藻を乾燥したもの。
	天然砂礫性	軽石	◎	△	△	多孔質で通気性がきわめて良好。ゴロ土やラン・オモトに単用。
		富士砂	◎	△	△	黒色でカドが多く重い火山砂礫。山野草に向く。
		桐生砂	◎	○	△	やや風化した火山砂礫。肥料分に乏しい。ラン・オモト・山野草に向く。
		天神川砂	◎	△	△	花崗岩が風化した灰白色の川砂。石英主体でカドが多い。盆栽・山野草に向く。
	人造砂礫性	発泡煉石	◎	○	△	粘土を粒状に焼成発泡したもの。おもに水耕栽培に利用される。
		クレイボール（焼粘土）	◎	△	△	粘土玉を焼いてつくる。やや重い。鉢の底敷きや水耕栽培に利用される。
	泥炭土	ケト土	△	◎	◎	湿地のマコモやヨシなどが堆積して分解しかかった黒色土。繊維が残っているものがよい。石づけ用。

（注） 形状，製法，熟度などによって同じ種類でも性質に幅がある

赤　土
火山灰土の下層土で，黒土に比べると養分が少ない。代表的なベース用土。

黒　土
赤土よりいくらか腐植や養分が多い。粒子が細か過ぎるものは避ける。ベース用土。

荒木田土
赤土，黒土に比べて，肥もちがよく生育がしまるのが特徴。代表的なベース用土。

赤玉土
細粒から大粒まであり排水性・通気性がよい。形の崩れたものはよくない。

鹿沼土
赤玉土に似ているが，pHがやや低いので酸性を好む植物に向く。サツキなど。

腐葉土
ベース用土に配合する代表的な植物性用土。よく発酵したものを選ぶこと。

ピートモス
pHがやや低いが，腐葉土より長持ちする。水になじませてから使う。

バーミキュライト
肥もち，水はけをよくするために使う代表的な調整用土。

パーライト
水もち・水はけをよくするために使う代表的な調整用土。

ゼオライト
肥料もちをよくするために使う調整用土（粒土）。採石場所によって性質がちがう。

モミガラクン炭
粒が揃いツヤのあるものがよい。通気性，微生物相を改善する。

ヤシガラ
ラン，観葉植物の植え込み用。水に浸して塩分を流してから使う。

水ゴケ
茶褐色のものより淡黄色のものがよい。水に浸して軽くしぼってから使う。

軽　石
ラン類，オモトの植え込み材料。水ゴケと組み合わせて使われる。

発泡煉石
とくにハイドロカルチャー（水耕栽培）で使われることが多い。

ケト土
盆栽の石付けや山野草の根上がりに使われる。

川　砂
天神川砂，矢作川砂などがあり，肥料をあまり必要としない，東洋ラン，オモト，盆栽などに使われる。

ヘゴ板
着生ランを着生させたりツル性の観葉植物をからませる。

用土② 配合の手順と標準培養土

1 用土配合の手順〈肥料を好む野菜・草花用〉

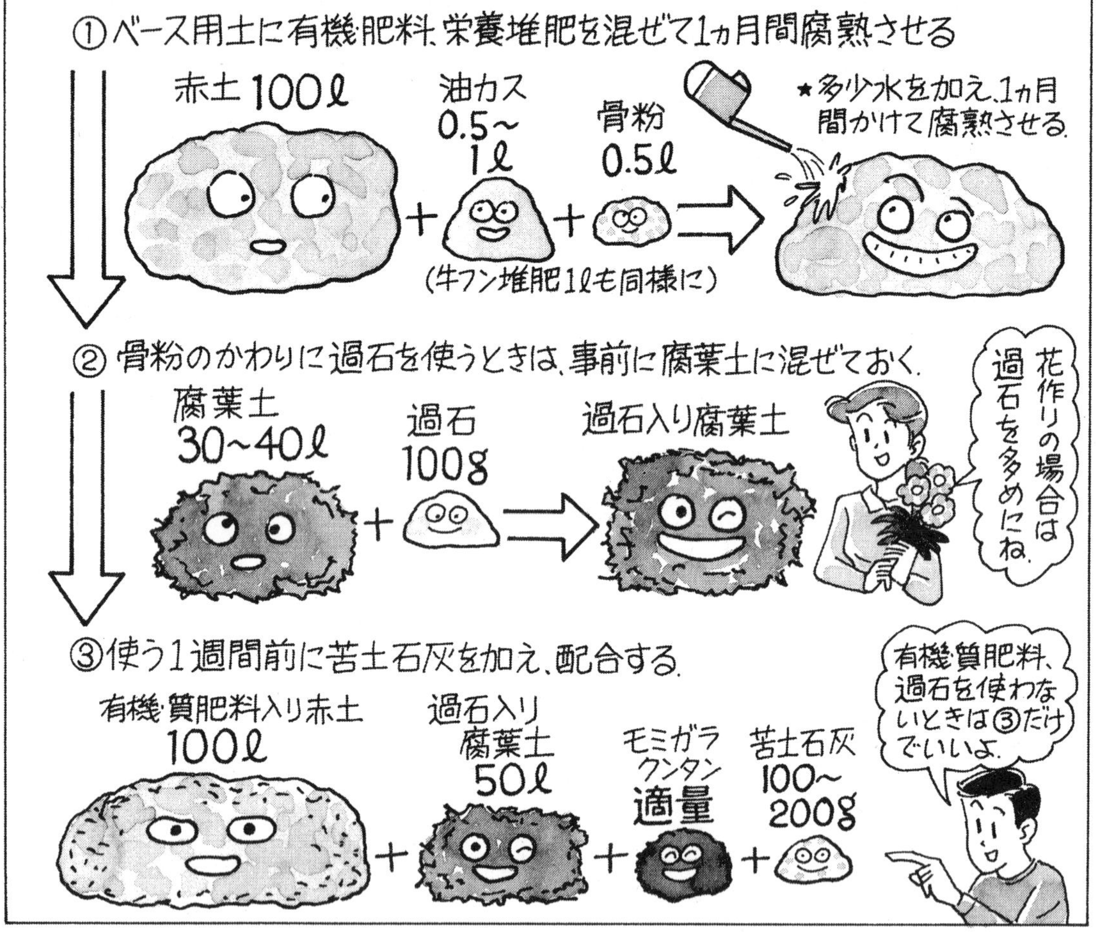

①ベース用土に有機肥料、栄養堆肥を混ぜて1カ月間腐熟させる
赤土 100ℓ
油カス 0.5～1ℓ
骨粉 0.5ℓ
(牛フン堆肥1ℓも同様に)
★多少水を加え、1カ月間かけて腐熟させる。
②骨粉のかわりに過石を使うときは、事前に腐葉土に混ぜておく。
腐葉土 30～40ℓ
過石 100g
過石入り腐葉土
花作りの場合は過石を多めにね。
③使う1週間前に苦土石灰を加え、配合する。
有機質肥料入り赤土 100ℓ
過石入り腐葉土 50ℓ
モミガラクンタン 適量
苦土石灰 100～200g
有機質肥料、過石を使わないときは③だけでいいよ。

有機質肥料は1カ月前に，石灰類は1週間前に

用土は播種・植付けの前に配合し，畑と同様に有機肥料や石灰類を早めに用土によくなじませておくことが大切です。早めに配合しておけば危険も少なく，効き方も早まります。

とくに発酵していない油カスや骨粉などの有機質肥料を元肥として使うときは，約1カ月前にベース用土と混合しておきます。その際にベース用土が乾いているときは，用土とよくかき混ぜてから，握って水がにじみでる程度に十分かん水します。すると有機質肥料の腐熟が促進され，障害の心配も初期生育停滞もなくなります。

リンサン分を過石で施すときは，畑と同じく，腐葉土にあらかじめ混ぜて施すと効果的です。

そして，1週間くらい前にこのベース用土と腐葉土を混ぜ，苦土石灰などの石灰類を加えて培養土になじませておきます。

化成肥料を元肥に使うときは，この配合した用土を，播種・植付け前に施します。ただし，緩効性肥料は早めに混ぜておくと，効きが早くなります。

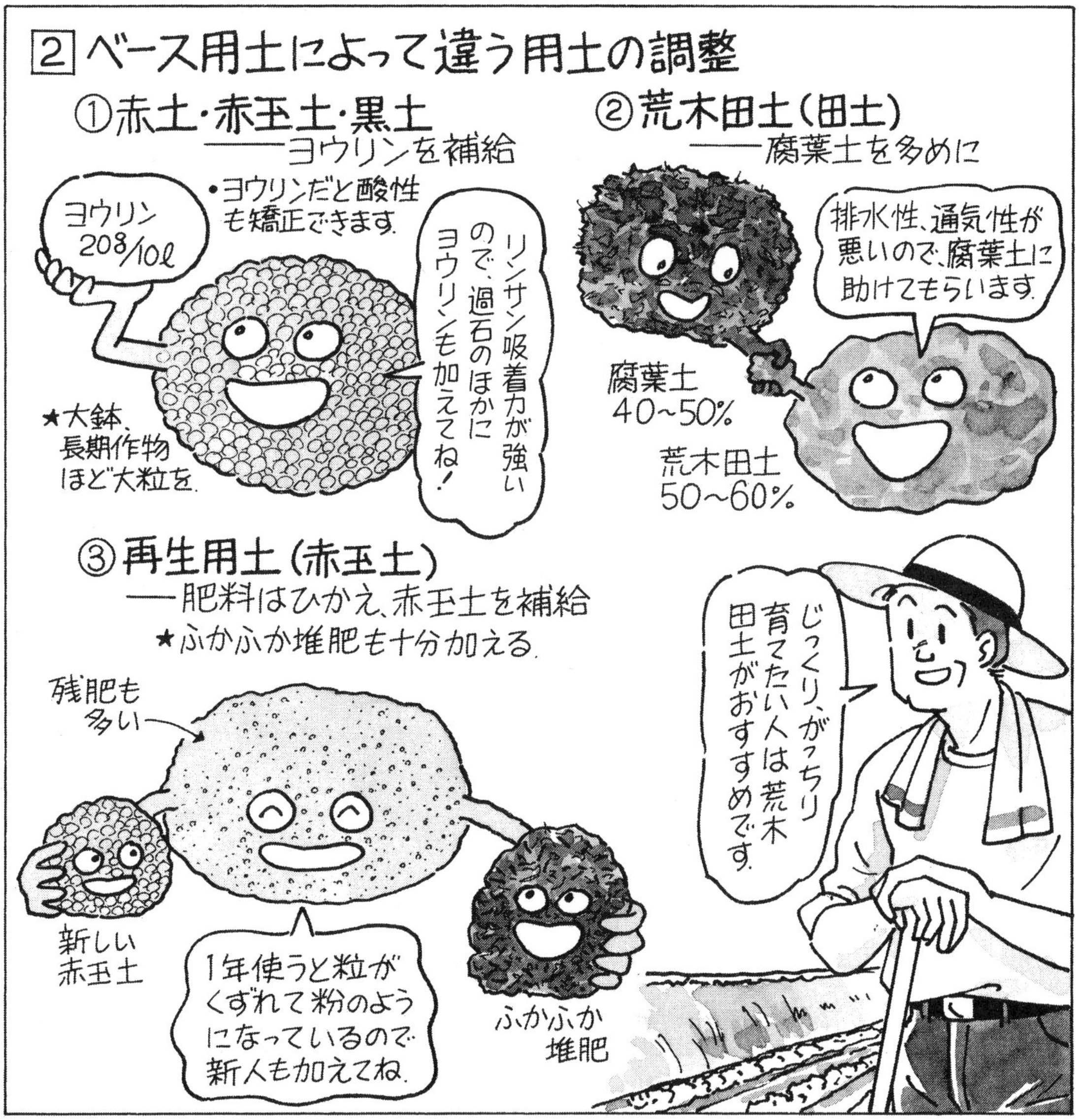
2 ベース用土によって違う用土の調整
①赤土・赤玉土・黒土
――ヨウリンを補給
ヨウリン 20g/10ℓ
・ヨウリンだと酸性も矯正できます。
リンサン吸着力が強いので、過石のほかにヨウリンも加えてね！
★大鉢、長期作物ほど大粒を。
②荒木田土（田土）
――腐葉土を多めに
排水性、通気性が悪いので、腐葉土に助けてもらいます。
腐葉土 40～50%
荒木田土 50～60%
③再生用土（赤玉土）
――肥料はひかえ、赤玉土を補給
★ふかふか堆肥も十分加える。
残肥も多い
新しい赤玉土
1年使うと粒がくずれて粉のようになっているので新人も加えてね。
ふかふか堆肥
じっくり、がっちり育てたい人は荒木田土がおすすめです。

赤玉土にはヨウリンを，荒木田土は腐葉土を多めに

前述したように，火山灰土系の黒土，赤土，赤玉土には，リンサンを多めに施してください。含まれているリンサンが少ないだけでなく，アルミナが多いためリンサンを吸着固定して吸いにくくしてしまうからです。石灰分も少なく酸性になりやすいので，畑の土つくりと同様にヨウリンを10ℓに20g混ぜておきます。そのうえで，元肥のリンサンを規定どおり施します。

荒木田土は粘土質の多い用土で，肥もちもよく，がっちりと締まった生育をします。しかし，水はけ，通気性がよくありません。水をやり過ぎると根腐れしやすくなる欠点があります。この欠点をカバーするには，ふかふか堆肥や腐葉土を用土全体の4～5割と多めにするとよいでしょう。腐葉土を多めに入れれば，さらに肥もちや保水性もよくなります。

1年使用した用土は，後述するように消毒が必要ですが，粒が崩れて排水性・通気性が低下しているので新しい赤玉土や腐葉土などを加え，肥料も残っていることが多いので，元肥をやや控えてください。

3 市販用土
育てる植物に合わせて配合してあるから安心。でも少し高くつくわね。
洋ラン用培養土
12ℓ
草花用培養土
12ℓ
野菜用培養土
12ℓ
表示のここのところはチェックして！
①肥料の有無
・「肥料入り」は元肥なしで1ヵ月は大丈夫。
②配合材料を知る
・水はけ、肥もちのよさなどを知る。
③メーカー名、所在地
・明記のないものは不安。
④どんな植物に向いているか
・他の植物にも使えるが、再調整が必要。
⑤pH矯正をしてあるか
・pH矯正をしてないものには苦土石灰を加える。
肥料入り
12ℓ
野菜培養土
赤玉土＋バーミキュライト＋バーク堆肥
(株)OOO 所在地 OO県OO市OO町OO
酸度調整済

市販培養土はここをチェック

栽培する植物用の専用培養土が売られています。肥料入り，酸度調整済み，根腐れ防止資材入りなどそのまま使え便利です。肥料入りは元肥を，酸度調整済みのものは石灰類を加える必要がありません。しかし，入っている肥料が緩効性なのか速効性なのか，有機質肥料なのか化成肥料なのかなどによって追肥の仕方が違います。

バーク堆肥などでは，どの程度腐熟しているかも必ず確かめてください。メーカー名や所在が明記されていないものは，とくに中身を確かめてからでないと不安です。

また，一番確かめて欲しいのは，配合素材です。配合した素材やその割合で，水はけや肥もちが違うからです。

しかし，培養土は自分の水くせなどを考慮して自分で配合するのが基本です。経済的にも，身近に安く手に入るベース用土を選び，そのベース用土の特性に合わせて配合するのが一番です。1年使った古土も再生すれば用土として再び使えます。用土の再生は，園芸を長く楽しむための条件です。だからこそ，単品の用土の特性をつかみ，自分で配合する技術が大切なのです。

4 培養土の詰め方

鉢の上部を
少し空ける
増土をする空間
★二重底のプランターで野菜をつくるときは，ゴロ土はいらない
ゴロ土
(赤玉土大粒、
発泡スチロールの破片でもよい
底網
●鉢(容器)の縁周囲を指でやや
押しつけ，固めに詰めると根が鉢の
周辺だけにまわらないようになる

5 植え替え・鉢替え用土は元のものと同じものを

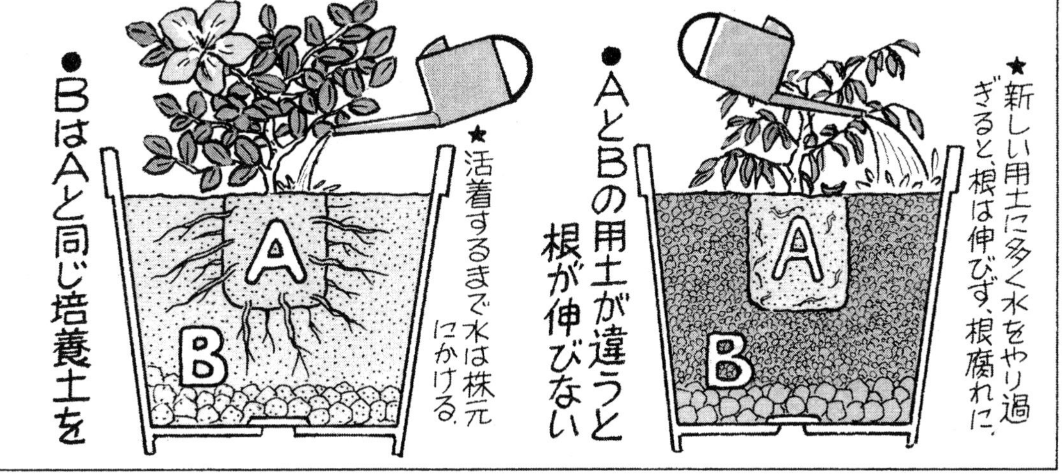
●BはAと同じ培養土を
A
B
★活着するまで水は株元にかける
●AとBの用土が違うと根が伸びない
A
B
★新しい用土に多く水をやり過ぎると，根は伸びず，根腐れに

周囲を固めに詰めると根腐れしにくい

草花などにはまず，底にゴロ土や赤玉土の大粒のものを入れ，水はけをよくします。発泡スチロール箱を砕いたものでもかまいません。次に培養土を詰め，播種・植付けますが，容器の上部を2～5cm空けておきます。空間があるとかん水が楽で，根づまり時の増し土の空間にもなります。

また，培養土は強く詰め込む必要はありませんが，栽培期間の長い植物の場合，容器の縁の周囲だけを手で押さえ付けてやや固めにすると，根が周囲にだけ巻くことがなくなり根腐れもしにくくなります。

植え替え，鉢替え用土は同じものを

長期作物は小さな容器から大きな容器に植え替えすると，鉢全体に根がよく張ります。多年生植物は1～2年に1回，抜き取って株分けしたり，一杯になった古い根や消耗した培養土を除去して，新しい培養土を入れて鉢替えします。

この鉢替え，植え替え用の培養土は，前の培養土と同じものが原則です。培養土が変わると，新しい培養土になかなか根が伸びていかず，根腐れすることがあります。

用土③｜用土の再生法

1 プランター利用の太陽熱消毒法

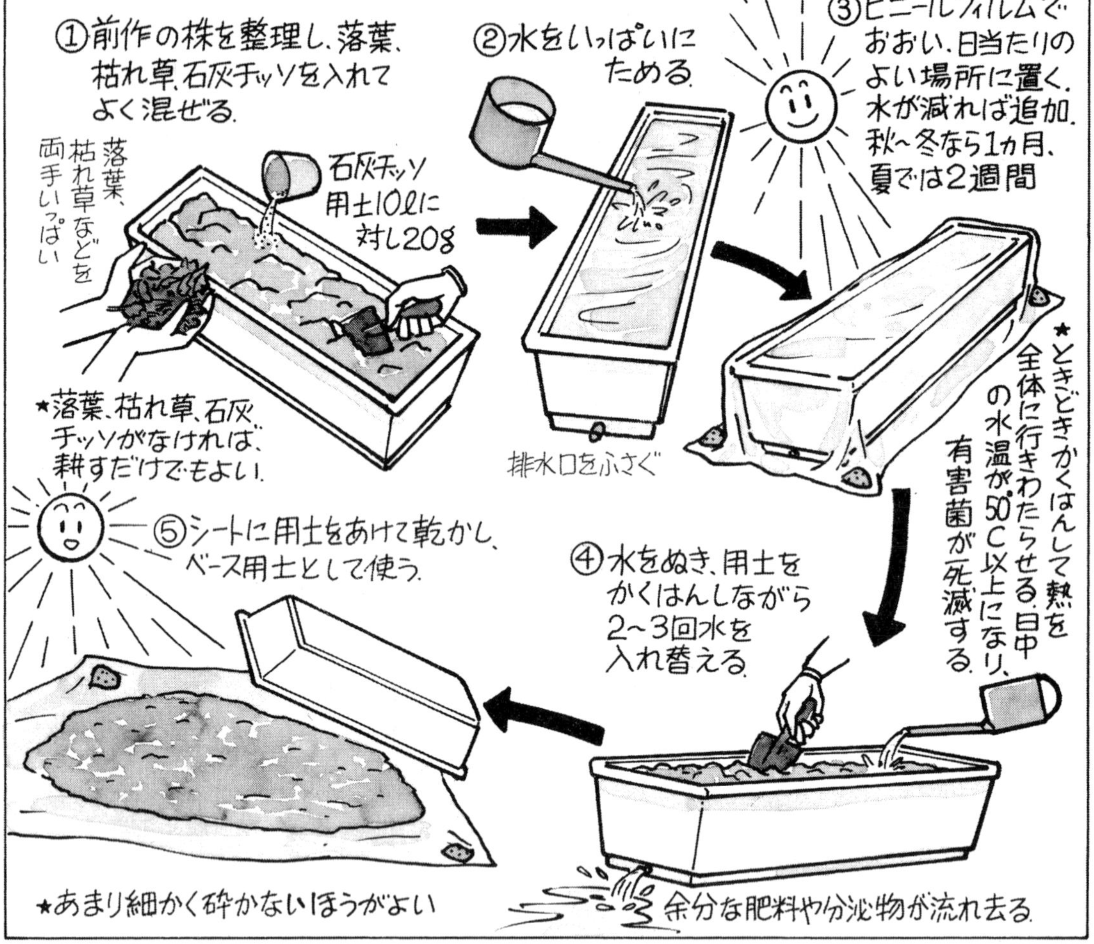
①前作の株を整理し、落葉、枯れ草、石灰チッソを入れてよく混ぜる。
落葉、枯れ草などを両手いっぱい
石灰チッソ 用土10ℓに対し20g
★落葉、枯れ草、石灰チッソがなければ、耕すだけでもよい。
②水をいっぱいにためる。
排水口をふさぐ
③ビニールフィルムでおおい、日当たりのよい場所に置く。水が減れば追加。秋〜冬なら1ヵ月、夏では2週間
★ときどきかくはんして熱を全体に行きわたらせる。日中の水温が50℃以上になり、有害菌が死滅する。
④水をぬき、用土をかくはんしながら2〜3回水を入れ替える。
余分な肥料や分泌物が流れ去る。
⑤シートに用土をあけて乾かし、ベース用土として使う。
★あまり細かく砕かないほうがよい

古土は消毒すれば立派な用土に再生

培養土は1年使うと大粒のものも砕け，腐葉土も消耗し排水性や通気性が悪くなってきます。病原菌や害虫の卵や幼虫，蛹もひそんでいます。肥料を多くやり過ぎた培養土には，肥料分がアンバランスにたまっていることもあります。だからといってゴミにしてしまっては問題です。古土はこれらの欠点をなくせば，毎年，いつまでも使える基本的なベース用土になります。

古土の消毒法は，次のようにいろいろな方法があります。

太陽光線消毒　あまり病原菌が残っている心配のない古土なら，コケや茎葉・根を除去しトタンなどに薄く広げ，1〜2週間カラカラになるまで日に当て，殺菌力のある紫外線の力で殺菌する方法が簡便です。雨に当てないようにすれば，害虫だけでなくかなりの殺菌効果があります。

寒地では冬，野外に放置しておき寒さに当てて殺菌することもできます。

熱湯消毒・蒸気消毒　古土の量が少ない場合や砂礫などの粒の固いものは，古土を容器に入れ熱湯をかけて殺菌したり，蒸し器に入れて蒸気消毒する方法が，簡単で確

2 ゴミ袋利用の太陽熱消毒法
①用土にかん水しながら
よくかき混ぜる.
②全体をよく湿ら
せてからゴミ袋に
入れ,袋の口をしばる.
③5~6月なら1カ月間,
つゆ明けなら20日間
日光に当てるだけ.
★土が乾いている
と熱が全体に
伝わらず,効果
は半減します.
3 再生用土の利用法
再生土
5
赤玉土2
腐葉土3
クンタン
少々
これで
立派な
用土に
なるよ.
★再生土は粒状のものも粉状となり,
団粒もこわれやすくて,通気・水はけが悪い.

実です。砂礫などは煮て高温殺菌することもできます。細かい古土なら，古い鍋などに入れて水を打ちながら15～30分熱して，加熱殺菌する方法もあります。

また，古土に水を含ませてビニール袋に入れて密閉し，1カ月くらい日に当てて高温の蒸気や紫外線で殺菌する方法も，簡単で効果的です。

プランター太陽熱消毒法　左頁の図ように，プランターに入れたまま水を入れ，ビニールを張って太陽熱消毒をする方法です。水を入れる前に落葉，枯れ草などや，殺菌力もある石灰チッソを加えると，太陽熱と発酵熱で高温になり殺菌・殺虫効果が高まります。肥料分がたまっている古土は，石灰チッソを加えず，水を抜くときによくかくはんして,洗い流すといいでしょう。

しかし，いずれの方法でもあまりかき混ぜたり練るとますます団粒が壊れ，粉状になってしまうので，できるだけ土塊を砕かないようにします。草花などに再生用土を使うときは，2～5mm目のフルイにかけて，ミジンを抜いて使うとよいでしょう。

こうして消毒した再生用土は，排水性や通気性をよくするために，赤玉土（中～大粒）2割，腐葉土3割を混合して使います。

肥料① 施肥の基本

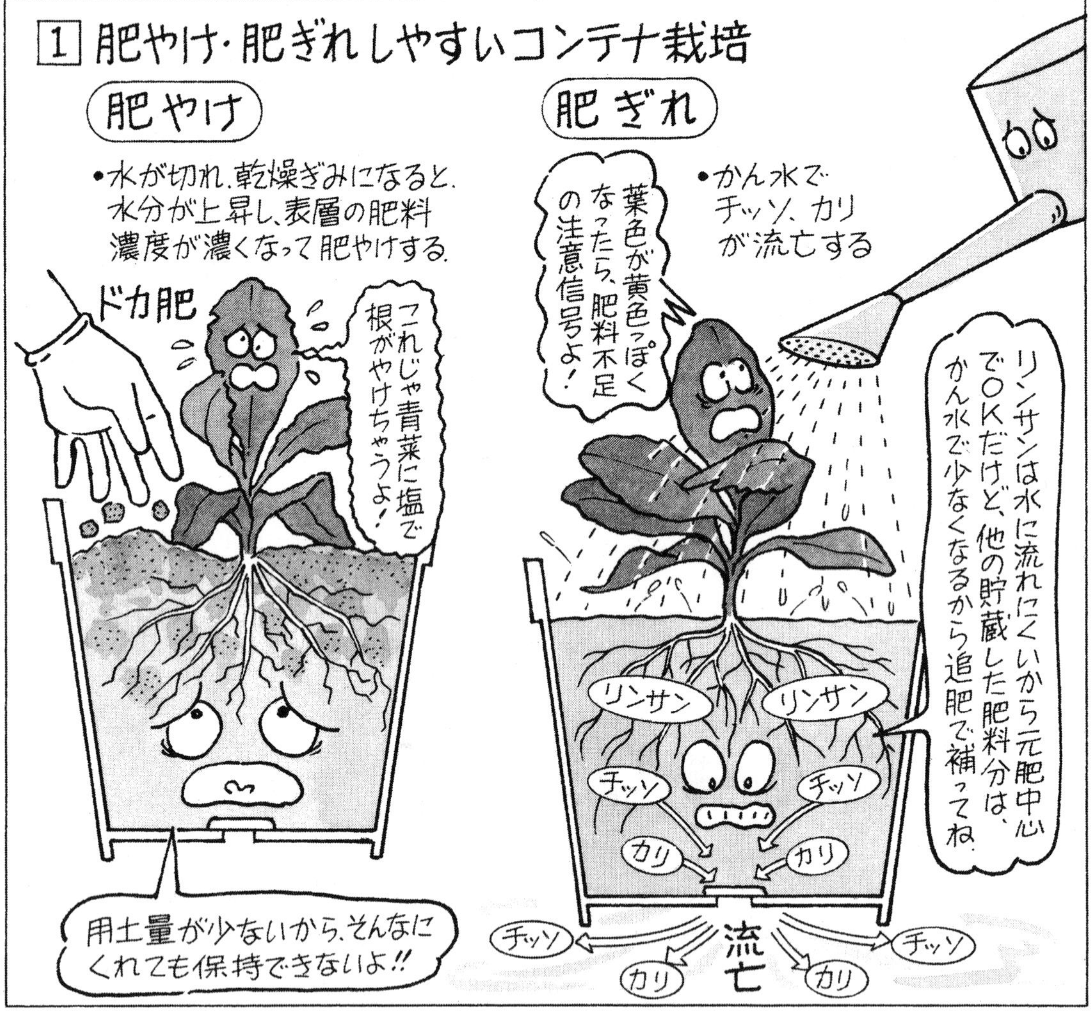

1 肥やけ・肥ぎれしやすいコンテナ栽培
肥やけ
•水が切れ、乾燥ぎみになると、水分が上昇し、表層の肥料濃度が濃くなって肥やけする。
ドカ肥
こ一れじゃ青菜に塩で根がやけちゃうよ!
用土量が少ないから、そんなにくれても保持できないよ!!
肥ぎれ
•かん水でチッソ、カリが流亡する
葉色が黄色っぽくなったら、肥料不足の注意信号よ!
リンサンは水に流れにくいから元肥中心でOKだけど、他の貯蔵した肥料分は、かん水で少なくなるから追肥で補ってね。
リンサン
リンサン
チッソ
チッソ
カリ
カリ
流亡
チッソ
チッソ
カリ
カリ

肥料濃度の調整が難しいコンテナ栽培

コンテナ栽培は用土量が少ないので，ドカ肥は禁物です。容器が小さいほど肥料も少しずつやらないと，肥やけしやすくなります。しかも，コンテナ栽培は水もすぐに乾いてなくなり，かん水も毎日のように必要となるため，水に溶けて流れやすいチッソやカリが排水孔から流亡し，肥ぎれもしやすいのです。また，水を控え乾燥ぎみにすると水分が下層から上昇し塩分を押し上げて表層に粉がふいたようにたまり，肥やけを起こすこともあります。

畑でも同様の現象は起きますが，多い土壌が肥料分や水分を調整してくれるので，比較的楽です。

コンテナ栽培の施肥の基本は，このような肥やけ，肥ぎれを防ぎ，必要な肥料分をいかに安定して根に供給してやるかです。そのためには，肥料の選択，施し方に工夫が必要です。

肥やけは根の脱水症状

肥やけは，根の内部の溶液濃度よりも土壌の空隙に溶け出た肥料分の濃度のほうが濃いときに発生します。水は濃度が薄いほ

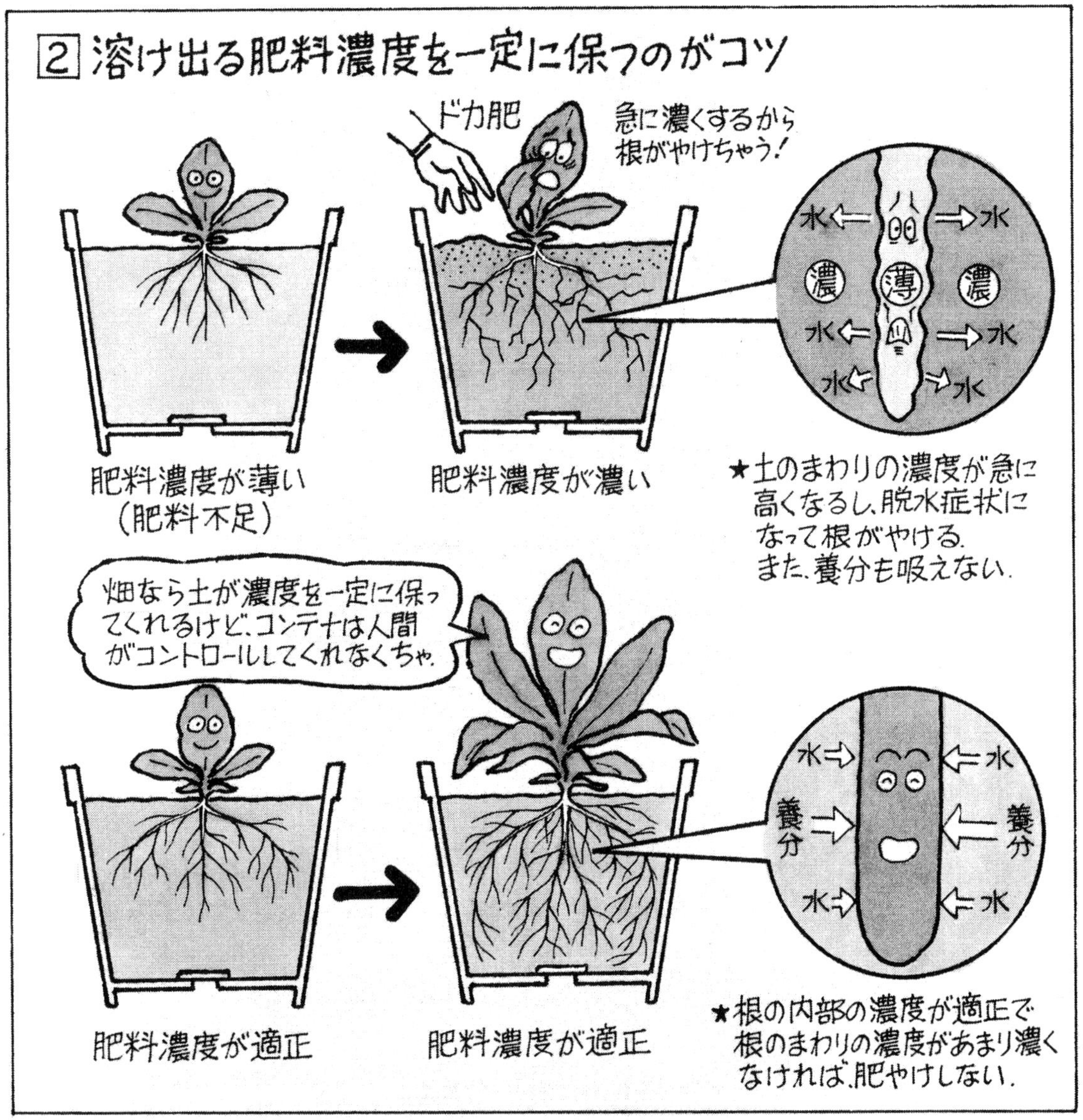

2 溶け出る肥料濃度を一定に保つのがコツ
ドカ肥
急に濃くするから根がやけちゃう!
水 水 濃 薄 濃 水 水 水 水
肥料濃度が薄い(肥料不足)
肥料濃度が濃い
★土のまわりの濃度が急に高くなるし、脱水症状になって根がやける。また、養分も吸えない。
畑なら土が濃度を一定に保ってくれるけど、コンテナは人間がコントロールしてくれなくちゃ。
水 水 養分 養分 水 水
肥料濃度が適正
肥料濃度が適正
★根の内部の濃度が適正で根のまわりの濃度があまり濃くなければ、肥やけしない。

うから濃いほうに移動するため，土壌溶液のほうが濃いと，根は肥料を吸収するどころか，逆に水分を奪われてしまうためです。青菜に塩，ナメクジに塩の現象です。根が脱水症状を起こすと，水分を吸収できなくなるため，蒸散の一番盛んな上位の葉の先端や縁が，黄化したり黒くなって枯れる症状が発生します。症状が進むとしおれて枯れてしまいます。

作物や育て方によって違う肥やけ

また，作物によって肥やけしやすいものと，比較的しにくいものとがあります。一般に肥料を好むものは肥やけしにくいようです。また，同じ作物でも初めから少しずつ肥料を多くしていき，根を馴らしながら育てると，多少一度に多く肥料をやっても肥やけしにくくなります。

問題なのは，急に肥料をドカッと施した場合です。とくに，日当たりの悪い場所で育てたり，酸素不足で根が弱っていたり，低温などで生育が鈍っているときなどに，生育が悪いからといって肥料をドカッと施すと肥やけするので注意してください。肥やけ症状が出たときは，水をかけ流し肥料の濃度を薄め追肥も控えてください。

3 肥料の種類・大きさ・施肥位置によって違う効き方

①肥料の種類で違う効き方　（○=しにくい，◆=しやすい）

肥料の種類で効き方を変えてみましょう！

	肥やけ	肥ぎれ	効き方	施用法	用途
化成肥料	◆	◆	早くてやや短い	元肥 追肥	肥料をたくさん必要な野菜や花
ボカシ肥 緩効性肥料	○	○	遅くて長い	元肥	生育期間の長い(4～5ヵ月)野菜や花
固形肥料 置肥用錠剤	○	○	遅くて長い	元肥 追肥	〃
液肥	○	◆	速くて短い	追肥	主に草花，ラン用

②肥料の大きさで違う効き方

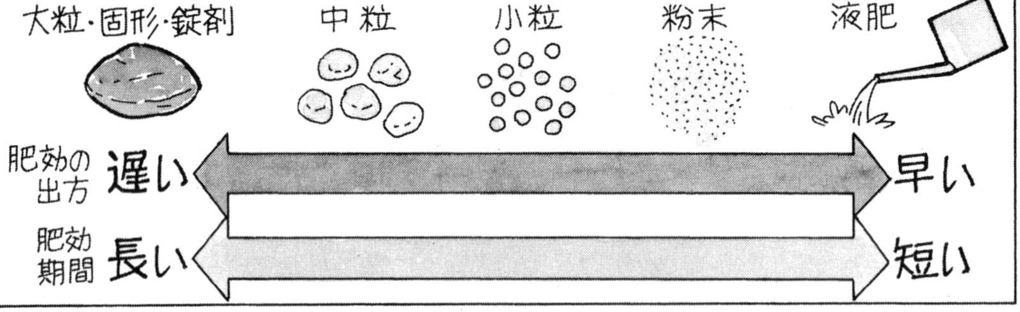

大粒・固形・錠剤
中粒
小粒
粉末
液肥
肥効の出方
遅い
早い
肥効期間
長い
短い

肥料の種類で違う肥やけ，肥ぎれ

どんな肥料でも一度に多く施すと肥やけしますが，その程度は肥料の種類によって違います。単肥や化成肥料の多くは，水に溶けやすく速効的なので，肥料のなかでは一番肥やけ，肥ぎれしやすい肥料です。効きやすいので肥料吸収量の多い野菜などには向いていますが，肥料吸収量が少なく小さな鉢に植えられることの多い草花などには，向いていません。

有機発酵肥料や緩効性の化学肥料は，徐々に水に溶けたり微生物によって分解されたりして効いてくるので，効き方が遅い分，肥やけ・肥ぎれしにくく，コンテナ栽培には向いています。そのため，数多くの園芸用の緩効性肥料が売られています。マグアンプKの大粒のように2年間も少しずつ効くものもあります。

液肥は化成肥料以上に速効的ですが，濃度が薄く一定であるため，多く施し過ぎても排水孔から流亡するだけで，肥やけする心配がありません。しかし，化成以上に肥ぎれしやすいので，化成以上に定期的にこまめに追肥しないと肥ぎれします。失敗が少ないぶん，経費がかさみます。

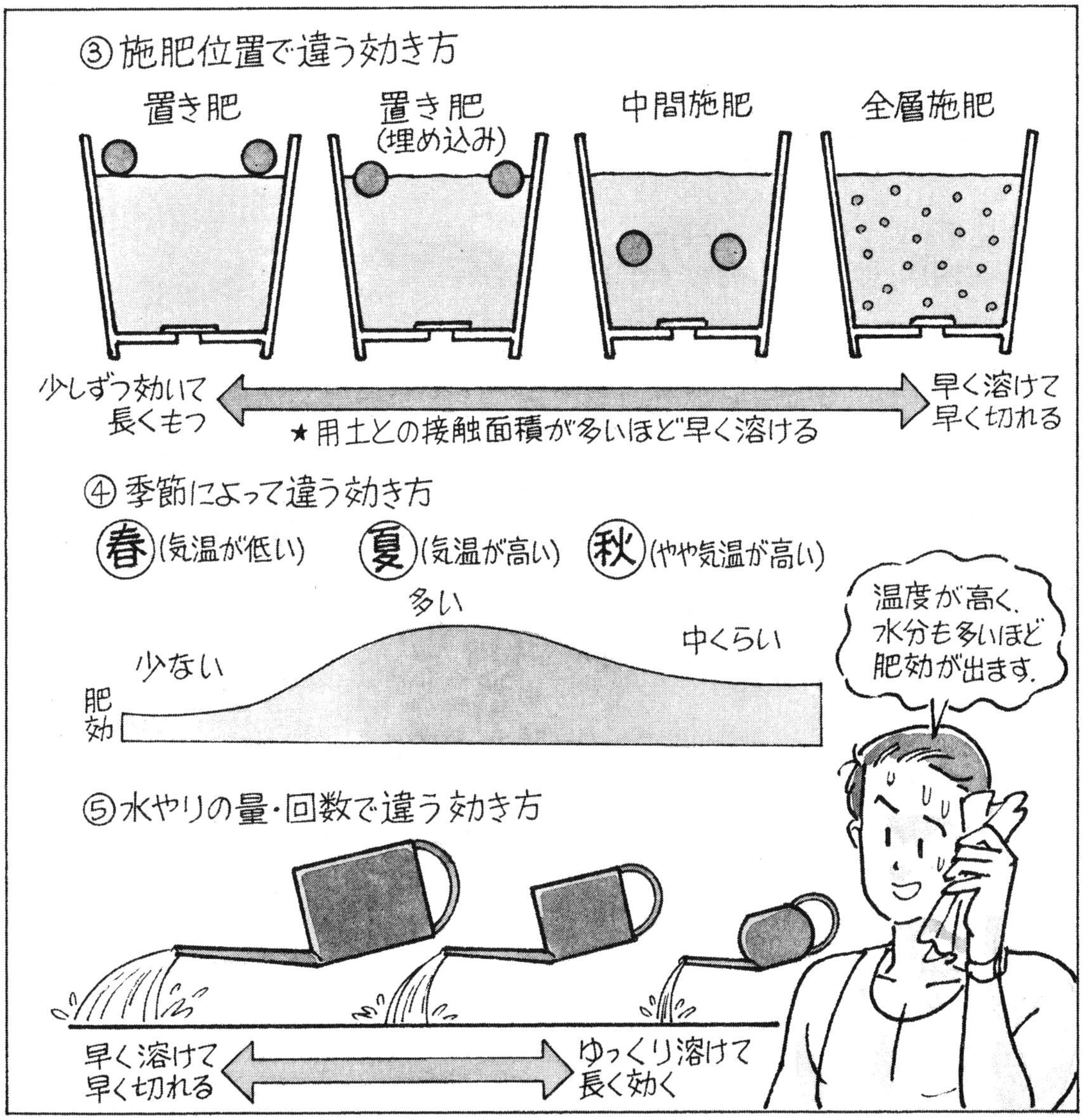
③施肥位置で違う効き方
置き肥
置き肥
(埋め込み)
中間施肥
全層施肥
少しずつ効いて
長くもつ
早く溶けて
早く切れる
★用土との接触面積が多いほど早く溶ける
④季節によって違う効き方
春(気温が低い)
夏(気温が高い)
秋(やや気温が高い)
多い
少ない
中くらい
肥効
温度が高く,
水分も多いほど
肥効が出ます.
⑤水やりの量・回数で違う効き方
早く溶けて
早く切れる
ゆっくり溶けて
長く効く

粒の小さいほど，用土に接触する面積の多いほど速効的

同じ肥料でも粒が小さいほど，早く溶け分解するので速効的です。そのため，粒の小さいものほど一度に多くは施用できませんし，肥ぎれも早くなります。大きなコンテナで生育期間の長いものをつくる場合は，大粒のものが向いていますが，生育期間が短くすぐに効かせたい場合は小粒のものが適しています。

また，用土との接触面積が多いほど早く溶けて，効き方も早まります。長く少しずつ効かせるには，用土の上に置き肥すれば，同じ肥料でも効き方がおだやかになります。置き肥でも半分だけ用土に埋めるだけで，効き方が多少早まります。

そのほか，同じ肥料でも気温・地温が低いと分解が遅くなり効きにくくなります。春は気温が低いので化成肥料や液肥が適していますが，秋は気温が高く分解が進みやすいので，緩効性肥料や置き肥が適しています。また，かん水が多いほど溶け方，分解が早まるので，かん水の多い人ほど液肥をこまめに施すか，緩効性肥料を使わないと，肥ぎれしやすくなります。

④ 速効性の化成肥料は少量をこまめに

—肥やけ・肥ぎれに注意—

元肥

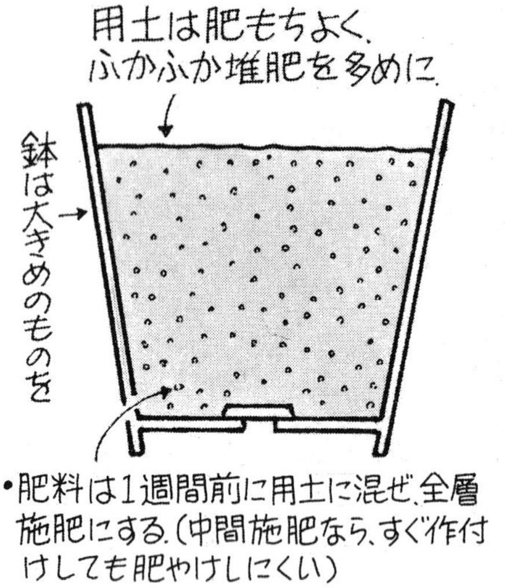

用土は肥もちよく、
ふかふか堆肥を多めに
鉢は大きめのものを
•肥料は1週間前に用土に混ぜ、全層施肥にする（中間施肥なら、すぐ作付けしても肥やけしにくい）

追肥

①流亡しやすいチッソ、カリ主体のNK化成、硫安＋硫加を

②少量をこまめに施す

★ティースプーンすり切り1杯は2〜3g

•1回に施せる目安
- 硫安—2杯以下
- 普通化成—6杯以下
- NK化成（16-0-16）—3杯以下

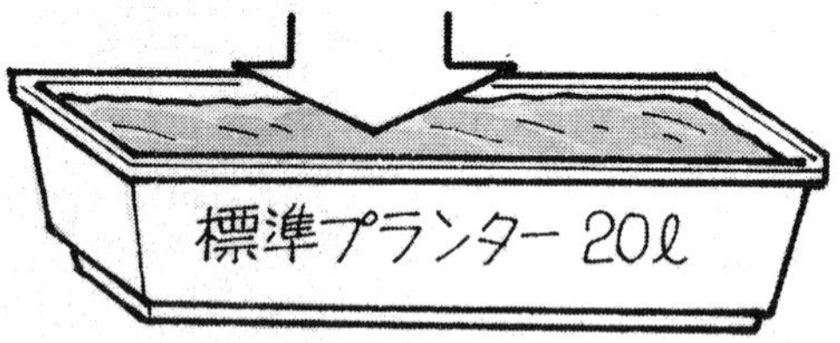

標準プランター 20ℓ

1回に施せる用土10ℓ当たりの限度量の目安

肥料	元肥チッソ 1g以下	追肥チッソ 0.5g以下
硫安 (21%)	5g以下	2g以下
硝安 (34%)	3g以下	1.5g以下
普通化成 (6〜8%)	16g以下	8g以下
高度化成 (12〜16%)	8g以下	4g以下

リンサンは全量元肥でOKよ！

単肥，化成肥料はやり過ぎに注意

硫安や硝安などの単肥や化成肥料のよさは，効き方が早く比較的安価なことです。このよさを活かして，元肥には用土をコンテナに詰める前に用土に混ぜて，全層に施します。追肥でも表面にまくだけですぐに水分を吸って溶け，早く吸収されます。

それだけにちょっと多く施すと肥やけしやすいので，1回に施せる量をあらかじめ頭に入れて，やり過ぎないようにしなければなりません。用土10ℓ当たりの限度量の目安は，上記のとおりですから，容器ごとの用土量に応じて施肥量を判断してください。

たとえば，標準プランターや10号鉢は約20ℓの用土が入ります。元肥に施せるチッソ量は，硫安で10g以下（ティースプーン4杯以下），普通化成で25〜33g以下（ティースプーン10〜13杯以下）です。作付けの1週間くらい前に混ぜて用土とよくなじませておけば，生育初期からよく吸収されます。追肥も生育をみて，葉色が淡くなりかけ始めたら，やり過ぎないように施します。一般的に生育期の肥効期間は，1カ月弱です。

5 有機質肥料（発酵肥）・緩効性肥料を元肥にじっくり効かす —生育初期の肥効不足に注意—

①有機質肥料なら発酵肥を

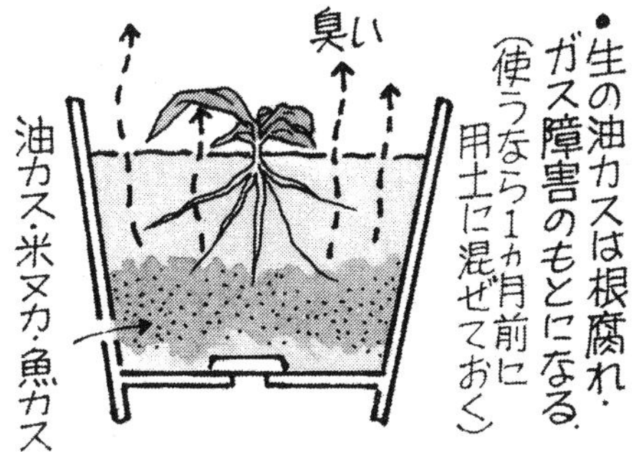

臭い
油カス・米ヌカ・魚カス
●生の油カスは根腐れ・ガス障害のもとになる。
（使うなら1ヵ月前に用土に混ぜておく）

②元肥には小・中粒のものを

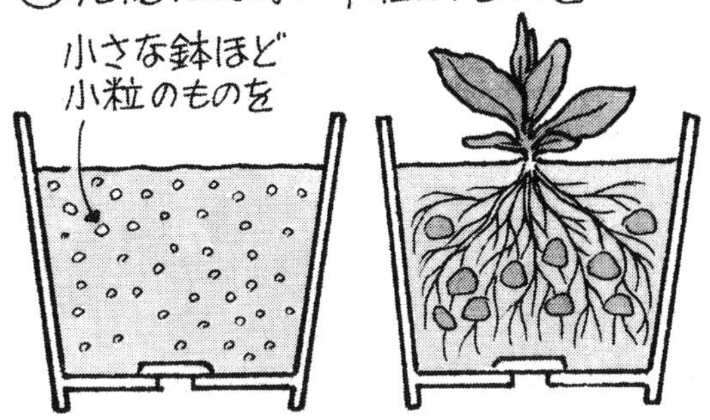

小さな鉢ほど小粒のものを

●作付けの2～3週間前に用土と混ぜ、肥効を早める。

●生育期間の長いものは中～大粒を、中間施用すると効果的です。

③初期生育が悪いときは速効性肥料で補う

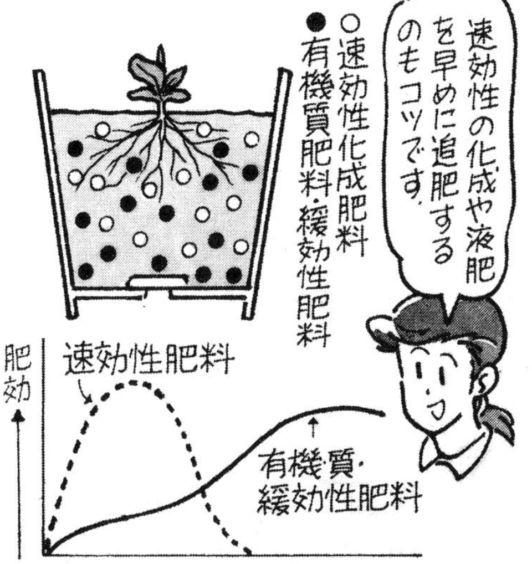

○速効性化成肥料
●有機質肥料・緩効性肥料
速効性の化成や液肥を早めに追肥するのもコツです。
肥効
速効性肥料
有機質・緩効性肥料

●有機質肥料・緩効性肥料の元肥量の目安

（用土10ℓに対する量）

肥料	成分（例）	施用量	肥効期間
骨粉入り発酵油カス	4-5-1	40～100g	2～3ヵ月
骨粉	3-20-0	30～150g	6～12ヵ月
マグアンプK	6-40-6	20～100g	1～2年
コーティング肥料	16-5.5-10	10～30g	いろいろ
IB化成	10-15-10	15～40g	3～5ヵ月

（すぐ溶けないので、速効性肥料より多く施せる）

緩効性肥料なら元肥だけでいいが…

緩効性肥料は，少しずつ溶け出して，肥料濃度を高めることなくじっくりと肥効が持続します。その肥効期間は種類によっていろいろありますが，2カ月のものから2年間も効くといわれているものもあります。ですから，つくる作物の生育期間にあった緩効性肥料を元肥に使えば，追肥なしに肥ぎれも肥やけもなく育てることができます。必要とする肥料分が，その生育期間内に溶け出すもので選べば，全量元肥が可能になります。

しかし，溶け出し方は天候やかん水の仕方などによって変動し，その植物の欲しいときに必ずしもちょうどよく溶け出してくれるとは限りません。必要なときに不足したり，必要でないときに効いてきたりすることがあります。とくに，生育初期は肥効が悪く不足することが多いようです。

緩効性肥料は元肥にベース肥料として必要量の5～7割ほど施し，元肥に化成肥料を補ったり，生育をみて化成肥料や液肥で肥効の不足分を追肥したりしていくほうが無難です。また，作付けの2～3週間前に施しておけば，肥効も早まります。

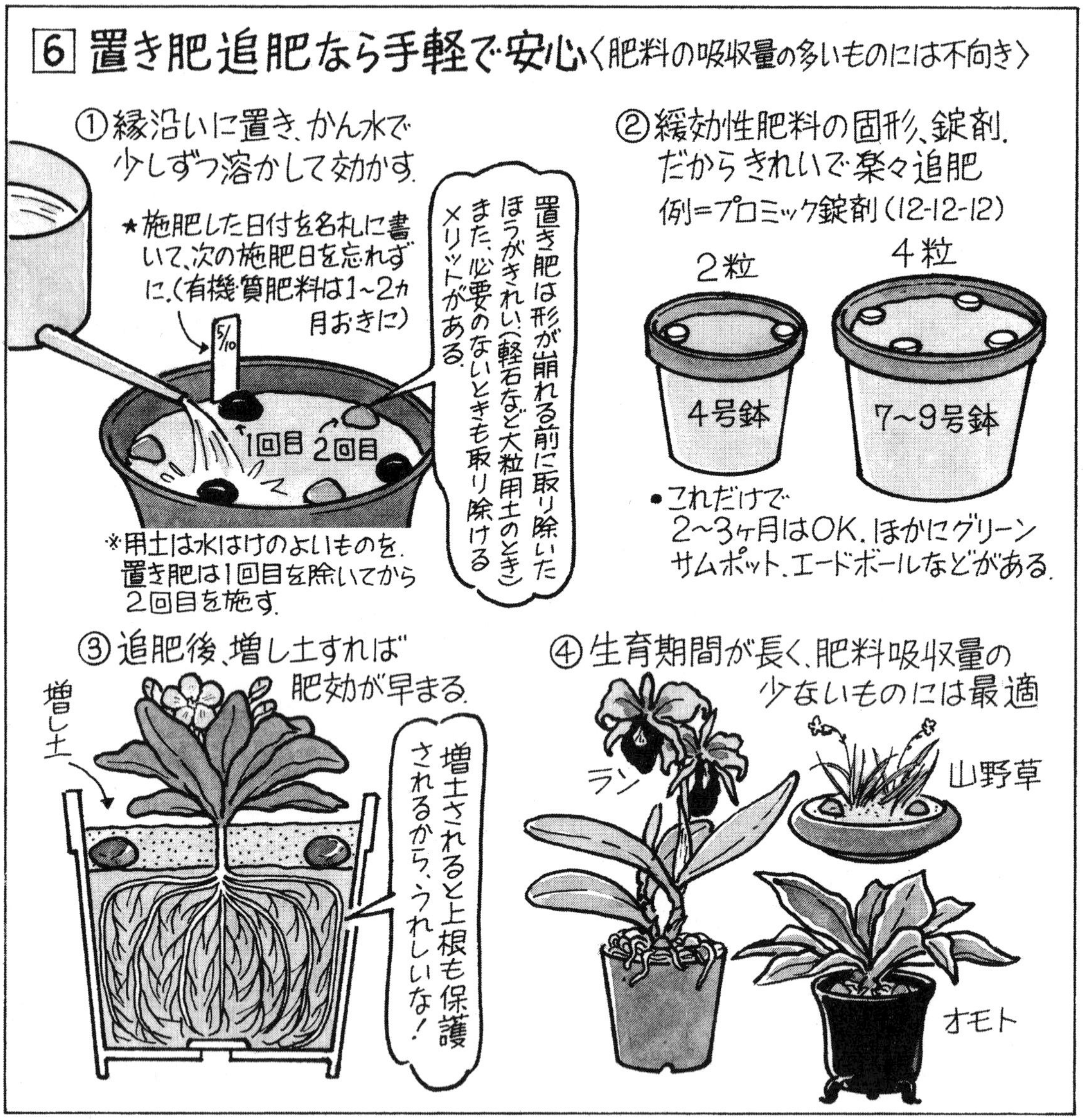

6 置き肥追肥なら手軽で安心〈肥料の吸収量の多いものには不向き〉
①縁沿いに置き、かん水で少しずつ溶かして効かす.
★施肥した日付を名札に書いて、次の施肥日を忘れずに.（有機質肥料は1～2ヵ月おきに）
5/10
1回目
2回目
置き肥は形が崩れる前に取り除いたほうがきれい（軽石など大粒用土のとき）また、必要のないときも取り除けるメリットがある。
＊用土は水はけのよいものを.置き肥は1回目を除いてから2回目を施す.
②緩効性肥料の固形、錠剤.だからきれいで楽々追肥
例＝プロミック錠剤（12-12-12）
2粒
4粒
4号鉢
7～9号鉢
●これだけで2～3ヶ月はOK.ほかにグリーンサムポット、エードボールなどがある.
③追肥後、増し土すれば肥効が早まる.
増し土
増土されると上根も保護されるから、うれしいな！
④生育期間が長く、肥料吸収量の少ないものには最適
ラン
山野草
オモト

生育期間が長くあまり肥料の必要でないものは置き肥がよい

置き肥とは，固形，錠剤の肥料を用土の表面に置き，かん水しながらゆっくり分解，溶け出させて効かせる施肥方法です。規定の量なら肥やけの心配もなく安心して施せます。生育をみて必要でないときや，花芽のできる時期，生育の止まる冬などは，簡単に除去できるので，生育に合わせた追肥ができます。

生育期間が長く，それほど肥料の必要ない草花や花木には適しています。ランや山野草，盆栽では，元肥を施さず，この置き肥が施肥の基本です。肥料吸収量が多く生育の初期から肥効を高めたい野菜などには適していません。草花の場合でも，早く効かせたいときは，置き肥の上に増し土をして埋めれば，上根が保護され新根が張り，置き肥の分解も早まるので効果的です。

また，液肥の追肥と比べると流亡もなく追肥回数も少なくてすみ，楽で経済的です。ただし，生育をみて不足するときは，速効的な液肥で補ってください。形は原形のままでも指で押して簡単につぶれるようになったら，新しいものに替えてください。

7 液肥の定期追肥なら肥やけ知らず〈流亡が多く，すぐ切れるのが欠点〉

①5~10日おきに、かん水がわりに
(肥料要求度が大中の植物に)
規定濃度
吸いやすくて効果的よ。すぐ切れるから、注意してね!
•水が少し流れるくらいまでかける。
•濃度は肥料や作物の種類で違う。
②元肥にリンサンが入っていれば、NK主体の液肥(谷型)や水平型の液肥でもOK
チッソ、カリ主体
花がつくころにはチッソを切ってリンサンを効かせるようにする。
チッソ、カリの流亡

③うすめ方の手順〈必要な水量に規定の量の液肥を入れる〉

スポイト
ポリバケツ 5ℓ
水量を示す線を書いておく
•ティースプーンすり切り1杯は2cc(g)
•ストローでは6cmで1cc(g)
直径4.6mm
★液肥に水を加えて溶かすのはダメ。

濃度	水量(ℓ)	液肥 cc(g)
500倍	1	2
	5	10
	10	20
1000倍	1	1
	5	5
	10	10

生育盛期・梅雨時――多少濃いめに
乾燥期・秋――多少薄めに

水がわりに施せる液肥

液肥は非常に速効的です。春など元肥の肥効が現われず，すぐに効かせたいときは液肥が一番です。規定の濃度に薄めれば，葉や根に直接かかっても心配ありません。余分なものは流れ出るので，かん水代わりに追肥できます。それだけに肥効は長続きせず，1週間くらいです。生育をみながら1週間おきに施す必要があります。

希釈倍率はそれぞれの液肥に記載された倍率を守り，必ずそのつど必要な量の水に液肥を入れて薄めます。梅雨時や生育が旺盛なときはやや濃いめに，乾燥しているときは薄めにして回数を多く施すのがコツです。

液肥はチッソ，カリ主体でよい

骨粉，過石などリンサン肥料を元肥に施しておけば，追肥ではチッソ，カリ主体の谷型か水平型の液肥で十分です。リンサンは流亡しにくいので，追肥でチッソ，カリを補ってやればよいのです。ただし，草花やランなどでは，花芽ができる前後はチッソを切らし，リンサンを効かすとよい花芽がつくので，そのころに，リンサンの多い山型の液肥を使うと効果があります。

肥料② 市販肥料の種類と特性

骨粉入り油カス発酵肥料
油カスに骨粉などを混ぜ発酵させた有機質肥料。肥効が穏やかに現われ，元肥や置き肥に利用。容器が大きいほど大粒・中粒（上段）を使うとよい。小粒・粉状（下段）になるほど，肥効が早まる。

バットグアノ
コウモリの糞化石で吸収しやすいリンサンを多く含む。

水平型化成肥料
チッソ・リンサン・カリを同量含み，元肥・追肥用。無臭で室内でも使える。左は肥効期間が2～4週間の速効性の普通化成。右二つは特殊加工された肥効期間が2～4カ月の緩効性肥料。

山型の緩効性肥料
リンサン分の多い元肥用緩効性肥料。左は肥効期間が１年の中粒のマグアンプＫ（大粒は２年）。右は肥効期間が６カ月の花工場21。生育期間の長い植物の元肥に最適。元肥に使えば，追肥は補う程度でよく，とくにリンサン分の追肥は必要ない。

谷型の緩効性肥料
チッソ，カリが多くリンサンが少ない緩効性肥料。左は肥効期間３カ月（13—9—13），右は肥効期間12カ月（17—4—11）。元肥にはリンサン分を補うとよい。生育期間の長い植物には，追肥にも使える。

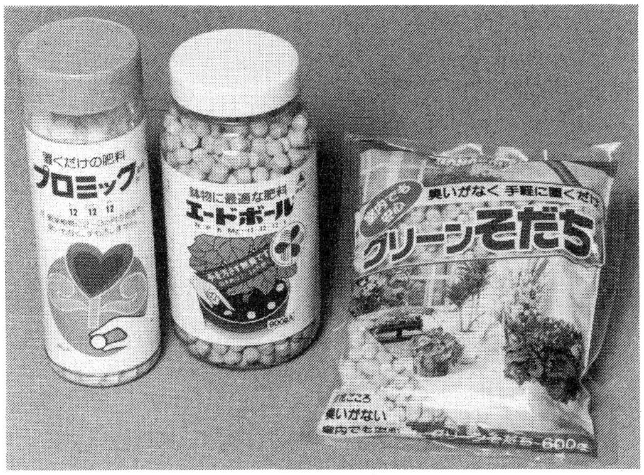

置き肥用肥料

錠剤や大粒固形の水平型置き肥用肥料。プロミックとエードボールは肥効期間が2～3カ月。エードボールは被覆肥料で，肥効期間後に不溶物が残る。グリーンそだちは肥効期間後が１カ月で速効的。

棒状肥料

培養土に差し込んで効かす棒状緩効性肥料。肥効期間が2～3カ月で，吊り鉢やバスケットなど追肥，置き肥がしにくいときに便利。

液　肥

肥やけの心配がなく追肥できる液肥。左は粉状で液肥。いずれも水に溶かして１週間おきくらいにかん水代わりに施す。種類や植物によって希釈倍率が違うので注意。水平型は茎葉の成長期に，リンサンの多い山型は花芽ができるころから開花始めのころに施すとよい。

そのまま使える液肥

あらかじめ薄めて市販されている液肥。右のもののように，生育が弱ったときなどに葉面散布するスプレー型もある。

活力剤

三要素の肥料分を含まない活力剤。右は鉄分などの微量要素が含まれ，植え替え後や生育不良時に施すと効果的。左のもくさくエース，農園倶楽部は，活力促進とともに病害虫に強くする効果がある。

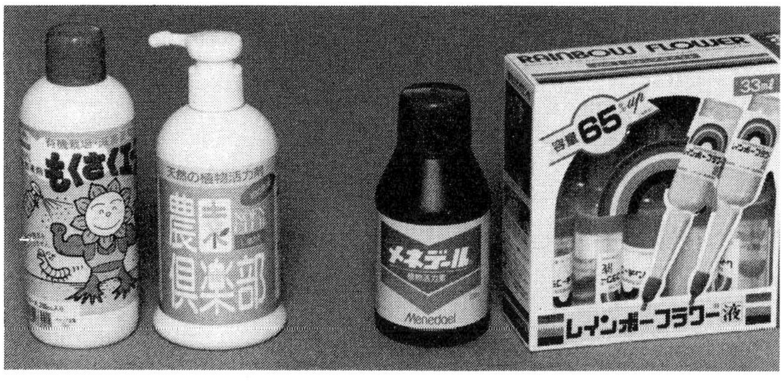

コンテナ栽培に適した主な肥料の特性と使い方

（成分は製品，メーカーによって異なる）

分類	区分	肥料	成分％ チッソ	成分％ リンサン	成分％ カリ	肥効 速効	肥効 緩効	肥効 肥効期間の目安	1回施用量の目安（用土10ℓ当たり）	特性と使い方
有機質肥料		油カス	5	2	1		○	3〜4カ月	40〜80cc	1カ月以上前に用土に混ぜ土になじませてから使う。
		骨粉	4	20	–		○	6〜12カ月	30〜150g	緩効性なので1カ月くらい前に混ぜ，長期植物に使用。
		骨粉入り発酵油カス	4	6	2		○	2〜3カ月	50〜150cc	肥やけの心配が少なく悪臭もなく元肥にも置肥にも使える。
		バットグアノ	1.4	27.7	0.4	○			6〜10g	コウモリの糞化石で吸収しやすいリンサン肥料。追肥もできる。
化学肥料（粉状・粒状・固形・錠剤・棒状）	元肥用	マグアンプK	6	40	6		◎	1〜2年	30〜80g	多年生の長期植物に向く。液肥など速効性肥料を併用。
		花工場21	11	24	10		○	6カ月	5〜40g	春から秋までゆっくり効く。春先は速効性肥料を追肥。
		ピュアマップ	6	36	6		◎	300日	30〜80g	マグアンプKと同様。
		元肥そだち	6	36	6		○	1年間	10〜70g	〃
		IB肥料	10	15	10		○	3カ月	5〜30g	緩効性のIB肥料と速効性の化成肥料の複合肥料。
		ハイグレード	6	36	6		○	6カ月	10〜70g	マグアンプKと同様。
		ヨウリン	–	20	–		○	–	30〜40g	緩効性のリンサン肥料。
		過リン酸石灰	–	20	–	○		–	30〜40g	速効的なリンサン肥料。
	元肥・追肥用	硫加	–	–	50	○		2〜3週間	5〜20g	油カス主体の場合にカリ分を硫化で補給。
		普通化成	8	8	8	○		2〜3週間	10〜40g	速効性の水平型肥料。
		グリーンそだち	10	10	10	○		2〜3週間	5〜30g	尿素複合肥料，大粒。
		ファミリーラージ	10	10	10			3〜4カ月	40g	植え付け直前に混ぜても有害物を出さない。
		ハッピーハウス	10	10	10		○	2〜3カ月	25〜30粒	苦土入り。元肥として野菜から花まで使える。
	追肥・置肥用	ハイポネックス顆粒	15	10	12		○	1〜2カ月	5〜10g	バーミキュライトに肥料成分を含ませた顆粒状肥料。
		エードボール	12	12	12		○	2〜3カ月	10〜25粒	被覆複合肥料，不溶物が残る。
		プロミック錠剤	12	12	12		○	2〜3カ月	3〜4粒	〃
		グリーンサムポット	8	8	8		○	2カ月	15〜20粒	オキサミド入り緩効性錠剤，分解後も有害物を残さない。
		ライト	10	10	10		○	2カ月	10〜20粒	ミリオン配合の錠剤。
	棒状肥料	花工場スティック（プランター用）	8	9	12		○	2カ月	20〜30cm間隔に1本	培養土にさし込む棒状肥料。バスケット，吊り鉢の草花追肥や，観葉植物に最適。元肥用の山型棒状肥料もある。
		リピート棒状肥料	10	7	15		○	2カ月		
		ハイポネックス・スティック	8	3	4		○	2カ月		
液肥		花工場原液	5	10	5	○		約1週間	規定の倍率にうすめ，かん水代わりに施す	リンサンの多い山型液肥。草花の花芽分化時に最適。
		ハイポネックス原液	5	10	5	○		約1週間		〃
		ハイポネックス洋ラン	6	6	6	○		約1週間		どんな植物にも利用できる一般的液肥。
		エード原液	6	6	6	○		約1週間		〃
		ハイポネックス観葉植物	10	3	3	○		約1週間		チッソ分が多く，観葉植物や春〜夏の茎葉。
		微粉ハイポネックス	6.5	6	19	○		約1週間		カリ分が多く，あらゆる植物をがっちりした生育にする。
活力剤		レインボーフラワー液							アンプル剤	培養土にアンプルをさす。10数種の微量要素を含む活力剤。
		メネデール							葉面・土壌散布	鉄分などの微量要素を含む活力剤。
		もくさくエース						1〜2週間	葉面・土壌散布	木酢液の効果で，病害虫を予防，防除する。
		農園倶楽部						4〜7日	葉面・土壌散布	キトサン（カニガラ）＋海藻エキス。生育不良時や病気予防に散布。

（1回施用量の目安は，栽培植物によって異なる）

肥料③ 作物別施肥方法のポイント

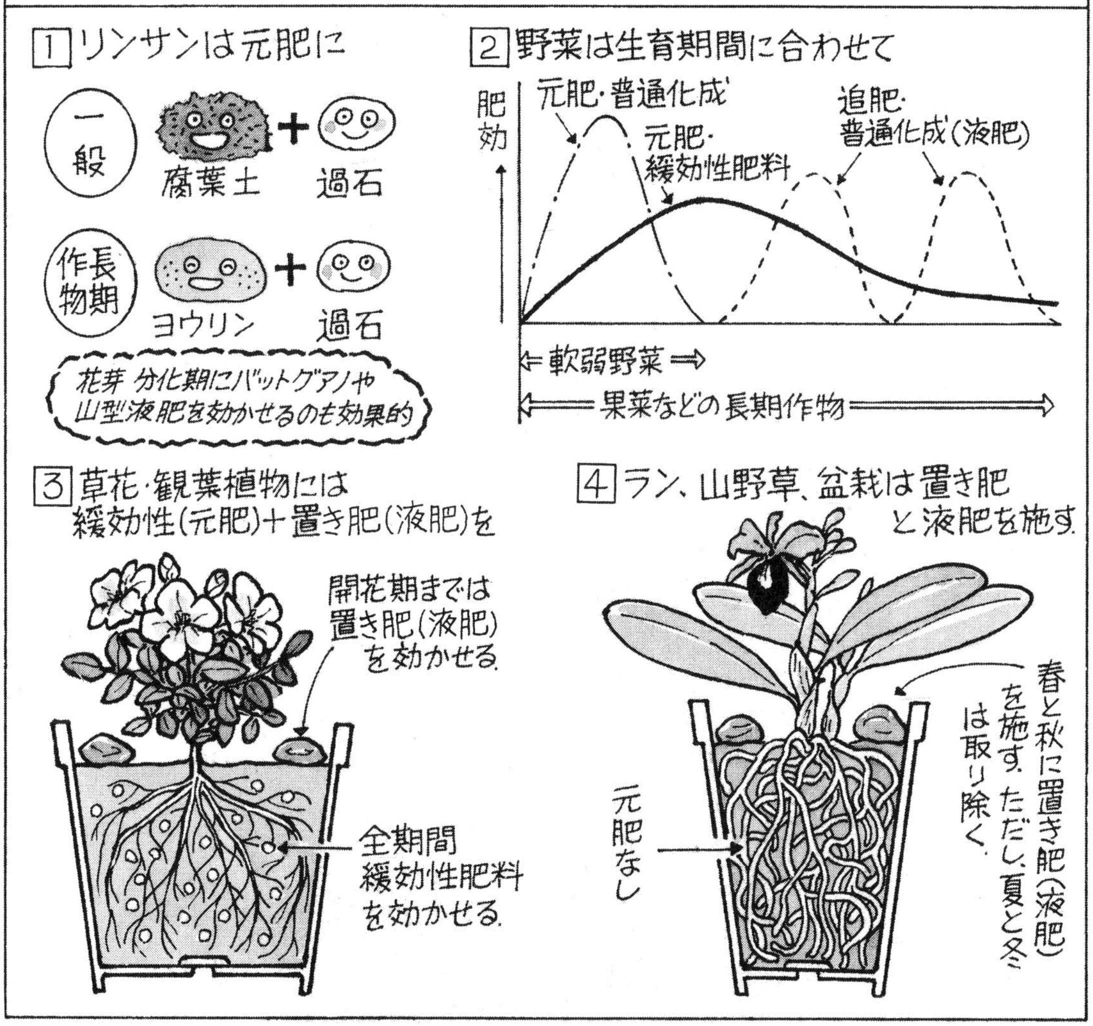
1 リンサンは元肥に
一般
腐葉土
＋
過石
作物長期
ヨウリン
＋
過石
花芽分化期にバットグアノや山型液肥を効かせるのも効果的
2 野菜は生育期間に合わせて
肥効
元肥・普通化成
元肥・緩効性肥料
追肥・普通化成(液肥)
軟弱野菜
果菜などの長期作物
3 草花・観葉植物には緩効性(元肥)＋置き肥(液肥)を
開花期までは置き肥(液肥)を効かせる
全期間緩効性肥料を効かせる
4 ラン、山野草、盆栽は置き肥と液肥を施す
元肥なし
春と秋に置き肥(液肥)を施す。ただし、夏と冬は取り除く

緩効性肥料，置き肥，液肥の組合わせで

単肥，化成肥料，緩効性肥料，置き肥，液肥といずれの施肥方法でも，その肥効と植物の特性に合わせて施せば問題ありません。一般的にコンテナ栽培では，緩効性肥料を元肥に使い，生育をみながら追肥をしていったほうが無難です。ただし，リンサンは元肥主体にし，過石，骨粉などを元肥に施しておけば十分です。草花やランなどではリンサン肥効の高いバットグアノの元肥や花芽分化時に施すのも有効です。

生育期間の短い軟弱野菜は化成肥料の元肥だけで十分ですが，生育期間の長い野菜は緩効性肥料を元肥に施し，早めに化成肥料や液肥で追肥していくとよいでしょう。元肥に化成肥料や単肥を多少混ぜ，初期の肥効を補うのも効果的です。

草花や観葉植物は種類によって違いますが，一般的に肥料吸収量は少なく，生育期間が長いものが多いので，緩効性肥料を元肥に施し，置き肥，液肥で追肥します。肥料が多いと徒長し姿が乱れるので，少しずつ効かせたほうがよいからです。山野草やラン類，盆栽などは，元肥は必要なく，生育に合わせて置き肥や液肥で追肥します。

コンテナ栽培の標準施肥設計

〈野菜〉

用土10ℓ当たり

種類	肥料	生育期間	野菜	元肥			追肥	備考
				緩効性肥料	過石	普通化成	普通化成	
葉菜	少	短	コマツナ，サラダナ，シュンギク，ホウレンソウ，ラディッシュ	-	-	19g	なし	速効性の普通化成だけでよい。
	少	中～長	アオジソ，アオミツバ	6～8g	3～4g	-	2～3g /2～4回	
	中	中～長	ニラ，ネギ，レタス，ワケギ，タマネギ	10g	5～8g	-	2～3g /2～5回	レタス以外はリンサンを多めに。
	多	中～長	チンゲンサイ，ハクサイ，キャベツ，パセリ，ブロッコリー，カリフラワー	12～14g	3～8g	-	3～6g /2～5回	チンゲンサイは追肥必要なし，ブロッコリー,カリフラワーはリンサンを多めに。
果菜	少	中	スイートコーン	-	-	19g	-	吸肥力が強いので普通化成でよい。
	少	短～中	インゲン，エダマメ，カボチャ	5～10g	3～8g	-	3g /3～5回	カボチャはチッソを少なめに。
	中	長	イチゴ，オクラ	10～15g	3～8g	-	2～3g /3～5回	イチゴはリンサンを多く，追肥をこまめに。
	多	中～長	キュウリ，トマト，ナス，ピーマン	16～25g	8～10g	-	3～6g /4～5回	ナス，キュウリは肥料を多めに。
根菜	極少	長	サツマイモ	-	3.5g	4g	-	チッソ肥料は少なめに，硫加を加える。
	少	短	コカブ	-	4g	12g	3～4g /2回	
	中	中～長	ダイコン	12g	2g	6g	-	前半チッソを効かせて後半は切らす。
	中～多	長	サトイモ	15g	2g	-	4g/2回	
	中～多	長	ニンジン	-	8g	13g	3g/4回	普通化成で肥料濃度を高める。

（追肥は１カ月おきを目安に与える。普通化成の代わりに液肥を２週間おきに与えてもよい）

〈鉢花・花木・観葉植物〉

（①②③のうちいずれかを選ぶ） 用土10ℓ当たり

肥料	種類	草花・花木	元肥			追肥		
			①緩効性肥料	②普通化成	③油カス+骨粉	①普通化成	②固形(置肥)	③液肥
少	草花	サギソウ，リンドウ，アナナスなど	5～10g	5～10g	20～50cc	1～5g /1カ月	2～10g /2～3カ月	月1～2回
	花木	ツバキ，サザンカ，カルミア，シャクナゲ，イッサイザクロなど						
中	草花	アサガオ，チューリップ，アマリリス，キンセンカ，パンジー，シクラメンなど	10～20g	10～20g	50～100cc	3～10g /1カ月	5～10g /1～2カ月	月2～3回
	花木	サツキ，アザレア，バラ，ウメ，インドゴムノキ，ブーゲンビリアなど						
多	草花	ゼラニウム，ポットマム，セントポーリア，カーネーション，グラジオラスなど	20～40g	20～40g	80～150cc	5～10g /1カ月	10～20g /1～2カ月	週1回
	花木	ポインセチア，ハイドランジアなど						
少	観葉植物	ほとんどの観葉植物	10～30g	10～20g	50～100g	5～10g /1～2カ月	20～50g /2～3カ月	月に3～5回 (冬は1～2回)

（緩効性肥料は90～180日タイプの例）

〈ラン類・オモト〉

（元肥は①②③のうちいずれかを選ぶ） 4号鉢当たり

肥料	種類	ラン・オモト	元肥（置肥）			追肥（液肥）
			①緩効性肥料	②固形肥料	③油カス+骨粉	
少	洋ラン（着生）	カトレア，デンドロビウム，ファレノプシスなど	-	-	0.5～1g	週1回
	〃（地生）	シンビジウム，パフィオペディルムなど	0.5～1g	0.5～1g	0.5～1g	
	東洋ラン	春ラン，エビネ，寒ランなど	-	-	0.2～0.5g	週1回
	オモト	ほとんどのオモト	-	-	0.2～0.5g	週1回

（冬は施さない）

第3章
作物別 施肥設計

1. 野　　菜

施肥設計表の見方

ここで紹介する34種類の野菜の作業暦と施肥設計表は，関東地方より以西を基準に作成した標準的な目安です。作業暦はそれぞれの地方の気象条件に合わせ，施肥量はそれぞれの畑の土壌に合わせて調整してください。

作業暦のなかの記号は，次の意味を表わします。

○……播種　◉……定植
■……元肥　△……追肥　▨……収穫

畑

堆　肥

①表記の堆肥は，落葉・ワラなどを腐熟させた「ふかふか堆肥」です。園芸店で買った落葉堆肥・腐葉土・ピートモスなどでもかまいません。

②牛フンに植物質を加えて十分に発酵させた牛フンバーク堆肥・牛フンオガクズ堆肥・牛フン落葉堆肥も使えます。施肥量は同量でかまいませんが，このなかには肥料分が「ふかふか堆肥」より多く含まれているため，元肥を1割ほど少なくします。

石灰類

苦土石灰を使っていますが，毎年続けて施していると，苦土（マグネシウム）がたまってくることがあります。そのときは，炭カル・消石灰などと交互に施すようにして苦土がたまらないようにします。施用量は一般的な量を示しているので，詳しくは35ページを参照してください。

肥　料

①「必要な肥料分」は，それぞれの野菜の元肥と追肥を合わせた量で，堆肥に含まれる肥料分は入っていません。

②化成派の肥料は普通化成（8—8—8）や高度化成（14—14—14）を使っています。ほかの化成肥料や硫安，過石，硫加などの単肥でも，含まれる成分量から元肥と追肥の施用量を計算して施せばかまいません。

③有機折衷派の追肥は化学肥料を使っていますが，元肥に施した有機質肥料は長効きするので，生育を見て足りなくなったら施用するようにします。肥効の発現が遅れ初期生育が悪いときは，早めに施用します。

コンテナ

用　土

①表では園芸店で入手しやすい用土を組み合わせていますが，身近にある自然の土壌の大半もベース用土として使えます。

②赤土・黒土・田土などのベース用土に腐葉土・落葉堆肥・ワラ堆肥・ピートモスなどを20〜30％ほど加え，さらに牛フン堆肥を5〜10％ほど加えよく混合して1〜2週間なじませた用土は，多くの野菜に利用できます。ただし，根菜類やサツマイモ，ジャガイモなどには，牛フンはあまり加えず，腐葉土も少なめにします。

③用土量は多いほうが育てやすくなりますが，少なくても肥料を少しずつ施用すれば，トマトやナスでもコンパクトに育ち十分に楽しめます。

肥　料

①表記の施肥設計は，用土10ℓ当たりの例です。元肥に緩効性肥料（10—10—10）や普通化成（8—8—8）や過石を，追肥に普通化成や液肥を利用しています。

②生育期間の長い野菜では，発酵した有機質肥料を元肥にしたり，緩効性肥料や化成肥料を組み合わせたほうがよいでしょう。追肥もチッソとカリの成分量を計算し，硫安と硫加を施してもかまいません。

シソ科

アオジソ

原産地　東インド，中国，日本

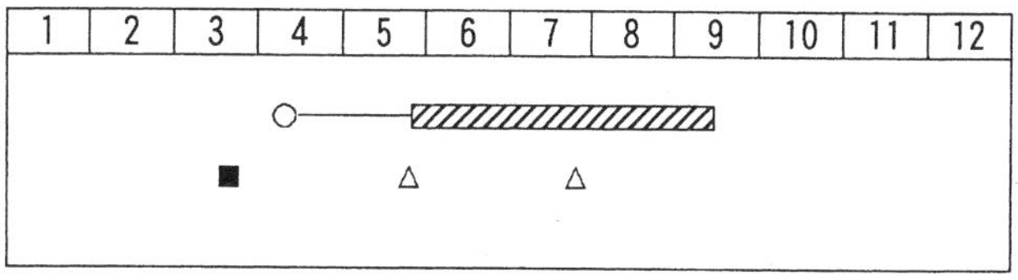
1
2
3
4
5
6
7
8
9
10
11
12

特徴　オオバという名でも親しまれている。香り・緑が濃く，ビタミン・ミネラル・カルシウム・鉄分に富む。葉がややちぢれボリューム感のあるものがよい。春まくと秋口まで収穫でき，幼実を漬物にしてもおいしい。

すこし乾燥に弱いが，土質を気にすることなくつくりやすい。葉が10枚ほど展開してから収穫する。収穫後は，気温の低い乾燥しないところに保存する。

施肥のポイント　葉を収穫するので，全生育期間を通じてチッソ分を切らさず，次々と新芽を出させるようにする。収穫し始めて生育に勢いが感じられなかったり，葉が黄色っぽくなったりしたら，早め早めに追肥する。リンサンやカリ肥料の追肥は，あまり気にしなくてもよい。

畑での作り方　タネまきの2～3週間前に堆肥をすきこんで，土とよくなじませておく。

図のようにウネを立て，元肥は溝施用する。普通化成なら播種日の数日前に施しておけばよいが，有機質肥料はなかなか効いてこないので播種日の2～3週間前に施す。

1条まきにタネまきする。1カ所に4～5粒まき，間引きしながら2～3本立てにする。

コンテナでの作り方　肥料が切れないように，元肥に緩効性肥料を用いる。しかし初期生育のうちは肥効がなかなか発現してこないことがあるので，1回目の追肥を早めにする。作期が長いため，あとは生育のようすを見て葉の展開が悪くなりかけたら追肥する。

〈溝施肥〉

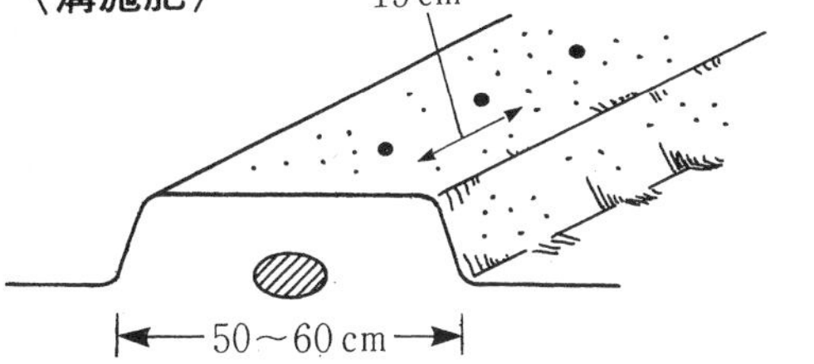

8～10株／m²

必要な肥料分（g/m²）　チッソ15-リンサン15-カリ10

畑の施肥設計（g/m²）					
	化成派		有機折衷派		
土つくり	堆肥	1,000	堆肥	1,000	
	苦土石灰	50	苦土石灰	50	
元肥	普通化成	100	油カス	100	
	過石	35	骨粉	50	
			魚カス	50	
			硫加	18	
追肥	1回目		1回目		
	硫安	16	硫加	4	
	硫加	4			
	2回目		2回目		
	硫安	16	なし		

コンテナの施肥設計（g/10ℓ）		
容器	標準プランターなど 深さ15cm以上	
用土	赤土（黒土）	70～80％
	腐葉土	20～30％
	苦土石灰	2～3g/10ℓ
元肥	緩効性肥料	8
	過石	3
追肥	普通化成2gを1カ月おきに4回ほど施す。凹型の液肥を1週間ごとに与えてもよい。初期生育が悪いときは1回目の追肥は早めに。	

セリ科

アオミツバ

原産地　日本

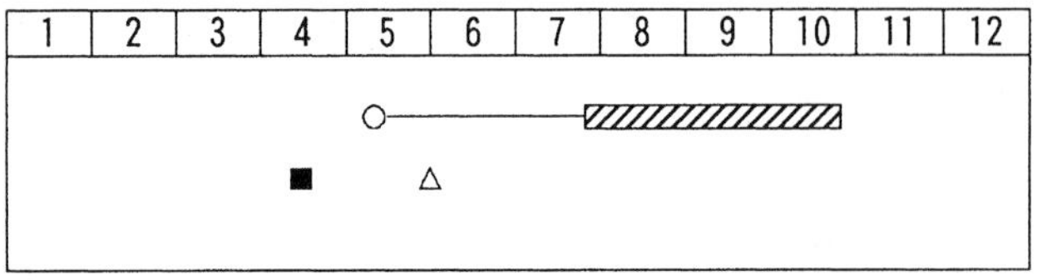
1
2
3
4
5
6
7
8
9
10
11
12

特徴　もともと日本全国に自生している植物なのでつくりやすいが，乾燥を嫌う。とくに発芽から幼苗期にかけて土が乾くと生育がいちじるしく悪くなる。しかし，過湿になっても立枯病が出やすい。

育て方　タネまき後2〜3回間引きしながら育てる（間引き菜は，お吸い物の具に最適）。草丈が20cm ほどになってから根元から刈りとれば，その株から次々と新芽が伸びてくる。また，このとき刈りとった株に光が当たらないように育てれば茎が白く伸び，軟化ミツバとなる。日陰を好むため，トマトやナスの株間にちょっとタネまきするだけでも育つ。

施肥のポイント　葉をとって食べる作物なので，チッソ肥料を切らさないようにし，次々と新芽を伸ばすことがポイント。

畑での作り方　図のようにウネを立て，元肥は全面に施す。普通化成の半分を緩効性肥料にしてじっくり効かすのもよい。有機質肥料は，すぐに効くように早めに施し，土とよくなじませておく。発芽時は光を好むので，播種後は軽く覆土し，たっぷりかん水する。

本葉が出始めたころに追肥する。元肥が有機質肥料の場合は効き方が遅いことがあるので，本葉が出る前に追肥してもよい。

コンテナでの作り方　肥効を長続きさせるため，元肥に緩効性肥料を用いる。初期生育が悪いときは1回目の追肥を早めにすること。黄色くなったり，勢いが感じられなくなったりしたら2回目の追肥をする。乾燥を嫌うので，用土にピートモスや少量の牛フン堆肥を加え，保水性をよくするとよい。

〈全層施肥〉まき溝（幅3〜4cm，深さ1cm）

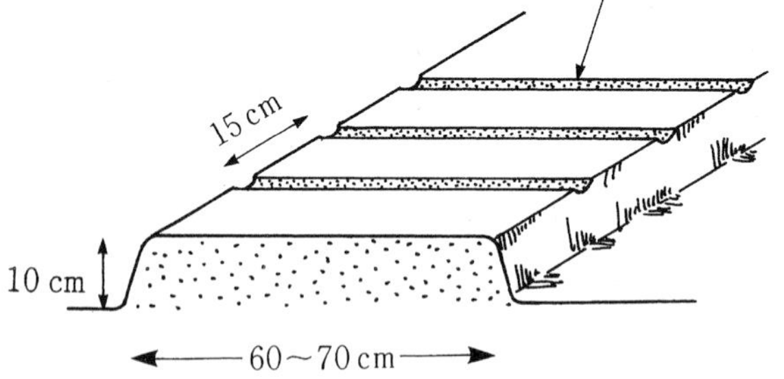
15cm
10cm
60〜70cm

必要な肥料分（g/m²）　チッソ10-リンサン15-カリ10

畑の施肥設計（g/m²）	化成派		有機折衷派	
土つくり	堆肥	2,000	堆肥	2,000
	苦土石灰	150	苦土石灰	150
元肥	普通化成	35	油カス	50
	過石	50	骨粉	70
			硫加	10
追肥	1回目		1回目	
	硫安	25	硫安	20
	硫加	10	硫加	8

コンテナの施肥設計（g/10 ℓ）		
容器	小型プランターなど 深さ10cm以上，小さな容器でもできる	
用土	赤土（黒土）	70〜80％
	腐葉土	20〜30％
	苦土石灰	10g/10 ℓ
元肥	緩効性肥料	6
	過石	4
追肥	普通化成3gを本葉が出たあとと，その1カ月後に施す。凹型の液肥を1週間おきに与えてもよい。	

バラ科

イチゴ

原産地　北アメリカ東部

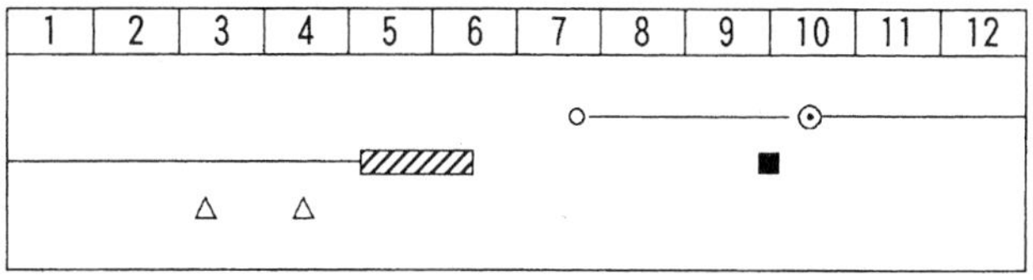
1 2 3 4 5 6 7 8 9 10 11 12

特徴　多年草で生育期間が長い。収穫期が梅雨入りと重なるため病害虫にやられやすく防除も欠かせない。果菜のなかではつくりにくい作物の一つ。細かい根が表層に張るため肥料負けもしやすい。

しかし，ビタミンCが豊富で旨いのがいちばんの魅力。“宝交早生”か“ダナー”がつくりやすい。

育て方　苗は購入してもよいが，ランナーから出た3葉ほどの小苗を7月中下旬に採種・育苗して育てる。それを10月半ばに定植する(寒地では10月上旬くらいまでに)。根がついてしまえば寒さにも強いので，11月初旬までには活着させたい。2月ころまでは1～2葉展開するだけだが，3月になると急に茎葉が伸び，4月ころから次々と花房を出す。

施肥のポイント　肥やけしやすく生育期間が長いので，ふかふか堆肥を十分施しておく。元肥は肥やけしないように2週間前に全面に施し，追肥も株の根元から20cmほど離して施す。3月になったら1回目の追肥をし勢いをつけ，2回目は生育に応じて施す。

畑での作り方　図のように，水はけがよくなるようにウネを立てる。開花前にポリマルチをしたりワラを敷くと地温も上がり，土のはね上がりがなくなり病気が少なくなる。

コンテナでの作り方　定植1週間後に1回目の追肥をする。葉が動きだす3月からはこまめに追肥するが，葉が茂ってくるので，液肥のほうがやりやすい。

〈全層施肥〉

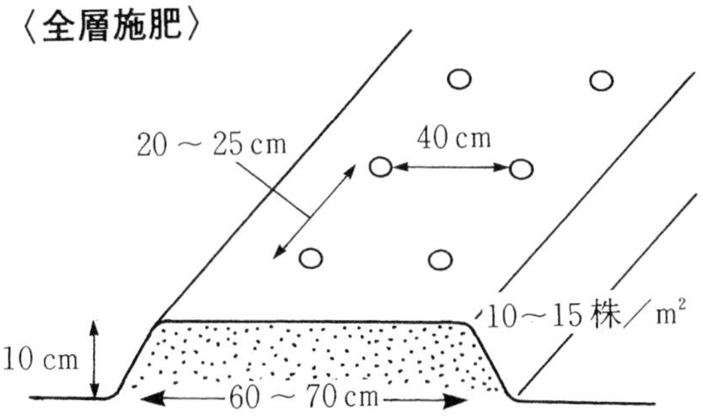

必要な肥料分（g/m²）　チッソ20-リンサン25-カリ20

畑の施肥設計（g/m²）				
	化成派		有機折衷派	
土つくり	堆肥	2,000	堆肥	2,000
	苦土石灰	200	苦土石灰	200
元肥	高度化成	70	油カス	80
	過石	80	骨粉	80
			魚カス	100
			硫加	25
追肥	1回目		1回目	
	硫安	25	硫安	25
	硫加	10	硫加	10
	2回目		2回目	
	同上		なし	

コンテナの施肥設計（g/10ℓ）		
容器	標準プランターなど 深さ15cm	
用土	赤土（黒土）	70～80％
	腐葉土	20～30％
	苦土石灰	10～15g/10ℓ
元肥	緩効性肥料	10
	過石	8
追肥	普通化成3gを1カ月おきに5回ほど施す。凹型の液肥を1週間ごとに与えてもよい。	

マメ科

インゲン

原産地　メキシコ南部，中央アメリカ

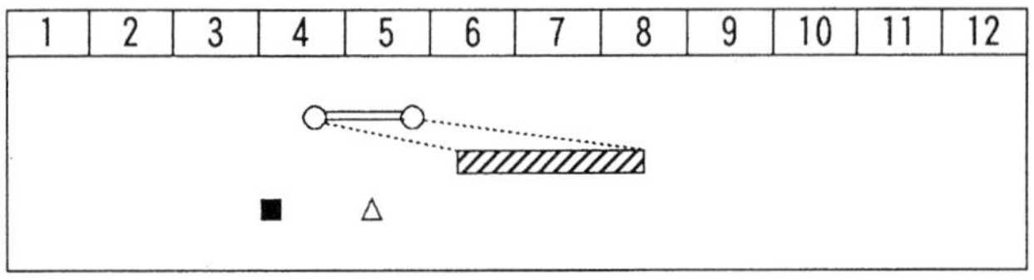

1 2 3 4 5 6 7 8 9 10 11 12

特徴　「つるありインゲン」と「つるなしインゲン」がある。プランター栽培ではつるなしのほうが向く。また，さや用と実どり用品種があるが，家庭菜園ではさや用がいい。幼苗期は寒さに非常に弱いため，露地では晩霜の心配がなくなってから播種する。あまり高温になると落花するが，夏の暑さにはわりと強い。タンパク質・カルシウム・カロチン・ビタミン類が豊富な野菜。

育て方　土質は気にしなくてよいが，水はけを好む。草勢を維持しながら開花期までに葉をたくさんつけ，さやを次々と出させることがコツ。さやは開花後5～7日間でいちじるしく伸長肥大する。その後1週間が収穫の適期で収穫が遅れるとサヤのすじが固くなる。

施肥のポイント　茎葉を伸ばしながら実をつけるので，チッソ・リンサン・カリをバランスよく施す。必要な肥料分は多くないので多肥は避ける。チッソ肥料をやり過ぎると茎葉ばかりが伸び，実がつきにくい。アブラムシもつきやすくなる。ハクサイなど多肥作物のあとでは元肥を少なくすること。

畑での作り方　図のようにウネを立て，元肥は溝施肥する。有機質肥料なら，播種日の2～3週間前には施し，土によくなじませる。

タネは二条まきする。株全体に光がよく当たるように播種後，合掌式に支柱を立てる。本葉2～3枚のときに間引きして1株にする。あとは1カ月後に追肥して草勢をつける。

コンテナでの作り方　肥効が長続きするように，緩効性肥料を元肥に使う。初期生育が悪ければ，追肥を早めにしてもよい。

〈溝施肥〉

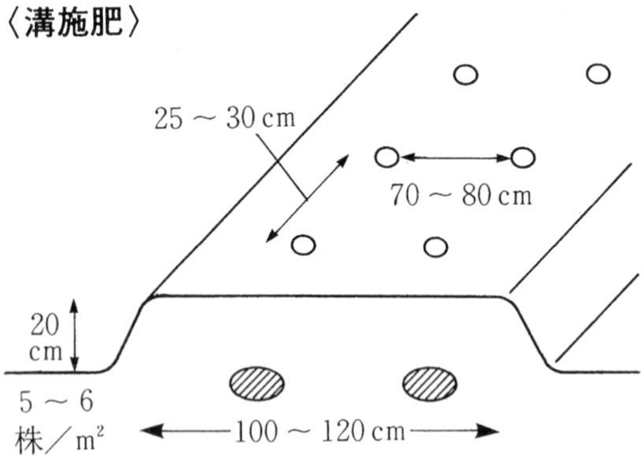

必要な肥料分（g/m²）　チッソ15-リンサン15-カリ10

畑の施肥設計（g/m²）				
	化成派		有機折衷派	
土つくり	堆肥	1,500	堆肥	1,500
	苦土石灰	150	苦土石灰	150
元肥	普通化成	125	油カス	100
	過石	25	骨粉	50
			魚カス	50
			硫加	18
追肥	1回目		1回目	
	硫安	25	硫安	20

コンテナの施肥設計（g/10 ℓ）		
容器	標準プランターなど 深さ15cm以上	
用土	赤土（黒土）	70～80％
	腐葉土	20～30％
	苦土石灰	5g/10 ℓ
元肥	緩効性肥料	10
	過石	3
追肥	普通化成3gを1カ月おきに3回施す。凹型の液肥を1週間ごとに与えてもよい。初期生育が悪いときは追肥を早めに。	

マメ科

エダマメ

原産地　中国中西部から朝鮮半島

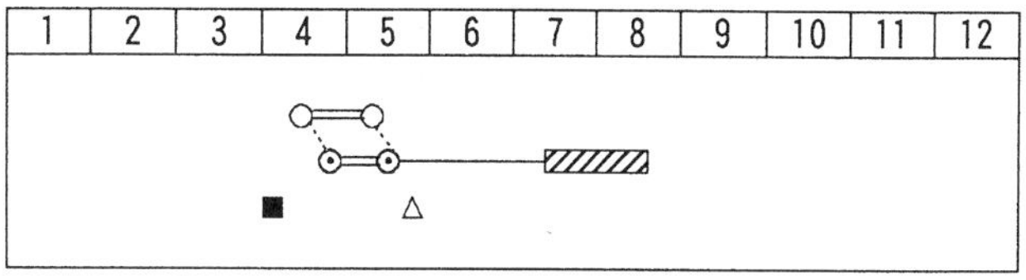
1
2
3
4
5
6
7
8
9
10
11
12

特徴　夏に収穫してビールのつまみにしたいが，晩生種だと日長時間が短くならないと開花しないため，夏までに実がならない。家庭菜園では早生か中生種がいい。

おコメなみのカロリーがあり，炭水化物・脂質・タンパク質・ビタミンB_1・カルシウムに富む。スイートコーンと同じように収穫後はすぐに味がおちる。

育て方　直まきがよいが，育苗するときは10cmほどの深さの木箱か発泡スチロール箱などにタネをまき，本葉1～2枚になったら定植する。根が直根性なので，定植が遅れるほど移植時に根傷みし根つきが悪くなる。ポリポットにまけば植え傷みが少ない。開花後30～35日ほどで収穫するが，さやが緑色であまり大きくならないうちに採る。

施肥のポイント　チッソ分が多過ぎると，茎葉ばかり繁茂して，実がつきにくい。チッソ肥料のやり過ぎに注意し，リンサン・カリとバランスよく施す。茎葉が緑を保ち株が十分育っていれば，とくに追肥はいらない。

畑での作り方　図のようにウネを立て，元肥は全面全層にまんべんなく施す。有機質肥料は早めに施して，土とよくなじませておく。前作のチッソ分が多く残っている場合は少なめにすること。直まきの場合は，一穴に3～4粒まき，本葉2～3葉時に1～2株に間引く。

追肥は，元肥が普通化成のときだけ，定植後40日ほどしてから1回だけ施せばよい。

コンテナでの作り方　初期生育を促進し肥効を長続きさせるため，元肥は緩効性肥料と普通化成を組み合わせる。用土に肥料が残っているときは，普通化成の施用量を少なめにする。追肥もあまり必要ない。

〈全層施肥〉

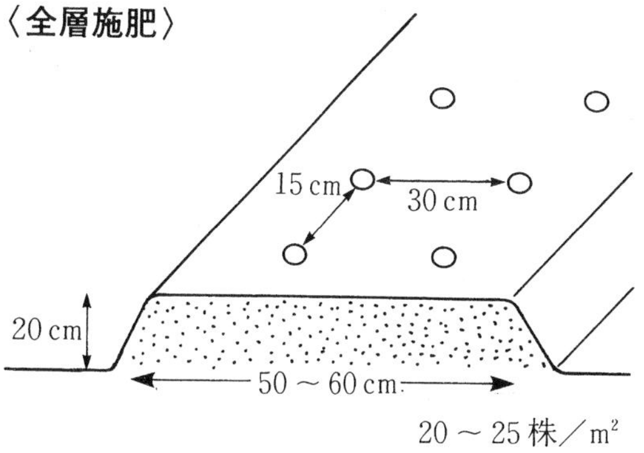

必要な肥料分（g/m²）チッソ10-リンサン15-カリ10

畑の施肥設計（g/m²）				
	化成派		有機折衷派	
土つくり	堆肥	1,500	堆肥	1,500
	苦土石灰	100	苦土石灰	100
元肥	普通化成	100	油カス	80
	過石	35	骨粉	50
			魚カス	50
			硫加	18
追肥	1回目		1回目	
	硫安	10	なし	
	硫加	5		

コンテナの施肥設計（g/10ℓ）		
容器	標準プランターなど 深さ15cm以上	
用土	赤土（黒土）	70～80％
	腐葉土	20～30％
	苦土石灰	5g/10ℓ
元肥	緩効性肥料	8
	過石	3
	普通化成	3
追肥	なし	

アオイ科

オ　ク　ラ

原産地　アフリカ東北部

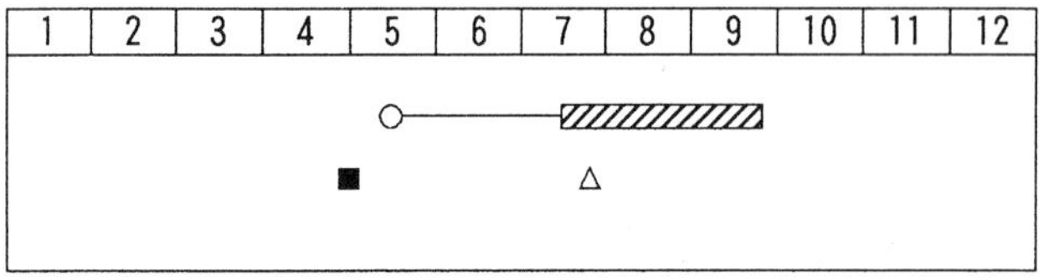
1
2
3
4
5
6
7
8
9
10
11
12

特徴　夏から秋にかけてクリーム色の美しい花をつける。花を観賞するため花壇に植えてもたのしい。根が直根性のため移植は嫌う。高温性の植物で病害虫にも強い。ただ寒さにはひじょうに弱く，初期生育は大変緩慢。

育て方　寒さに弱いので，5月中下旬，霜がなくなってから直まきする。寒地ではさらに遅らしたほうがよい。タネが硬く，そのままでは発芽しにくいので，1～3日ぬるま湯に浸して発芽させてから，まく前に水切りをする。1カ所に3～4粒ずつ，浅く埋め込むようにまく。

本葉1～2枚のころと，4～5枚のときに間引き，1株1本とする。草丈が30cmになったら倒れないように支柱を立て，整枝しながら軽くひもでしばる。草勢が弱ってきたら，さやの下葉を5枚ほど残してほかは摘みとる。開花後7～10日目に収穫するが，さやの長さで約6cm，まだやわらかいうちに採ること。

施肥のポイント　茎葉を伸ばしながら実をつけるので，生育全般をとおしてチッソ・リンサン・カリをバランスよく施し，草勢を維持する。しかし，必要な肥料分はそれほど多くない。ナスやトマトなみに施用すると過繁茂になって，いぼ果や曲がり果がふえやすい。

畑での作り方　図のようにウネを立て，植え穴か溝を掘って，元肥を施す。収穫が始まって1～2週間したら1回だけ追肥する。

コンテナでの作り方　初期生育をうながすため，緩効性肥料の一部分を普通化成にしてもよい。小さなプランターだと草丈が伸びず，実も少ない。深く大きな容器につくることがコツ。

〈溝施肥〉

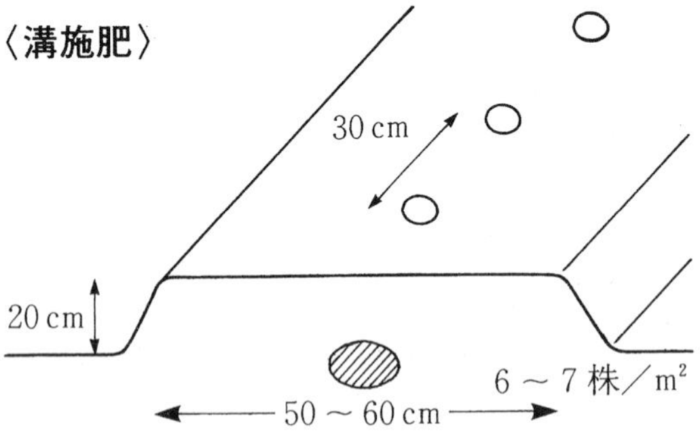

必要な肥料分（g/m²）　チッソ20-リンサン20-カリ20

畑の施肥設計（g/m²）	化成派		有機折衷派	
土つくり	堆肥	2,000	堆肥	2,000
	苦土石灰	150	苦土石灰	150
元肥	普通化成	190	油カス	100
	過石	25	骨粉	60
			魚カス	100
			硫加	28
追肥	1回目		1回目	
	硫安	25	硫安	25
	硫加	10	硫加	10

コンテナの施肥設計（g/10 ℓ）		
容器	大型プランター，肥料袋など 深さ20cm以上	
用土	赤土（黒土）	70～80％
	腐葉土	20～30％
	苦土石灰	10g/10 ℓ
元肥	緩効性肥料	15
	過石	3
追肥	普通化成2gを1カ月おきに3回ほど施す。凹型の液肥を1週間ごとに与えてもよい。	

アブラナ科

カ　ブ

原産地　ヨーロッパ西南部とイラン高原付近

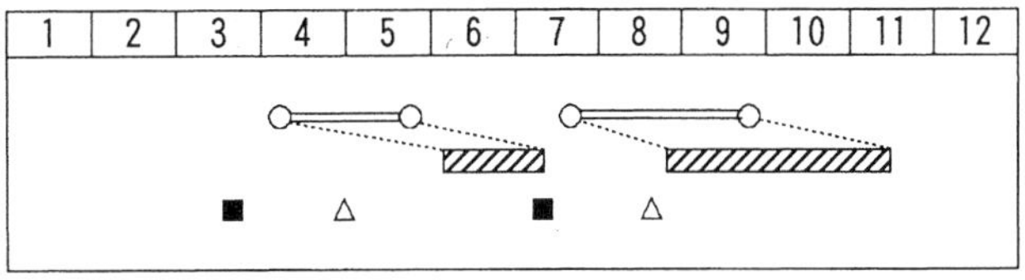
1 2 3 4 5 6 7 8 9 10 11 12

特徴　カブの仲間には赤・緑・紫・白など実にさまざまな色や形をした品種がある。ダイコンと違って根部はほとんど地表で肥大し，根は深く伸びない。生育期間も短く，春まきで30日，秋まきであれば60日で収穫できる。暑さには弱いので真夏はむずかしいが，そのほかの時期なら家庭菜園でも手軽につくれる。

育て方　真夏に播種するとネキリムシにやられるし，収穫してもすじっぽい。発芽温度が15～20℃だから関東以西なら次第に寒くなる９月いっぱいに播種するのがよい。

バラまきして，葉が触れあうほどになったら間引きする。収穫の適期は直径5cm になったころ。密植したときは，直径3くらいから間引きながら収穫する。

施肥のポイント　チッソ・リンサン・カリのすべてをバランスよく施肥する。初期生育のうちからリンサンをよく効かすと，根部の肥大がよくなる。

根が石灰や堆肥に直に触れると肌荒れの原因になるので，前作に施すか播種前2カ月前に1㎡に1kg ほどすき込み，土となじませておくことが大切。

畑での作り方　全面全層に元肥を施し，図のようにウネを立てる。有機質肥料と普通化成を組み合わせれば追肥なしでよいが，播種して１カ月しても根の肥大が悪いときだけ追肥する。

コンテナでの作り方　根っこがほんの少し張るだけだから，小さなプランターでも簡単につくれる。緩効性肥料を使うと肥料がゆっくり効いてうまく育つ。

〈全層施肥〉

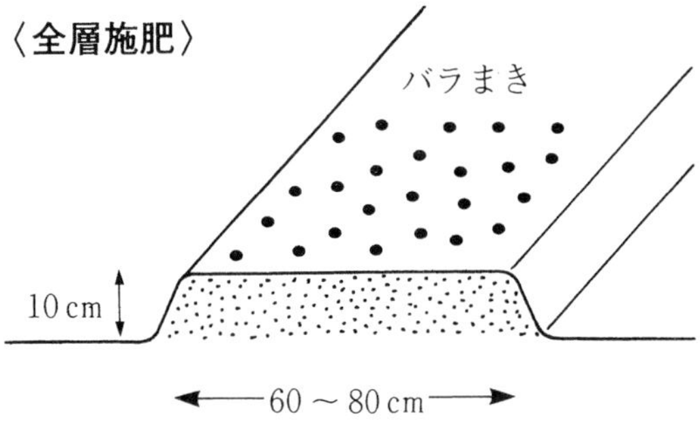

必要な肥料分（g/㎡）　チッソ15-リンサン20-カリ15

畑の施肥設計（g/㎡）				
	化成派		有機折衷派	
土つくり	堆肥	0	堆肥	0
	苦土石灰	50	苦土石灰	50
元肥	普通化成	125	油カス	100
	過石	50	骨粉	60
	硫加	10	魚カス	100
			硫加	28
追肥	1回目		1回目	
	硫安	25	なし	

コンテナの施肥設計（g/10 ℓ）		
容器	小型プランターなど	
	深さ10cm以上	
用土	赤土（黒土）	80～90％
	腐葉土	10～20％
	苦土石灰	少し
元肥	普通化成	12
	過石	5
	硫加	1
追肥	播種1カ月後から普通化成4gほどを1カ月おきに1回ほど施す。凹型の液肥を1週間ごとに与えてもよい。	

ウリ科

カボチャ

原産地　アメリカ

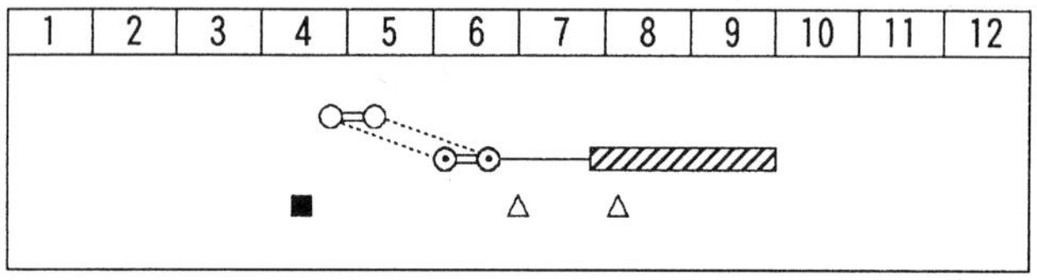
1 2 3 4 5 6 7 8 9 10 11 12

特徴　かなりやせた土地でもよく育つ。寒さにもほかの果菜類にくらべて強い。また，根の病気にも空気伝染する病気にも強く，連作もいとわない。スペースさえあれば果菜類のなかではもっともつくりやすい野菜である。

育て方　品種によっては雌花のつき方に多少差があるが，こだわらなければ園芸店などで色の濃いがっちりした苗を買えばよい。特定の品種をつくる場合は，3号のビニールポットに直まきし育苗する。双葉が出るころに高温・多湿になると徒長しやすい。本葉3枚くらいで定植する。あとは放任でもよいが，5葉くらいで摘芯し，子づるを3～4本伸ばして着果させるとよい。昆虫がこないと受精できないため，開花日の朝7～9時くらいに雄花の花粉を雌花の柱頭につけて，人工受粉する。

施肥のポイント　肥料を吸収する力が強いので，元肥の施肥量はナス・キュウリ・トマトより少なくする。チッソ分が多過ぎるとツルボケし落花しやすいので，実が肥大し始めるまでは肥料を控えめにする。

畑での作り方　高いウネを立てる必要はない。元肥は植え穴に施す。有機質肥料は，早めに施しておくこと。実どまりするまでは肥料を効かしたくないので，追肥は定植のあと1カ月おきに2回やればよいが，元肥がまだ効いているときは量を減らすか，時期をずらす。

コンテナでの作り方　小さな容器ではむずかしい。ツルが伸びるだけの広さがいる。追肥は少しずつ何回もやること。

〈穴肥〉

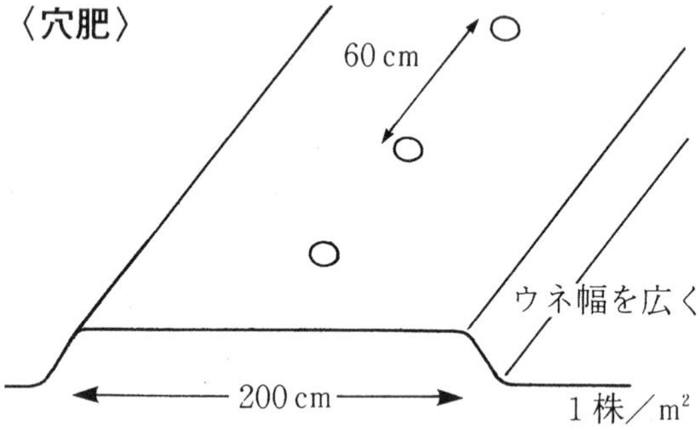

必要な肥料分（g/m²）　チッソ15-リンサン20-カリ15

畑の施肥設計（g/m²）				
	化成派		有機折衷派	
土つくり	堆　肥	2,000	堆　肥	2,000
	苦土石灰	200	苦土石灰	200
元肥	高度化成	35	油カス	60
	過　石	80	蒸製骨粉	70
			魚カス	60
			硫　加	18
追肥	1回目		1回目	
	硫　安	25	硫　安	25
	硫　加	10	硫　加	10
	2回目		2回目	
	同　上		な　し	

コンテナの施肥設計（g/10 ℓ）		
容器	大型プランター，肥料袋など 深さ20cm以上	
用土	赤土（黒土）	70～80％
	腐葉土	20～30％
	苦土石灰	10～15g/10 ℓ
元肥	緩効性肥料	5
	過　石	8
追肥	定植1カ月後，普通化成3gを1カ月おきに5回程施す。凹型の液肥を1週間ごとに与えてもよい。初期生育が悪いときは1回目の追肥を早めに。	

アブラナ科

カリフラワー

原産地　ヨーロッパ西部沿岸地方

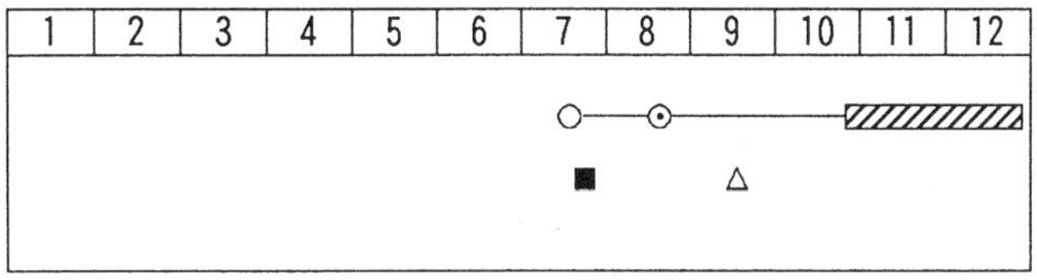
1
2
3
4
5
6
7
8
9
10
11
12

特徴　別名ハナヤサイともいう。低温に当たると花芽分化し，白い蕾をつける。この花蕾を収穫して食べるが，3～4日適期をのがしただけで花蕾がゆるむ。収穫時期は短い。それでも播種期をずらしたり，数品種を組み合わせてつくれば長く収穫を楽しめる。

育て方　次第に涼しくなる夏まき•秋どりがもっともつくりやすい。極早生～早生種がよいが，極早生はタネまきが遅れて株が十分できないうちに低温になると，小さな花蕾しかできない。適期をのがしたときは早生～中生種に切り替える。

苗つくりは，木箱か畑にバラまきし，本葉1～2枚になったら移植床に12～15cm 間隔で仮植する。早生なら本葉5～6枚，中生なら6～7枚になったころが本畑に定植する適期。こうして2回くらい移植したほうが生育が揃い，よく育つ。

施肥のポイント　花蕾まで育てて収穫するので栽培期間が長い。生育全般をとおしてチッソ•リンサン•カリをバランスよく施す。しかし，初期のうちにチッソ分が効き過ぎると茎葉ばかり大きくなって，花蕾ができにくい。前作のチッソ分が残っているときは，元肥を少なくすること。初期は，花蕾がよくできるようにリンサンをよく効かしたい。

畑での作り方　図のようにウネを立て，元肥は溝施肥する。有機質肥料なら定植日の2～3週間前には施用して，土とよくなじませておく。前作の肥料が残っているときは元肥の施用量を減らすか，減らしたぶんを追肥にまわす。あとは生育をみながら定植後1カ月ほどで追肥する。

コンテナでの作り方　茎葉が伸び過ぎたときは追肥を少なめにする。

〈溝施肥〉

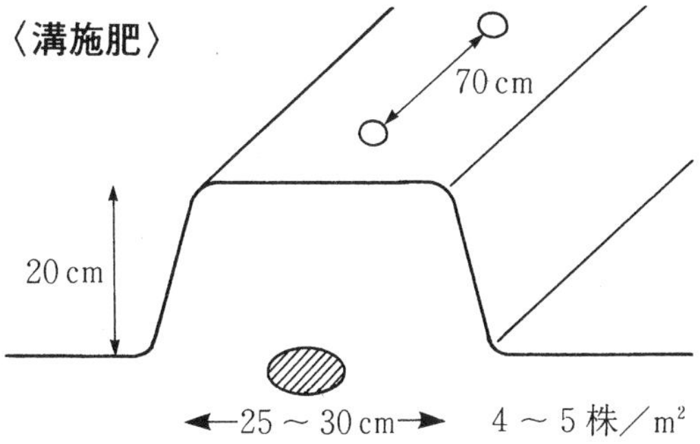

必要な肥料分（g/m²）　チッソ20-リンサン25-カリ20

畑の施肥設計（g/m²）				
	化成派		有機折衷派	
土つくり	堆肥	2,000	堆肥	2,000
	苦土石灰	200	苦土石灰	200
元肥	普通化成	125	油カス	50
	過石	80	骨粉	100
			魚カス	50
			硫加	18
追肥	1回目		1回目	
	硫安	50	硫安	50
	硫加	20	硫加	20

コンテナの施肥設計（g/10ℓ）		
容器	大型プランター，肥料袋など 深さ20cm	
用土	赤土（黒土）	70～80％
	腐葉土	20～30％
	苦土石灰	10～15g/10ℓ
元肥	緩効性肥料	10
	過石	8
追肥	普通化成4gを1カ月おきに3回ほど施す。凹型の液肥を1週間ごとに与えてもよい。	

アブラナ科

キャベツ

原産地　ヨーロッパ

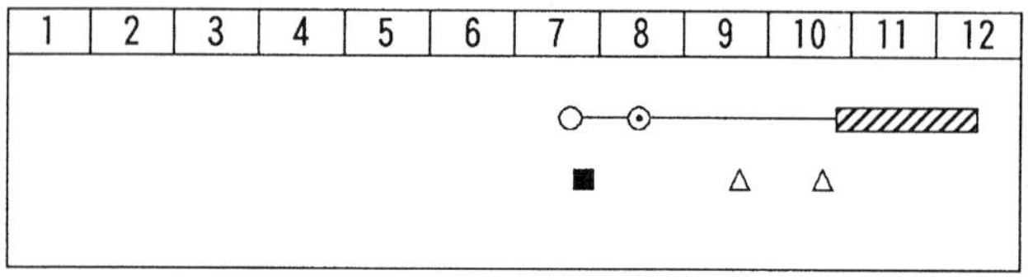
1
2
3
4
5
6
7
8
9
10
11
12

特徴　高温でも結球するもの，低温でもとう立ちしにくいもの，また耐寒性の強いものなど，品種がいろいろ分化している。品種を選べば年間とおしてつくれるが，真夏に収穫する夏どり栽培は，平地の露地では病害虫をたちまち呼び込むためむずかしい。特殊な成分ビタミンUを含み，ほかにビタミンC•カルシウムが豊富。

育て方　秋まきがいちばんつくりやすい。しかし，9月上旬までに定植できないと結球するときに寒さにぶつかるおそれがある。寒くなるまでにある程度の葉数を確保しておくことが，強く結球できるかどうかのカギになる。

外葉がめくれて葉が淡緑となり，球全体が固くしまってきたら収穫できる。もう寒い時期だからそのまま長く放置しておける。

なお，苗つくりは手間がかかるので，時期に合った品種の苗を買って定植する。茎が太くがっちりした根張りのよい苗がよい。

施肥のポイント　肥料の吸収力がかなり旺盛。葉を育てる作物だが，リンサンやカリ肥料もバランスよく施用しないとうまく育たない。化成肥料などで初期生育に勢いをつけ外葉の展開を早めること。

畑での作り方　カリフラワーやブロッコリーと同じ要領でウネを立てる。元肥は溝施肥する。有機質肥料なら早く効くように2～3週間前に施しておく。いっしょに化学肥料を少し加えて初期生育を促進するとよい。追肥は，定植して4週間前後に1回目，結球し始めたところで2回目を施すのがコツ。しかし，元肥が有機質肥料のときは，肥効の出方が不安定。生育から判断するしかない。

コンテナでの作り方　用土量が少ないときは普通化成をこまめに何回もやるか緩効性肥料を使い，急に肥料が効かないようにする。

必要な肥料分（g/㎡）　チッソ25-リンサン25-カリ20

畑の施肥設計（g/㎡）				
	化成派		有機折衷派	
土つくり	堆肥	2,000	堆肥	2,000
	苦土石灰	200	苦土石灰	200
元肥	高度化成	100	油カス	80
	過石	60	骨粉	80
			魚カス	100
			硫安	25
			硫加	25
追肥	1回目		1回目	
	硫安	25	硫安	20
	硫加	10	硫加	10
	2回目		2回目	
	硫安	25	なし	

コンテナの施肥設計（g/10ℓ）		
容器	大型プランター，肥料袋など 1株なら8～9号鉢でも可	
用土	赤土（黒土）	70～80％
	腐葉土	20～30％
	苦土石灰	10～15g／10ℓ
元肥	普通化成	18
	過石	6
追肥	定植1カ月後から，普通化成3gを1カ月おきに5回ほど施す。凹型の液肥を1週間ごとに施してもよい。	

ウリ科

キュウリ

原産地　インド・ヒマラヤ山脈の南部山麓

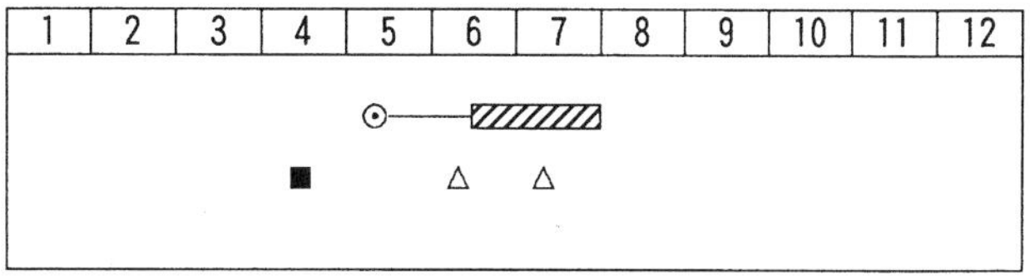
1
2
3
4
5
6
7
8
9
10
11
12

特徴　「キュウリは光と水でつくれ」といわれるほど日当たりと湿潤な場所を好む。肥ぎれや乾燥さえさせなければ，けっこう実をつける。土質はそれほど選ばないが，有機質に富んだ畑のほうが快調な生育をするようだ。連作した畑だと調子がよくないので，2年間はつくっていない畑がいい。

育て方　苗は購入したほうが手軽でいい。本葉4～5枚の葉の色が濃く葉の厚いがっしりした苗がよい。浅く植えて，たっぷりかん水して活着させ，支柱を立て，ひもで軽く誘引し，5節までの側枝は除去する。

果実があまり大きくなるまで放っておくと株に負担がかかるので，長さ18cm を目安に収穫する。毎日2回は収穫して株の負担を軽くしてやると，次々と実が肥大する。

施肥のポイント　ふかふか堆肥を加えて保水力・保肥力を高める。茎葉を伸ばしながら実をつけていくので，生育全般を通してチッソ・リンサン・カリをバランスよく施す。

畑での作り方　初めての畑にはヨウリンをすき込む。図のような広いウネを立て，元肥は溝施用する。追肥は，定植して1カ月目と2カ月目にする。もっと長く収穫するときは，もう1回追肥する。

コンテナの作り方　土の量が多いほどつくりやすい。元肥は緩効性肥料をじっくり効かして，追肥はこまめに何回もやる。

〈溝施肥〉

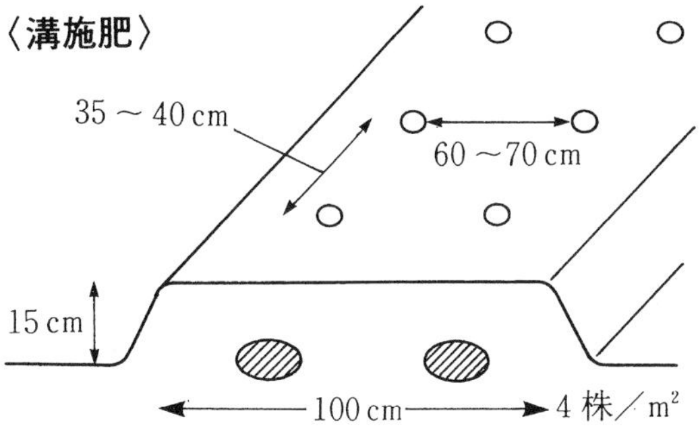

必要な肥料分（g/m²）　チッソ25-リンサン25-カリ20

畑の施肥設計（g/m²）				
	化成派		有機折衷派	
土つくり	堆肥	2,000	堆肥	2,000
	苦土石灰	200	苦土石灰	200
	(ヨウリン	100)	(ヨウリン	100)
元肥	高度化成	70	油カス	100
	過石	80	骨粉	80
			魚カス	100
			硫加	16
追肥	1回目		1回目	
	硫安	25	硫安	25
	硫加	10	硫加	10
	2回目		2回目	
	同上		なし	

コンテナの施肥設計（g/10 ℓ）		
容器	大型プランター，肥料袋など 深さ20cm以上	
用土	赤土（黒土）	70～80％
	腐葉土	20～30％
	苦土石灰	10～15g/10 ℓ
元肥	緩効性肥料	20
	過石	10
追肥	植え付け1カ月後から，普通化成3gを1カ月おきに5回ほど施す。凹型の液肥を1週間ごとに与えてもよい。初期生育が悪いときは1回目の追肥を早めに。	

アブラナ科

コマツナ

原産地　日本

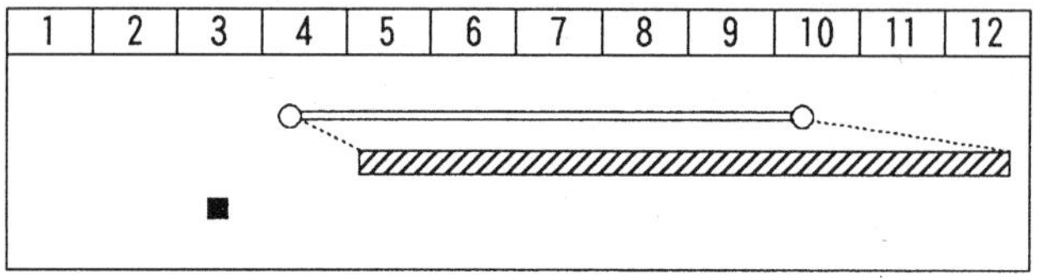

特徴　東京の小松川町の特産で江戸時代から栽培されている。非常につくりやすく真冬以外はほとんど一年中つくれる。温暖な時期なら播種後1カ月ほどで収穫でき，家庭菜園向きの野菜。秋にタネまきして冬越しさせると，きれいな菜の花が咲く。山東菜（ベカナ）も寒さに強く同じようにつくれる。

育て方　播種は4月上旬から10月上中旬まで随時できるが，春まきは次第に暑くなりコナガ・ヨトウムシなどの害虫が発生しやすいため，秋まきにするほうがよい。

バラまきして葉が触れあうようになったら間引きする。タネまきのコツは，ウネ全体に薄くまくこと。厚まきにすると株が混みあって徒長し，間引きも大変になる。本葉4～5枚，草丈20cm ほどになったものから順番に収穫する。

施肥のポイント　チッソ肥料を切らすと葉が伸びにくくなるので，生育初期から肥料を切らさないようにする。少しずつ肥料を効かすようにすることがコツ。ふかふか堆肥を十分すき込んで保肥力を高めておきたい。

畑での作り方　水はけなど畑の条件に合わせて図のようにウネを立てるが，トマト・ナスのように幅が広くないといけないということはない。

肥料は全面全層にすき込む。有機質肥料なら播種日の2～3週間前に施しておくか，下層5～10cm に埋め込んでおく。追肥はとくに必要ない。

コンテナでの作り方　用土量が少ないときは元肥を減らして，減らした分を追肥にまわしてもよい。

〈全層施肥〉

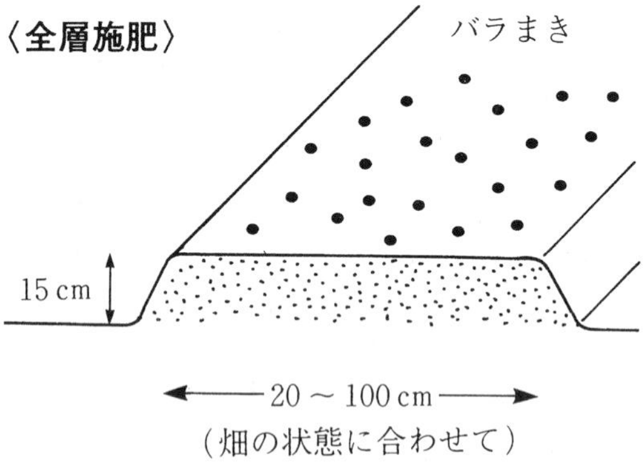

必要な肥料分（g/m²）　チッソ15-リンサン15-カリ15

畑の施肥設計（g/m²）	化成派		有機折衷派	
土つくり	堆肥	2,000	堆肥	2,000
	苦土石灰	200	苦土石灰	200
元肥	普通化成	190	油カス	100
			骨粉	50
			魚カス	50
			硫安	20
			硫加	25
追肥	なし		なし	

コンテナの施肥設計（g/10 ℓ）		
容器	小型プランターなど 深さ10cm以上	
用土	赤土（黒土）	70～80％
	腐葉土	20～30％
	苦土石灰	10～15g/10 ℓ
元肥	普通化成	19
追肥	なし	

ヒルガオ科
サツマイモ
原産地　メキシコからグァテマラ周辺の中央アメリカ

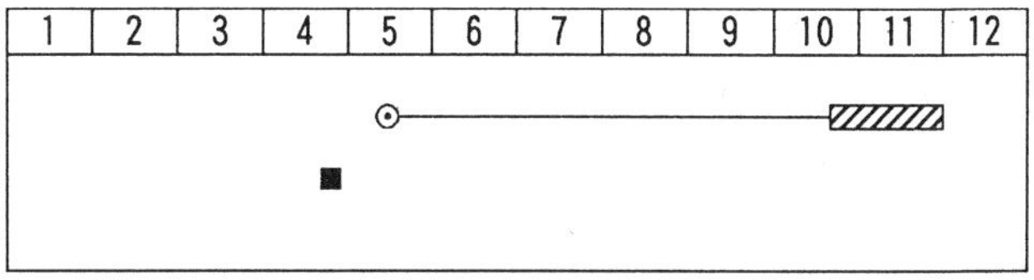

特徴　乾燥を非常に好む。肥料の吸収量は多くなく，やせたやや酸性の土でもよく育ち，ツルが伸びる十分な広さがあれば栽培はそれほどむずかしくない。

育て方　苗は，種イモから伸び出したツルで，春に園芸店で買う。茎が太く節間が短く，大きな青い葉を5枚ほどつけた苗がいい。

根は葉のつけねの節から発生するので，2～3節を土壌に埋め，葉は地上に出して植えるのがコツ。植え方には，図のように3つの方法があるが，植え方によってつき方は変わる。ウネは高く，幅を狭くし，水はけや通気性をよくする。

収穫は，5月中下旬の定植であれば10月中旬から初霜が降りるころまでが適期。イモを傷つけないように晴天の続いた日に掘る。

施肥のポイント　チッソ分が多過ぎると茎葉ばかり伸びて，イモがなかなかつかない。チッソ分の多い家畜フン堆肥は禁物。肥料は元肥だけでよく追肥はいらない。施肥のコツはチッソは控え，リンサンとカリを主体に，とくにカリ分を切らさないようにする。

畑での作り方　高いウネを立て，溝施肥する。有機質肥料と石灰類は2～3週間前に施し，土とよくなじませる。

コンテナでの作り方　小さな容器ではむずかしい。深さ30cm 以上の広い容器を選ぶ。用土は腐葉土をわずかに加えるくらいでよい。

5～6株／m²

①水平植え

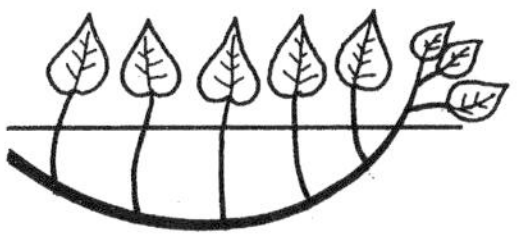

②舟底植え

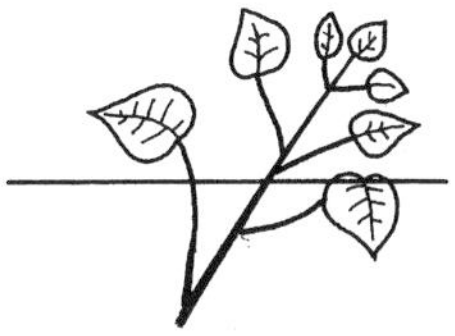

③ななめ植え

必要な肥料分（g/m²）　チッソ3-リンサン10-カリ10

畑の施肥設計（g/m²）	化成派		有機折衷派	
土つくり	堆肥	1,000	堆肥	1,000
	苦土石灰	50	苦土石灰	50
元肥	普通化成	40	油カス	20
	過石	35	骨粉	50
	硫加	14	硫加	20
追肥	なし		なし	

コンテナの施肥設計（g/10 ℓ）		
容器	大型プランター，肥料袋 深さ30cm以上	
用土	赤土（黒土）	90％
	腐葉土	10％
	苦土石灰	3～4g/10 ℓ
元肥	普通化成	4
	過石	3.5
	硫加	1.5
追肥	なし	

サトイモ

テンナンショウ科
原産地 熱帯アジア

1	2	3	4	5	6	7	8	9	10	11	12
				○―	―――	―――	―――	―――	―――	▨▨	
				■		△					

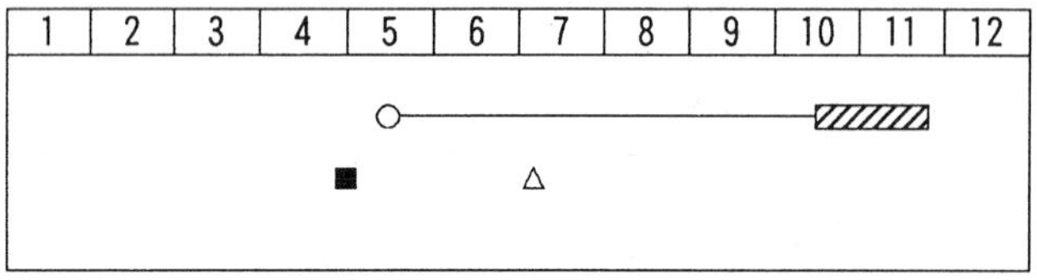

特徴 日本では古くから作られている作物で，子芋用・親芋用・親子兼用などがある。高温多湿を好み，夏に乾燥するとできが悪くなる。

育て方 種イモは園芸店などで大きさ50～60gほどのものを選んで買う。関東地方では，5月中旬ころに種イモを植え付ける。寒い地方ではやや遅らせ，暖かい地方では早めに植える。マルチ栽培するとよい。

茎と葉が黄色く変化してきたら収穫適期。寒さに弱いのでよく日の当たる畑の隅に60cm前後の穴を掘って株ごと埋めて貯蔵する。

施肥のポイント イモを収穫するため，チッソ以外のリンサンとカリもバランスよく施す。チッソが多過ぎると茎葉ばかり伸びる。保肥力・保水力を高めるためにふかふか堆肥を施すとよい。有機質肥料は植付けの2～3週間前には施す。栽培期間は長いが，追肥は2回目の土寄せをするときに1回だけ施す。

畑での作り方 図のようなウネを立て，植え付ける。種イモの芽が斜め上に向くように，深さ5～6cmに植える。夏に乾燥が続いたら，夕方にたっぷりかん水する。乾燥を嫌うので，土寄せすることが重要。1回目は本葉2～3枚のころに，2回目は子イモができ子イモの新芽が出てくる7月上旬追肥をしてから行なう。

コンテナでの作り方 草丈が大きくなり，イモをつけるので大きな容器が必要。容器の周囲に十分な広さも必要。畑と同様2回ほど増し土をするため，上部をあけて用土をつめる。緩効性肥料を使ったほうがよい。追肥は少しずつ何回にも分けて施すこと。

〈全層施肥〉

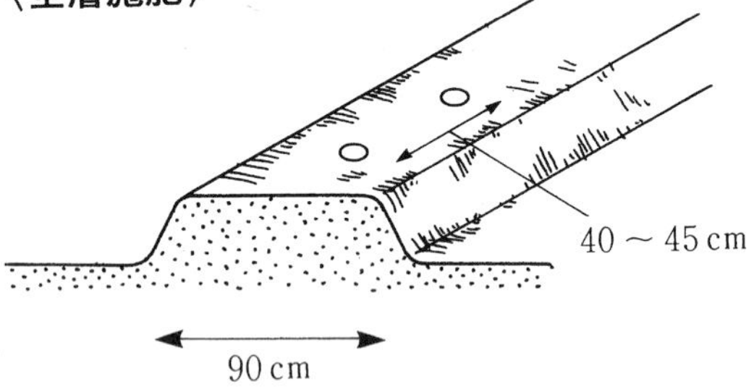

40～45cm
90cm
2～3株/m²

必要な肥料分（g/m²） チッソ20-リンサン20-カリ20

畑の施肥設計 （g/m²）

	化 成 派		有機折衷派	
土つくり	堆　　肥	1,000	堆　　肥	1,000
	苦土石灰	100	苦土石灰	100
元肥	普通化成	190	油　カ　ス	100
	過　　石	25	骨　　粉	60
			魚　カ　ス	100
			硫　　加	28
追肥	1　　回　　目		1　　回　　目	
	硫　　安	25	硫　　安	25
	硫　　加	10	硫　　加	10

コンテナの施肥設計（g/10ℓ）

容器	大型プランター，肥料袋 深さ30cm以上	
用土	赤土（黒土）	70～80％
	腐　葉　土	20～30％
	苦土石灰	5g/10ℓ
元肥	緩効性肥料	15
	過　　石	2
追肥	植え付け後，普通化成4gを1カ月おきに2回ほど施す。凹型の液肥を1週間ごとに与えてもよい。	

キク科

サラダナ

原産地　ヨーロッパ

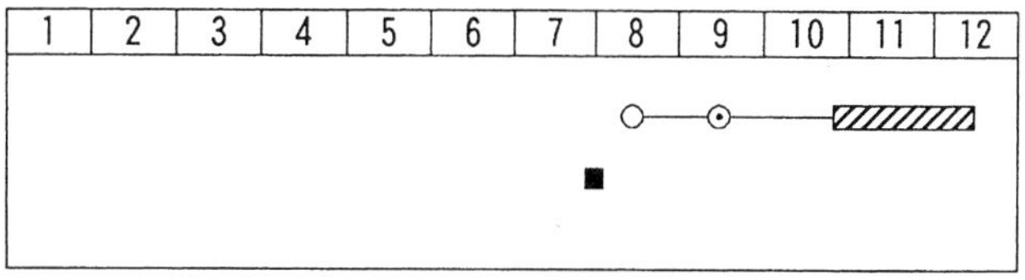

1
2
3
4
5
6
7
8
9
10
11
12

特徴　レタスと同じ仲間だが，結球がゆるくレタスより生育期間が短い（定植後50〜60日)。レタスは外葉をあまり大きくすると結球しづらいが，サラダナは初期生育から外葉を大きく育てればよい。春から秋に随時播種できるが，暑さに弱いので，夏まき・秋どりにすればレタスよりずっとつくりやすい。

育て方　直まきもできるが，育苗し定植したほうが生育が揃いやすい。木箱などに5〜6cm間隔ですじまきし，種子がかくれる程度に覆土する。葉が触れあってきたら間引きし，本葉4〜5枚で定植する。

直まきは15cm×15cm間隔に1穴4〜5粒まき，間引きをして1株にする。直まきは，育苗したものより生育がやや遅れバラツキが目立つが，大きいものから順番に収穫できるメリットがある。

施肥のポイント　レタスのように初期生育を抑える必要はない。チッソ・リンサン・カリをバランスよく施す。また，酸性を好まないので苦土石灰を施しpHを調整しておく。

畑での作り方　全面全層に施肥し，図のようにウネを立てる。有機質肥料は早く効くように2〜3週間前にすき込むか，ウネの下層5〜10cmの位置に埋め込む。生育期間が短いため元肥だけでよく，追肥はいらない。

コンテナでの作り方　用土量が少ないときは元肥は減らして追肥にまわすか，一部分を緩効性肥料に変える。

〈全層施肥〉

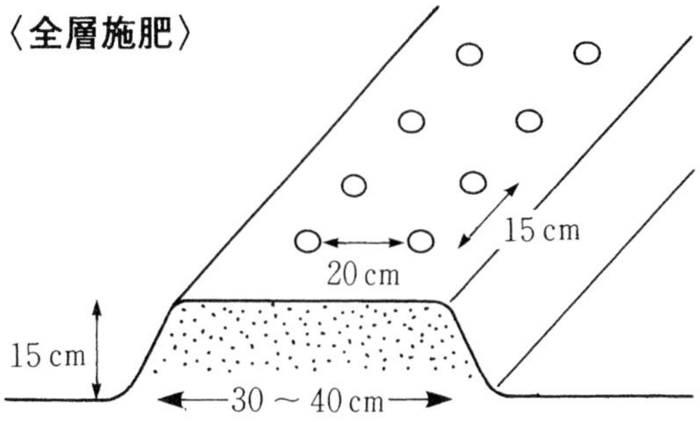

必要な肥料分（g/㎡）　チッソ15-リンサン15-カリ15

畑の施肥設計（g/㎡）				
	化成派		有機折衷派	
土つくり	堆肥	2,000	堆肥	2,000
	苦土石灰	200	苦土石灰	200
元肥	普通化成	190	油カス	100
			骨粉	50
			魚カス	50
			硫安	20
			硫加	25
追肥	なし		なし	

コンテナの施肥設計（g/10ℓ）		
容器	標準プランターなど 深さ15cm以上	
用土	赤土（黒土）	70〜80％
	腐葉土	20〜30％
	苦土石灰	10〜15g/10ℓ
元肥	普通化成	19
追肥	なし	

ナス科

ジャガイモ

原産地　中南米

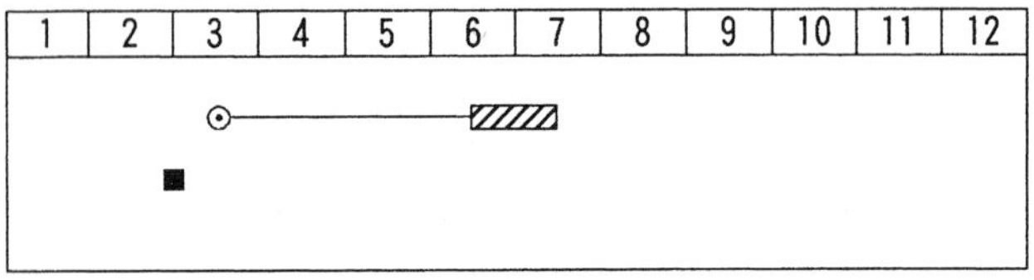
1
2
3
4
5
6
7
8
9
10
11
12

特徴　冷涼な地域でも暖地でもつくれ，土壌も選ばずつくりやすい。ただし，トマトやナスと同じくナス科の野菜なので，ナス科野菜との連作は避けること。

育て方　5～6℃でも発芽するので，3月中旬に植え付ける（暖地ではもっと早く，寒地では多少遅く植える）。自分でつくったイモを種イモにすると減収するので，種イモは毎年，買ってきたほうがよい。ツヤとハリがあるものを選ぶ。100g以上の大きな種イモはタテに2つ割にし，切り口を下にして植え，10cmほど覆土する。

茎・葉が黄色くなりかけたら収穫適期。晴天が3～4日続いたあとのほうが掘りやすく，イモも腐りにくい。3～4カ月すると芽が吹いてくる。芽に養分がとられてイモがふわふわになる前に芽をかき，保存する。

施肥のポイント　やせた土でも十分でき，肥料はそんなにいらない。多過ぎると茎葉ばかり伸びてイモのできが悪くなる。肥料は生育全般をとおして，少しずつ安定的に効くのがよい。

畑での作り方　堆肥は，植付け1カ月以上前にすき込むか，または前作に施す。苦土石灰も肌荒れの原因になるので，やはり直前に施すのは避けたい。

図のようにウネを立てる。肥料は元肥だけでよく，追肥はいらない。植えつけたあと何本も芽が出るので，芽かきして勢いのよいものを1～2本残す。生育に合わせて途中2～3回土寄せし，高ウネにする。

コンテナでの作り方　用土量が少ないとイモはできにくい。畑のように大きなイモはつくりにくいが，肥料袋などの深い容器を使えば，かわいいジャガイモがいくつもできる。

〈全層施肥〉

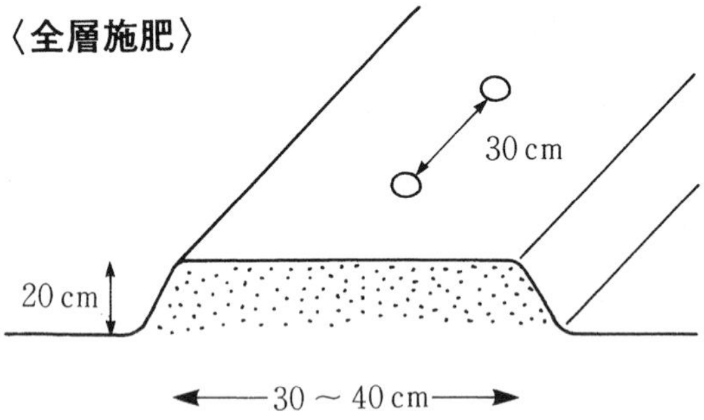

6 ～ 7 株／m²

必要な肥料分（g/m²）　チッソ 10-リンサン 15-カリ 15

畑の施肥設計（g/m²）	化成派		有機折衷派	
土つくり	堆肥	1,000	堆肥	1,000
	苦土石灰	50	苦土石灰	50
元肥	普通化成	125	油カス	80
	過石	25	骨粉	50
	硫加	10	魚カス	50
			硫加	28
追肥	なし		なし	

コンテナの施肥設計（g/10 ℓ）		
容器	大型プランター，肥料袋など 深さ30cm以上	
用土	赤土（黒土）	90％
	腐葉土	10％
元肥	緩効性肥料	10
	過石	2.5
	硫加	1
追肥	なし	

キク科

シュンギク

原産地　ヨーロッパ地中海沿岸

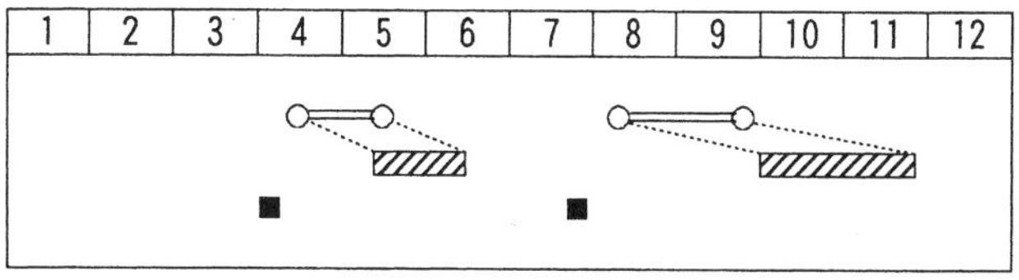
1
2
3
4
5
6
7
8
9
10
11
12

特徴　冷涼な気候を好み，5月まきでは30日前後で収穫できる。病害虫の害も少なく，家庭菜園にうってつけの野菜。トマト・ナスなどの株間に少しタネをまいて手軽に育てることもできる。わき芽を次々に伸ばす品種と伸びにくい品種があり，収穫の仕方が違う。

育て方　バラまき（すじまきでもよい）後たっぷりかん水して，間引きしながら育てる。収穫の仕方には図のようなやり方がある。

〈抜き取り収穫〉草丈が20cmほどになったものから順番に株ごと引き抜く。株間を広くとって徒長しないようにする。

〈摘み取り収穫〉草丈20cmのころ，葉を4～5枚残して芯を摘みとり，次々と出るわき芽を伸ばしてわき芽も同様に葉を残して収穫する。側枝の発生しやすい品種を選ぶこと。

施肥のポイント　葉を次々と展開できるように，生育中チッソ肥料を切らさないようにする。石灰類も不足しないようpH調整が必要。肥料は元肥だけでほぼ十分だが，摘みとり収穫のときは，収穫後生育を見て普通化成を少し追肥したほうがよい。

畑での作り方　全面全層に施肥し高さ10～15cmの平ウネを立てる。有機質肥料は早く効くように2～3週間前にすき込むか，ウネの下層5～10cmの位置に埋め込む。肥料が切れないようにふわふわ堆肥を十分入れておきたい。

コンテナでの作り方　ちょっとした大きさの容器があればできる。ベランダでは摘みとりながら育てるタイプがいい。肥料は普通化成を使ってもいいし，一部を緩効性肥料にしてもよい。長く収穫したいときは，肥料を切らさないように少しずつ施すのがコツ。

〈摘みとり収穫〉

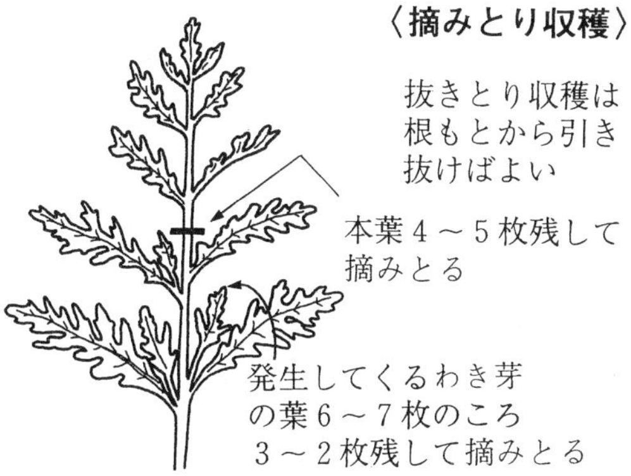
抜きとり収穫は
根もとから引き
抜けばよい
本葉4～5枚残して
摘みとる
発生してくるわき芽
の葉6～7枚のころ
3～2枚残して摘みとる

必要な肥料分（g/㎡）　チッソ15-リンサン15-カリ15

畑の施肥設計（g/㎡）				
	化成派		有機折衷派	
土つくり	堆肥	2,000	堆肥	2,000
	苦土石灰	200	苦土石灰	200
元肥	普通化成	190	油カス	100
			骨粉	50
			魚カス	50
追肥	なし		なし	

コンテナの施肥設計（g/10ℓ）		
容器	標準プランターなど 深さ15cm以上	
用土	赤土	70～80％
	腐葉土	20～30％
	苦土石灰	10～15g/10ℓ
元肥	普通化成	19
追肥	なし。長く収穫するときは液肥を施す	

イネ科

スイートコーン

原産地　南米のアンデス山麓

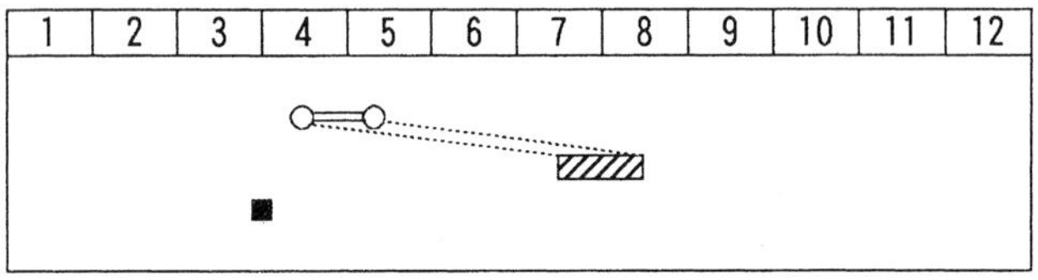

1 2 3 4 5 6 7 8 9 10 11 12

特徴　吸肥力が強く，イネ科野菜なので，輪作すると他の野菜もつくりやすくなる。日当たりをひじょうに好むため，日陰になるような場所では栽培しないほうがいい。先っぽに出る雄穂，葉の付け根から出る雌穂のうち，雄穂のほうが早く出る。雌穂が出るころは，もう雄穂の花粉はない。1株だけつくるときは，花粉を集めておき人工受粉する必要がある。

収穫したら，糖分がすぐデンプン質に変わり，たちまち味はおちるので，早く食べる。

育て方　ひと穴に2〜3粒ほどタネまきする。本葉3〜5枚ころに間引きし，生育のよい株を1本だけ残す。間引くときは，はさみを使って根元を切るようにする。

葉の付け根からは雌穂がいくつも出るが，いちばん上にある雌穂だけを残し除去する。

収穫期になると，穂の先の絹のようなヒゲがこげ茶色に変わり，穂の先が細くなる。

施肥のポイント　もともと吸収力が強いので，肥料はそんなにいらない。チッソが多過ぎると実のできが悪くなる。チッソ・リンサン・カリをバランスよく施す。

石灰が多過ぎると生育が悪いので，前作に十分入っている場合は施用量を少なめにする。

畑での作り方　図のようにウネを立てる。元肥は全層施肥でもよいが，溝施肥のほうが無駄がない。播種時期をずらしたり，早生から晩生種を混ぜてつくると長く収穫できる。

コンテナでの作り方　太い根が深く張るので，大きな深い容器が必要。用土量が少ないときは，元肥を減らして追肥にまわすか，一部を緩効性肥料にする。

〈溝施肥〉

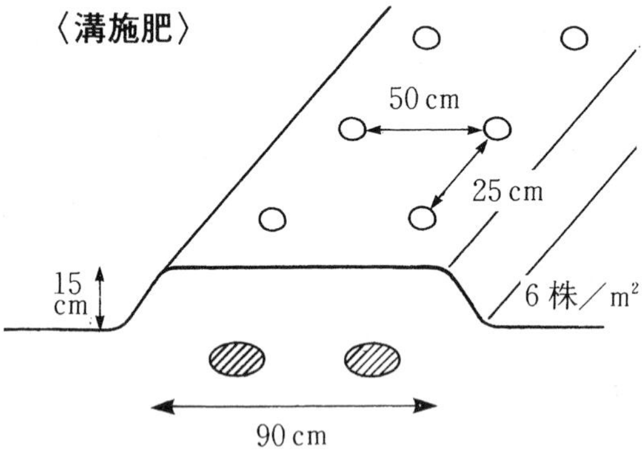

50 cm
25 cm
15 cm
6 株／m²
90 cm

必要な肥料分（g/m²）　チッソ15-リンサン15-カリ15

畑の施肥設計（g/m²）				
	化成派		有機折衷派	
土つくり	堆肥	2,000	堆肥	2,000
	苦土石灰	100	苦土石灰	100
元肥	普通化成	190	油カス	100
			骨粉	50
			魚カス	50
			硫安	20
			硫加	25
追肥	なし		なし	

コンテナの施肥設計（g/10 ℓ）		
容器	大型プランター，肥料袋など 深さ20cm以上	
用土	赤土（黒土）	70〜80％
	腐葉土	20〜30％
	苦土石灰	5g/10 ℓ
元肥	普通化成	19
追肥	なし	

アブラナ科

ダイコン

原産地　中国西部〜コーカサス南部・パレスチナ周辺

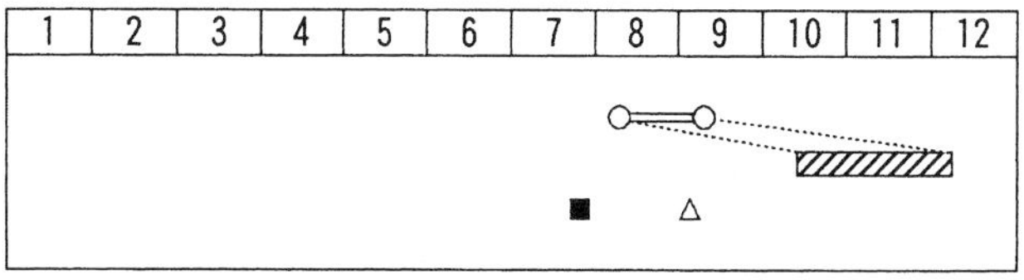
1
2
3
4
5
6
7
8
9
10
11
12

特徴　「ダイコン十耕」といわれるくらい深くこまかく耕すことが重要な野菜。石や土塊や堆肥が直に根にさわるとすぐマタダイコンになる。わりと短期間に大きく育つので元肥を奮発する人が多いが，むしろ元肥を少なくしたほうが肥大も色つやもよくなる。

育て方　春どりなどいろいろできるが，寒さには強いが暑さに弱いので涼しくなる秋どり栽培がいちばんつくりやすい。ただ，あまり早く播種するとヨトウムシなどに食害されるので注意。

ビール瓶の底をウネに押し当て，深さ1cmほどの穴をあけ，ひと穴に4〜5粒ずつタネをまき，覆土してたっぷりかん水する。間引きは，1回目は双葉が開いたとき3株に，2回目は本葉2〜3枚のころ2株に，そして3回目は本葉5〜6枚のころ1株にする。収穫時期は，根部が地上に伸びだしてくるのでわかる。

施肥のポイント　堆肥は，前作に施しておく。多肥せず生育全般にわたって肥料を少しずつ効くようにする。ただし，リンサンは初期から効かせる。石灰類も多過ぎたり直前に入れると肌が荒れるので注意。

畑での作り方　40〜50cmの深さまでよく耕し，図のようにウネを立てる。有機質肥料は2〜3週間前に溝施肥し，土とよくなじませる。追肥は，間引き後1株にしたときに施すとよいが，元肥が有機質のときは遅く効いてくるので生育をみながら判断するしかない。

コンテナでの作り方　容器が大きく深く，用土量が十分のときは，緩効性肥料と普通化成を組み合わせれば，元肥だけでつくれる。

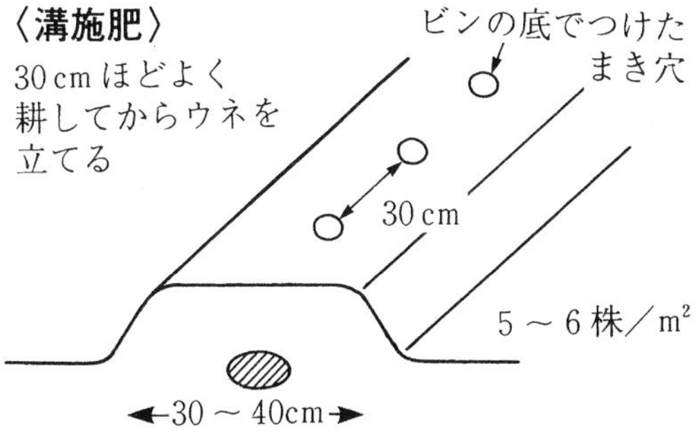
〈溝施肥〉
30cmほどよく
耕してからウネを
立てる
ビンの底でつけた
まき穴
30cm
5〜6株／m²
30〜40cm

必要な肥料分（g/m²）　チッソ20-リンサン20-カリ15

畑の施肥設計（g/m²）				
	化成派		有機折衷派	
土つくり	堆肥	0	堆肥	0
	苦土石灰	50	苦土石灰	50
元肥	普通化成	125	油カス	60
	過石	50	骨粉	70
	硫安	25	魚カス	60
			硫安	20
			硫加	28
追肥	1回目		1回目	
	硫安	25	硫安	25
	硫加	10		

コンテナの施肥設計（g/10 ℓ）		
容器	大型プランター，肥料袋など	
	深さ30cm以上	
用土	赤土（黒土）	80〜90％
	腐葉土	10〜20％
	苦土石灰	少し
元肥	緩効性肥料	12
	過石	2
	普通化成	10
追肥	なし	

タマネギ

ユリ科

原産地　中央アジア

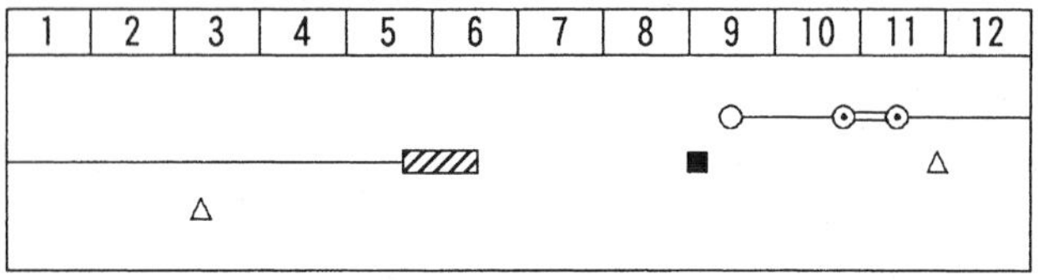

1
2
3
4
5
6
7
8
9
10
11
12

特徴　生育期間がかなり長く，播種から収穫まで8～9カ月かかる。玉は地上で肥大し，根は浅く土中に張る。このため，霜柱が立つような寒さの厳しいところでは冬越しはむずかしい。しかし，土が酸性にならないかぎり連作障害も少なくつくりやすい。

育て方　前年の秋に，育苗して定植する。晩秋に苗を購入してもよい。育苗は，適当な幅の苗床1㎡当たり約1mℓ（本畑20㎡分の苗畑）のタネを均一にバラまき，薄く覆土してかん水する。およそ1カ月半で本畑に定植する。光が十分当たるように余裕をもって植えるのがコツ。密植すると一口サイズのタマネギになる。茎葉が黄色っぽくなり倒伏してきたら収穫する。

施肥のポイント　生育期間が長いわりにそれほど大きく成長せず，肥料の吸収量も多くない。チッソ・リンサン・カリを少しずつバランスよく施すこと。

畑での作り方　元肥を全面に施してよく耕したあと，日当たりを考えて図のように広いウネを立てる。有機質肥料なら早めに施し，土とよくなじませておく。普通化成なら半分を緩効性肥料にかえるとよい。追肥は，定植1カ月後と翌年の3月ごろに施す。有機肥料のときは，3月ころの1回追肥だけでよい。

コンテナでの作り方　元肥に緩効性肥料を使っているため，初期生育が悪いときは，1回目の追肥を早めにする。前年の秋に2回，翌年の春に3回くらい，少しずつ何回にも分けて施す。

〈全層施肥〉

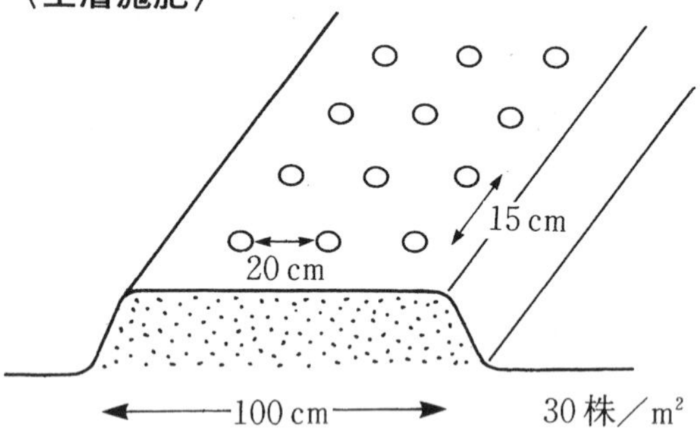

必要な肥料分（g/㎡）　チッソ15-リンサン20-カリ15

畑の施肥設計（g/㎡）				
	化成派		有機折衷派	
土つくり	堆肥	2,000	堆肥	2,000
	苦土石灰	200	苦土石灰	200
元肥	普通化成	35	油カス	60
	過石	80	骨粉	70
			魚カス	60
			硫加	18
追肥	1回目		1回目	
	硫安	25	硫安	25
	硫加	10	硫加	10
	2回目		2回目	
	同上		なし	

コンテナの施肥設計（g/10ℓ）		
容器	標準プランターなど 深さ15cm以上	
用土	赤土（黒土）	70～80％
	腐葉土	20～30％
	苦土石灰	10～15g/10ℓ
元肥	緩効性肥料	10
	過石	5
追肥	植え付け後，普通化成1.5gを1カ月おきに5回ほど施す。凹型の液肥を1週間ごとに与えてもよい。初期生育が悪いときは追肥を早めに。	

アブラナ科

チンゲンサイ

原産地　中国東北部

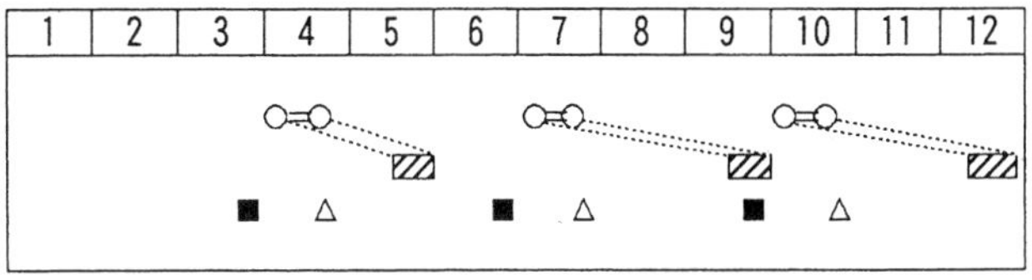

1
2
3
4
5
6
7
8
9
10
11
12

特徴　春まき・夏まき・秋まきなどいくつかの作型があるが，秋まきが病害虫の発生が少なくつくりやすい。いろんな時期につくると，年間で4～5回は収穫を楽しめる。

ビタミンC・カロチン・カルシウムに富み，中国野菜のなかでも最も人気のある野菜。

育て方　バラまきか，10cmほどの間隔ですじまきし，軽く手で鎮圧する（乾燥しにくくなり，発芽しやすい）。本葉5～6枚になるころまでに適宜間引きし，10cmくらいの株間にする。バラまきでは，薄くまくのがコツ。間引き菜も食べれる。

収穫は，春まきで2カ月弱後，夏・秋まきで3カ月弱後，草丈が15cm以上育ってから。いつまでも放っておくと寒さに当たって葉が傷むし，夏は葉が硬くなったり色が悪くなるので，遅くとも25cmまでには収穫する。

施肥のポイント　生育初期から肥料を切らさないように少しずつ効かせると順調に育つ。葉を収穫するのでチッソ肥料が不足するとなかなか伸びなくなる。ふわふわ堆肥を加えて保肥力を高めておくとよい。

畑での作り方　全面全層に施肥し，図のようにウネを立てる。元肥が普通化成なら播種後4週間ほどで追肥すればいいが，有機質肥料では遅く効いてくるので生育をみながら追肥する。ただし，肥えた畑のときは追肥しなくても十分に育つ。

コンテナでの作り方　緩効性肥料と普通化成を組み合わせて元肥にすると，初期生育のうちからゆっくりと確実に効かすことができる。ただし，前作の肥料がまだ残っているときは，普通化成の量を少なめにすること。

〈全層施肥〉

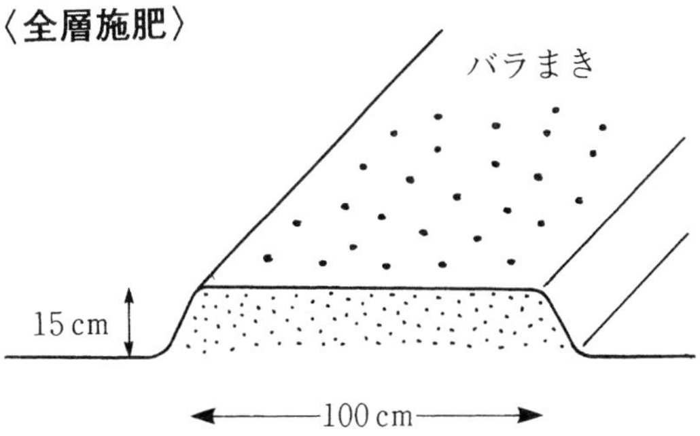

必要な肥料分（g/m²）　チッソ20-リンサン15-カリ15

畑の施肥設計（g/m²）				
	化成派		有機折衷派	
土つくり	堆肥	2,000	堆肥	2,000
	苦土石灰	150	苦土石灰	150
元肥	普通化成	190	油カス	100
			骨粉	50
			魚カス	50
			硫安	20
			硫加	25
追肥	1回目		1回目	
	硫安	25	硫安	25

コンテナの施肥設計（g/10ℓ）		
容器	標準プランターなど	
	深さ15cmほど	
用土	赤土（黒土）	70～80％
	腐葉土	20～30％
	苦土石灰	10g/10ℓ
元肥	緩効性肥料	15
	硫安	2.5
追肥	なし	

ナス科

トマト

原産地　南米アンデス山脈

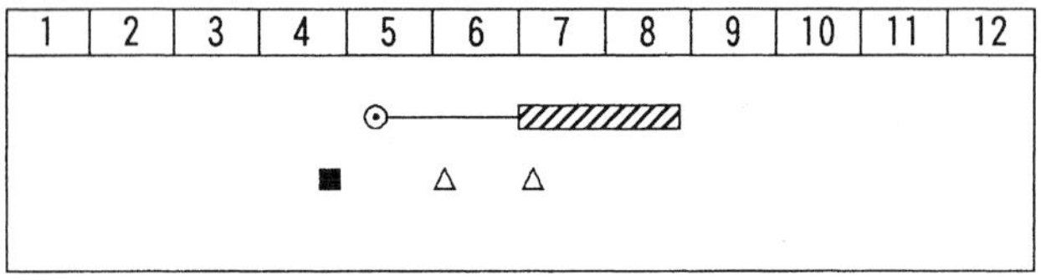

1 2 3 4 5 6 7 8 9 10 11 12

特徴　青枯病•灰色カビ病などの病気にかかりやすく，実どまりが不安定なため，一般的にはむずかしい部類に入る。連作を嫌うので，一度トマトをつくったら3～4年はあける。

育て方　園芸店で苗を買ってきて定植する。本葉7～8枚，1段目の花が咲き始め，緑が濃く茎がエンピツの太さぐらいの苗がよい。

定植後，株を支えるために支柱を立て，ゆったりと誘引する。葉の付け根から出るわき芽は，早めに摘みとる。一つの果房に実がたくさんついた場合は，ピンポン玉くらいのときに摘果して4～5個にする。第1・第2果房の花は止まりにくいのでトマトトーンを花房に散布するとよい。梅雨時はビニールで雨よけすると病気にかかりにくい。また，網をかけると鳥害が防げる。

施肥のポイント　茎葉を伸ばしながら実をつけるので，生育全般をとおして肥料を切らさないようにバランスよく施す。有機質肥料は定植の2～3週間前に施す。チッソが多すぎると茎葉ばかり伸びて実がつきにくい。チッソが少なくリンサンが多過ぎると開花中の花房は実がつきやすいが，茎葉の伸長が悪くなって次に出る花房ができなくなる。

畑での作り方　図のように定植する。植え付けはやや浅植えにする。

コンテナでの作り方　用土量が多いほうがつくりやすい。少ない場合は肥料を何回にも分けて少しずつ施す。

〈溝施肥〉

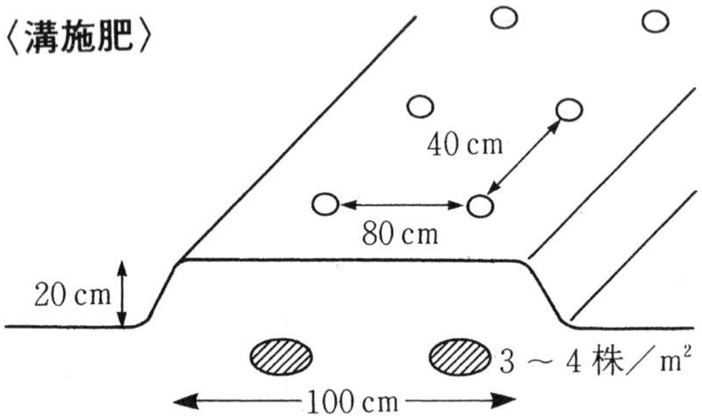

必要な肥料分（g/m²）　チッソ25-リンサン30-カリ25

畑の施肥設計 (g/m²)				
	化成派		有機折衷派	
土つくり	堆肥	2,000	堆肥	2,000
	苦土石灰	200	苦土石灰	200
	(ヨウリン)	(100)	(ヨウリン)	(100)
元肥	高度化成	100	油カス	100
	過石	80	蒸製骨粉	100
			魚カス	100
			硫加	25
追肥	1回目		1回目	
	硫安	25	硫安	25
	硫加	10	硫加	10
	2回目		2回目	
	同上		同上	

コンテナの施肥設計 (g/10 ℓ)		
容器	大型プランター，肥料袋など 深さ20cm以上，10 ℓ以上	
用土	赤土(または黒土)	70～80％
	腐葉土	20～30％
	苦土石灰	10～15g/10 ℓ
元肥	緩効性肥料	25
	過石	8
追肥	普通化成3gを1カ月おきに5回ほど施す。凹型の液肥を1週間ごとに与えてもよい。用土量が少ないときは施用量を減らして，何回もやるように。	

ナス科

ナス

原産地 インド

1	2	3	4	5	6	7	8	9	10	11	12
				⊙━━━▨▨▨▨▨▨▨▨▨▨▨▨
			■		△	△					

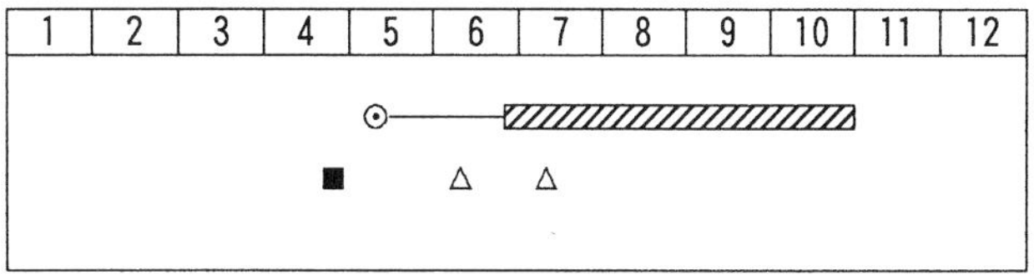

特徴 ナスは果菜類のなかにあって比較的つくりやすい。花さえつけばよく実がなり，栽培期間も長く，夏野菜の王者といえる。

連作を嫌うので同じナス科の野菜を4～5年つくったことのない畑を選ぶ。

育て方 葉が7～8枚，節間のつまったがっしりした蕾の見える苗を選ぶ。低温に弱いため，定植4～5日前に黒マルチをして土を温めておくと活着が早い。株元はまわりよりやや高くして植える。

定植後，支柱を立て，主枝と上部2本のわき芽を残して3本に仕立てる。下から出てくるわき芽は早めに取って風通しをよくする。

過熟すると株に負担がかかるので，長さ10cmほどから収穫する。秋口に3本の枝に葉を2～3枚ずつ残してせん定し，追肥し新芽を吹かせると11月初めまで収穫できる。

施肥のポイント 茎葉を伸ばしながら実をつけていくので生育全般をとおしてチッソ・リンサン・カリをバランスよく施す。ツルボケしにくいので追肥を多くする。ふわふわ堆肥を加えて保肥力・保水力を高めておきたい。

畑での作り方 図のように広いウネを立て，株間は広くとる。元肥は，苗から10cmほど離し，植え穴に早めに施す。なお，初めてつくる畑にはヨウリンを加える。追肥は，定植後1カ月目と2カ月目にする。

コンテナでの作り方 根が深く張るので，30cm以上の深い大きな容器で，肥料を切らさずつくるのがコツ。

〈溝施肥〉

千鳥植えし株をジグザグにする

60cm / 80cm / 15cm / 100cm / 2株/m²

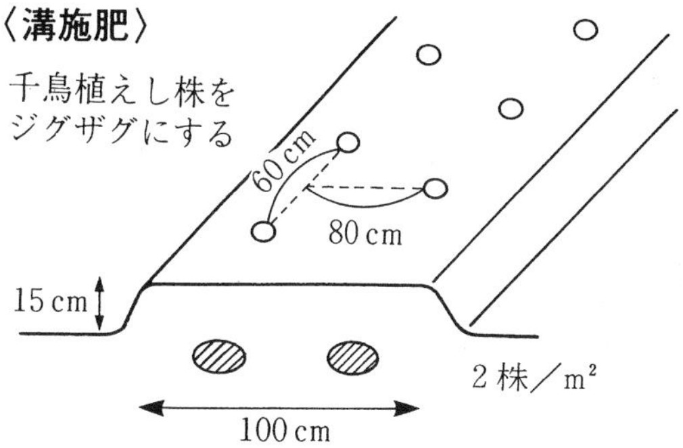

必要な肥料分（g/m²） チッソ25-リンサン30-カリ25

畑 の 施 肥 設 計 （g/m²）				
	化　成　派		有機折衷派	
土つくり	堆　　肥	2,000	堆　　肥	2,000
	苦土石灰	200	苦土石灰	200
元肥	高度化成	100	油　カ　ス	100
	過　　石	80	蒸製骨粉	100
			魚　カ　ス	100
			硫　　加	25
追肥	1　回　目		1　回　目	
	硫　　安	25	硫　　安	25
	硫　　加	10	硫　　加	10
	2　回　目		2　回　目	
	同　　上		同　　上	

コンテナの施肥設計（g/10ℓ）	
容器	大型プランター，肥料袋など深さ30cm，10ℓ以上
用土	赤土（黒土）　70～80％
	腐　葉　土　20～30％
	苦土石灰　10～15g/10ℓ
元肥	緩効性肥料　25
	過　石　8
追肥	普通化成3gを1カ月おきに5回ほど施す。凹型の液肥を1週間ごとに与えてもよい。用土量が小さいときは施用量を少なくして，何回もやるように。

ニ　ラ

ユリ科

原産地　東南アジア，中国，日本

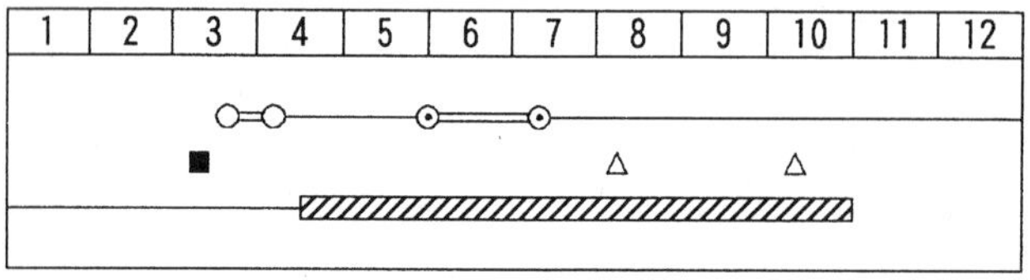

1 2 3 4 5 6 7 8 9 10 11 12

特徴　非常に生育期間の長い多年草で，一度植えておけば，3～4年は収穫を続けられる。根元に白いふくらみがあり，この部分に養分を蓄積する。寒さに強く，真冬には休眠状態で越冬し，春に温暖になると新芽が次々と吹いてくる。畑の境やトマト，ナスのウネに間作するのもよい。

育て方　春に苗床にタネをまき，6～7月に定植する。苗は2～3枚に分げつしたものを4～5株まとめ，植え溝を10cmくらい深くして深植えする。こうして植えると根元に養分がよく蓄積し葉の再生がよい。

草丈が20cmほどに伸びたら，地際から刈りとる。6月以降はとう立ちするから，刈りとってまた伸びてくる葉を収穫する。4～10月の間に，春・夏・秋どりが可能。

施肥のポイント　作期が長いので，植付け前にふわふわ堆肥を十分入れておく。

葉を収穫するが，チッソ・リンサン・カリをバランスよく施す。7～8月にとう立ちしたら早めに刈りとる。刈りとり後はチッソ肥料を少し施して勢いをつけるとよい。

畑での作り方　図のようにウネを立て，元肥は溝施肥する。化成派では，定植から2カ月前後と4カ月前後に追肥する。有機折衷派では，生育をみながら追肥の判断をするが，数回に分けて施してもよい。

コンテナでの作り方　肥やけしないように少しずつ何回も追肥する。刈りとったあとは普通化成か液肥を施し生育を促進する。

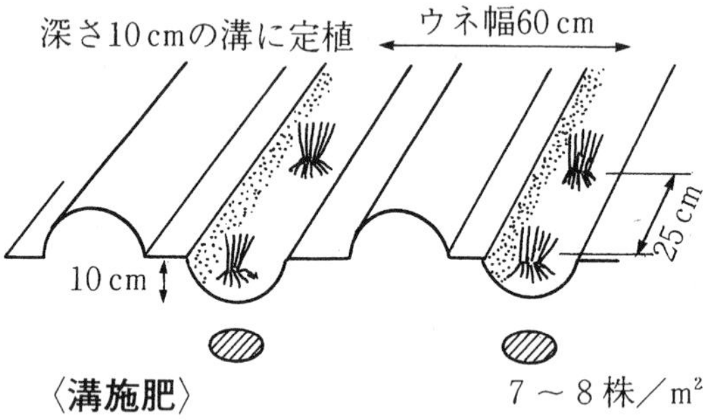

深さ10cmの溝に定植
ウネ幅60cm
25cm
10cm
〈溝施肥〉
7～8株／m²

必要な肥料分（g/m²）　チッソ20-リンサン20-カリ15

畑の施肥設計（g/m²）				
	化成派		有機折衷派	
土つくり	堆肥	2,000	堆肥	2,000
	苦土石灰	200	苦土石灰	200
元肥	普通化成	125	油カス	100
	過石	50	骨粉	60
			魚カス	100
			硫加	18
追肥	1回目		1回目	
	硫安	25	硫安	25
	硫加	10	硫加	10
	2回目		2回目	
	硫安	25	なし	

コンテナの施肥設計（g/10 ℓ）		
容器	標準プランターなど 深さ15cm以上	
用土	赤土（黒土）	70～80％
	腐葉土	20～30％
	苦土石灰	10～15g/10 ℓ
元肥	緩効性肥料	10
	過石	5
追肥	普通化成3gを1カ月ごとに5回ほど施す。凹型の液肥を1週間ごとに与えてもよい。	

セリ科

ニンジン

原産地　東洋種─アフガニスタン～インド
　　　　西洋種─ヨーロッパ

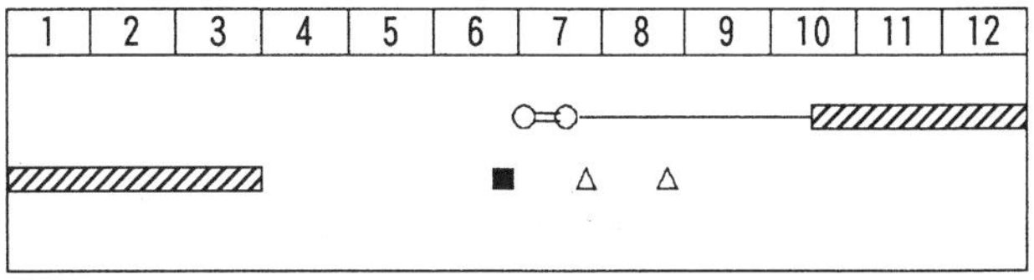

特徴　肥料効率が悪く，一定の肥料濃度に達しないとなかなか吸収し始めない。食い残す肥料分も多い。初期生育が大変に緩慢で，播種後70日まではそう肥大せず，その後急速に肥大する。センチュウがいると根コブや肌荒れするので，そのような畑ではマリーゴールドをいっしょに植えるとよい。

育て方　7月上中旬に直まきで育てる。乾燥すると発芽しにくいのでよく鎮圧し，ワラなどをかけておくとよい。発芽後の生育が緩慢なので，雑草に負けないよう除草をこまめにやる。間引きは，1回目は本葉2～3枚，2回目は本葉5～6枚のときに行ない，株間を10～15cmにする。

収穫が遅れてもダイコンのようにスが入らないので，10月中旬から春先まで少しずつ収穫できる。

施肥のポイント　肥料の吸収量はそれほど旺盛でないが肥料はいる。追肥は，根の肥大をよくするため間引きするときに施す。

畑の作り方　乾燥や肥料切れを嫌うので，堆肥は，前作に十分施しておくか，播種する2カ月以上前に1m²に1kgほど堆肥を播種床の下に溝状に入れる。

コンテナでの作り方　30cm以上の深い容器にまき，追肥は何回にも分けて施したほうがよい。乾燥を嫌うのでこまめにかん水する。

〈全層施肥〉

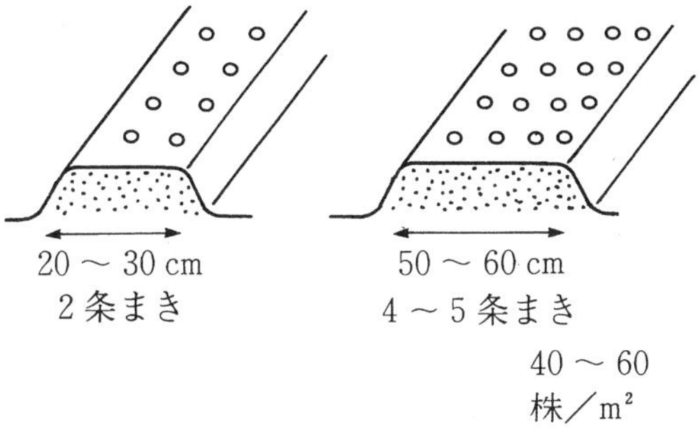

必要な肥料分（g/m²）　チッソ20-リンサン25-カリ20

畑の施肥設計（g/m²）	化成派		有機折衷派	
土つくり	堆肥	0	堆肥	0
	苦土石灰	150	苦土石灰	150
元肥	普通化成	125	油カス	50
	過石	75	骨粉	100
			魚カス	50
			硫安	25
			硫加	30
追肥	1回目		1回目	
	硫安	25	硫安	25
	硫加	10	硫加	10
	2回目		2回目	
	同上		なし	

コンテナの施肥設計（g/10ℓ）		
容器	大型プランター，肥料袋など 深さ30cm以上	
用土	赤土（黒土）	80～90％
	腐葉土	10～20％
	苦土石灰	10g/10ℓ
元肥	普通化成	13
	過石	8
追肥	普通化成3gを1カ月おきに4回ほど施す。凹型の液肥を1週間ごとに与えてもよい。	

ユリ科

ネ　　ギ

原産地　中国西部地区

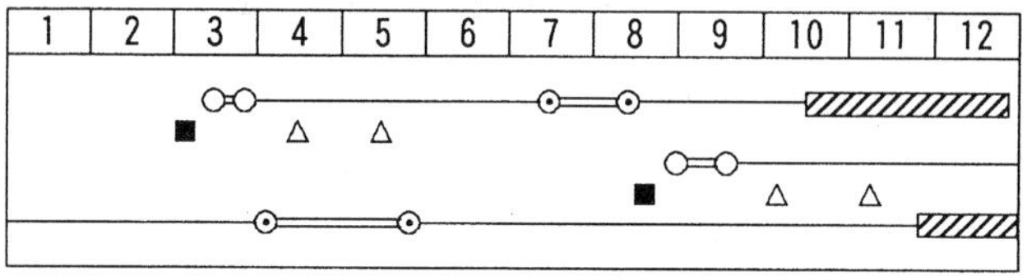
1 2 3 4 5 6 7 8 9 10 11 12

特徴　白い部分の多い根深ネギと葉ネギとがある（葉ネギの作り方はワケギの項を参照）。根深ネギは少しずつ土を寄せて太く長く育てる。ネギの根は，大変酸素を好む。ネギは連作ができ，ウリ類やトマトの間に数株植えておくと土壌病害が防げる。

育て方　根深ネギは直まきすると太く長くならない。苗を移植すれば根も強くなる。苗はタマネギの苗と同じ要領でつくるか，園芸店で買うとよい。

図のような深い溝を掘り，溝の壁に立て掛けるようにして苗を並べる。壁が柔らかいと土が崩れやすいので，1～2カ月前に耕しておくとよい。根が酸素不足にならないよう最初は少しだけ土をかける。そして，生育に合わせて青い葉の付け根部分まで3～4回ほど土寄せする。

収穫期間は長いが，春になるとネギ坊主が出て固くなるので，収穫はその前にする。

施肥のポイント　生育期間は長いが，肥料の吸収量はそれほど多くない。チッソ・リンサン・カリをバランスよく切らさないように施す。カリをやり過ぎると固くなりやすい。

畑での作り方　追肥は定植後1カ月おきにやる。有機折衷派では，元肥が遅く効いてくるので，追肥は定植2～3週間後にする。

コンテナでの作り方　根深ネギはかなりの深さの容器がないとむずかしい。葉ネギを直まきで育てるほうがいい（葉ネギの作り方はワケギとほぼ同じでよい）。

〈溝施肥〉

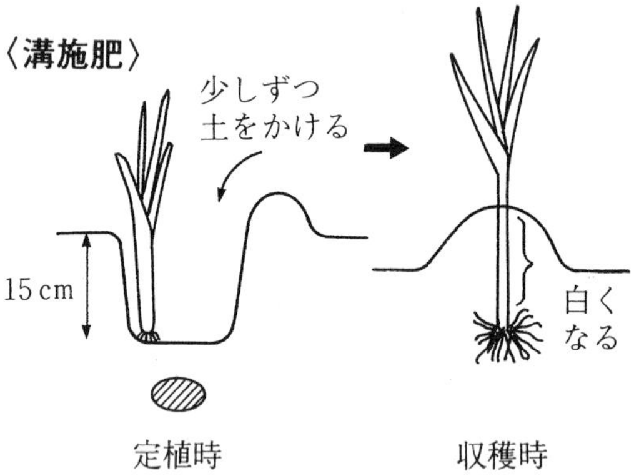

必要な肥料分（g/㎡）　チッソ20-リンサン20-カリ15

畑の施肥設計（g/㎡）					
	化成派		有機折衷派		
土つくり	堆　肥	2,000	堆　肥	2,000
	苦土石灰	200	苦土石灰	200
元肥	普通化成	125	油カス	60
	過　石	50	骨　粉	70
			魚カス	60
			硫　加	18
追肥	1回目		1回目	
	硫　安	25	硫　安	20
	硫　加	5	硫　加	10
	2回目		2回目	
	同　上		な　し	

コンテナの施肥設計（g/10 ℓ）		
容器	大型プランター，肥料袋など 深さ30cm以上	
用土	赤土（黒土）	70～80％
	腐葉土	20～30％
	苦土石灰	10～15g/10 ℓ
元肥	緩効性肥料	10
	過　石	5
追肥	普通化成3gを1カ月おきに5回ほど施す。凹型の液肥を1週間ごとに与えてもよい。	

ハクサイ

アブラナ科

原産地　中国華北

	1	2	3	4	5	6	7	8	9	10	11	12
								○			//////	
							■		△	△		

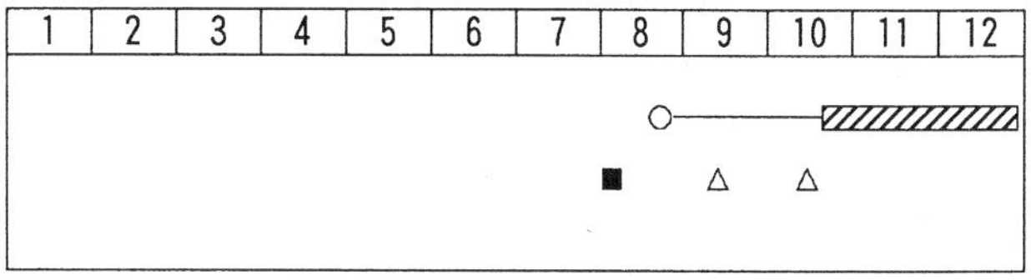

特徴　品種によって，結球が早いものとやや遅いものなどいろいろある。完全に大きく結球させるには，株間を広くし外葉を大きくつくるのがコツ。

また，苗の根鉢が少しでも崩れると活着しにくいため，キャベツと違いハクサイは移植には向かない。

育て方　いくぶん遅まきになるが，涼しくなる8月下旬～9月上旬に播種して寒くなる時期に結球させるとつくりやすい。あまり早く播種すると夏の暑さにぶつかり病気や害虫にやられやすくなる。

播種後，葉がふれあうほどに混みあってきたら間引きする。1回目は本葉2～3枚のとき2株とし，2回目は本葉7～8枚のとき1株にする。間引きしたものは，ベカナと同じように食べられる。

外葉がめくれて葉色が淡緑になり，頭部を押してみて硬く手ごたえがあれば収穫できる。

施肥のポイント　わりあいに吸肥力が強いので，肥料を切らさないようにチッソ・リンサン・カリをバランスよく施す。肥料吸収力の強い作物だから，初期生育をよくして大きな外葉をつくることがポイント。

畑での作り方　広いウネを立て（ブロッコリーの項参照），元肥は溝施肥する。有機質肥料なら播種日の2～3週間前には施して早く効くようにする。

2回目の間引きを終えた本葉7～8枚のころに1回目の追肥をする。結球し始めたら2回目の追肥をする。

コンテナでの作り方　緩効性肥料の効き方が悪く，初期生育に勢いがないときは，1回目の追肥を早めにする。

必要な肥料分（g/m²）　チッソ25-リンサン25-カリ20

	畑の施肥設計　（g/m²）			
	化　成　派		有　機　折　衷　派	
土つくり	堆　肥	2,000	堆　肥	2,000
	苦土石灰	200	苦土石灰	200
元肥	高度化成	100	油　カ　ス	80
	過　石	60	骨　粉	80
			魚　カ　ス	100
			硫　安	25
			硫　加	25
追肥	1　回　目		1　回　目	
	硫　安	25	硫　安	25
	硫　加	10	硫　加	10
	2　回　目		2　回　目	
	硫　安	25	な　し	

	コンテナの施肥設計（g/株）
容器	大型プランター，肥料袋など　1株だけなら9～10号鉢でも可
用土	赤土（黒土）　70～80％　腐葉土　20～30％　苦土石灰　10～15g/10ℓ
元肥	緩効性肥料　12　過　石　5
追肥	植え付け4週間後から，普通化成2.5gを1カ月おきに5回ほど施す。凹型の液肥を1週間ごとに与えてもよい。初期生育が悪いときは1回目の追肥は早めに。

セリ科

パセリ

原産地　地中海沿岸

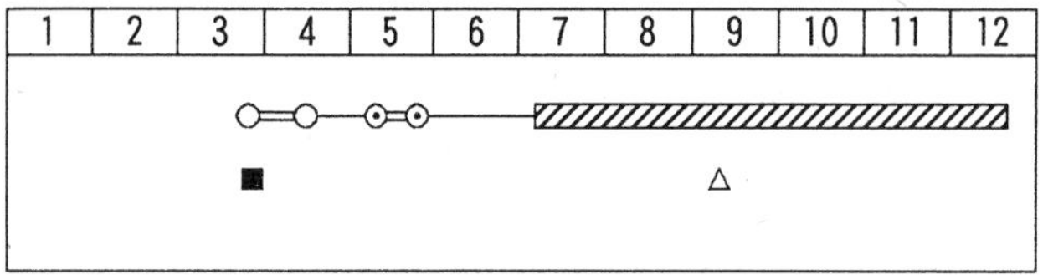

1 2 3 4 5 6 7 8 9 10 11 12

特徴　生育期間が長いセリ科の多年草。直まきでもよいが，発芽しにくいので育苗して移植したほうが確実。寒さに強いが暑さ・乾燥には弱い。

香りが強くビタミンCやカルシウムが豊富で狭い場所でもつくりやすい。

育て方　育苗は浅い育苗箱を使い，篩をかけた細かい土を床土にする。タネは一昼夜水に浸して発芽しやすくし薄くバラまく。タネが見えなくなる程度に薄く覆土し，かん水後発芽するまで新聞紙をかぶせておくと，発芽しやすい。直根性なので早めに本葉2枚くらいで3号のビニールポットに移植する。そして，本葉5～6枚で本畑に植える。

本葉10～15枚になるころから，完全にカールしたわき芽を，葉の付け根から少しずつかきとるように収穫する。

なお，直まきのときは，ひと穴に4～5粒まき，本葉5～6枚で間引きする。

施肥のポイント　生育期間が長く次々と葉を収穫するので，肥料をバランスよく，とくにチッソを切らさないようにする。梅雨期には病気になりやすく，夏の暑さにも弱いので，条間に敷ワラなどをするとよい。

畑での作り方　元肥を前面全層に施し，図のようにウネを立てる。有機質肥料は2～3週間前には施す。追肥は葉色が落ち始めたら施す。

コンテナでの作り方　株の勢いを見ながらこまめに追肥する。

〈全層施肥〉

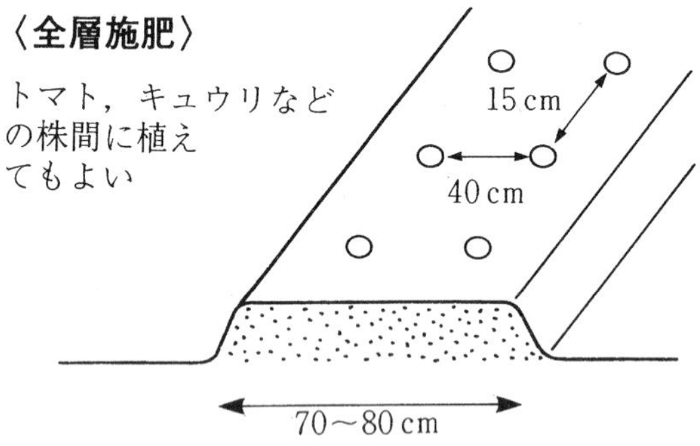

トマト，キュウリなどの株間に植えてもよい
15cm
40cm
70～80cm

必要な肥料分（g/㎡）　チッソ20-リンサン15-カリ15

畑の施肥設計（g/㎡）	化成派		有機折衷派	
土つくり	堆肥	2,000	堆肥	2,000
	苦土石灰	150	苦土石灰	150
元肥	普通化成	190	油カス	100
			骨粉	50
			魚カス	50
			硫安	20
			硫加	25
追肥	1回目		1回目	
	硫安	25	硫安	20

コンテナの施肥設計（g/10ℓ）		
容器	標準プランターなど 深さ15cm以上	
用土	赤土（黒土）	70～80％
	腐葉土	20～30％
	苦土石灰	10g/10ℓ
元肥	緩効性肥料	14
	過石	2
追肥	普通化成3gを1カ月おきに2回ほど施す。凹型の液肥を1週間ごとに与えてもよい。収穫しながら生育させるので，肥料切れに注意。	

ナス科

ピーマン

原産地　南アメリカ

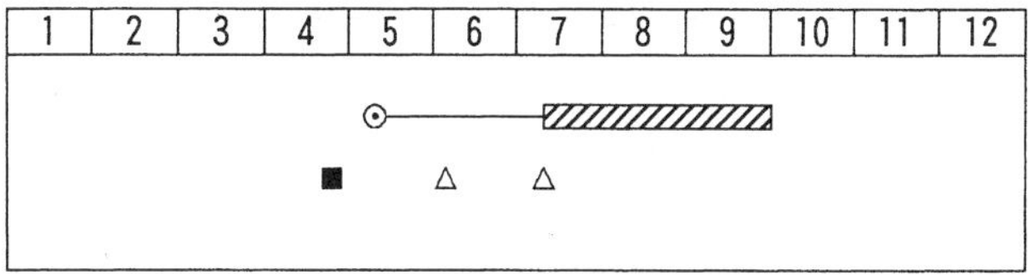
1
2
3
4
5
6
7
8
9
10
11
12

特徴　トウガラシやシシトウと同じ仲間で，低温には弱いが高温には強い。アブラムシが媒介する萎縮病（ウイルス病）にかかりやすいが，それを防げばつくりやすく長く収穫できる。

連作障害が出やすいので，ナス・トマト・ジャガイモなど同じナス科を4～5年つくったことがない畑に植えたい。

育て方　高温管理ができないと育苗はむずかしいので，苗は購入したほうがよい。本葉7～8枚，緑が濃く，茎が太い苗がよい。根鉢を崩さないように植える。寒冷地では地温が上がる5月中旬以降にする。定植後，支柱を立て誘引する。根が浅く張るので乾燥を防ぎ，ウイルスを運ぶアブラムシに注意。整枝は放任でよい。開花15～20日目から収穫できる。あまり遅れると赤い成熟果になる。

施肥のポイント　茎葉を伸ばしながら次々と実をつけていくので，生育全般をとおして肥料を切らさないようにする。実がよくなるように初期からリンサンをよく効かす。チッソを十分効かせても花や実がつかなくなることはないので，追肥を欠かさないように。

畑での作り方　初めての畑にはヨウリンをすき込む。図のようにウネを立て，元肥は植え穴か溝施用する。有機質肥料は早めに施し，土になじませておく。化成肥料の場合は，定植後1カ月目と2カ月目に2回追肥する。

コンテナでの作り方　用土量が少ないときは，追肥回数をふやす。元肥がなかなか効いてこないときは，1回目の追肥を早めにする。

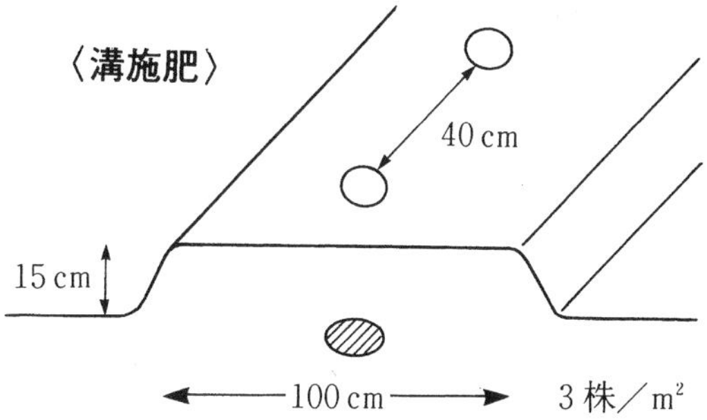

必要な肥料分（g/m²）　チッソ25-リンサン30-カリ20

畑の施肥設計（g/m²）	化成派		有機折衷派	
土つくり	堆肥	2,000	堆肥	2,000
	苦土石灰	200	苦土石灰	200
元肥	高度化成	100	油カス	100
	過石	80	蒸製骨粉	100
			魚カス	100
			硫加	25
追肥	1回目		1回目	
	硫安	25	硫安	25
	硫加	10	硫加	10
	2回目		2回目	
	硫安	25	硫安	25

コンテナの施肥設計（g/10 ℓ）		
容器	大型プランター，肥料袋など 深さ20cm以上，10 ℓ以上	
用土	赤土（黒土）	70～80％
	腐葉土	20～30％
	苦土石灰	10g/10 ℓ
元肥	緩効性肥料	16
	過石	8
追肥	普通化成2.5gを3～4週間ごとに4回ほど施す。凹型の液肥を1週間ごとに与えてもよい。初期生育が悪いときは追肥を早めに。	

アブラナ科

ブロッコリー

原産地　ヨーロッパ西部沿岸

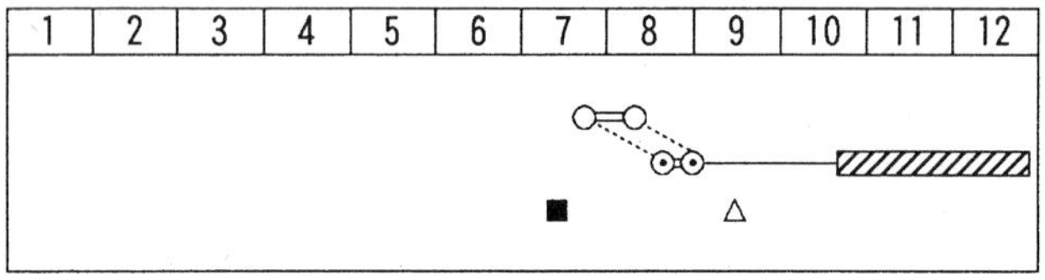
1
2
3
4
5
6
7
8
9
10
11
12

特徴　低温にあうと花芽が分化して，青い蕾をつける。この花蕾を収穫する。2～3日収穫適期をのがすと花蕾粒が大きくなり，食べごろの時期をいっする。1年中出回っているが，旬は，秋から冬。中心の花蕾収穫後，わきから出る小花蕾も食べられる。

育て方　夏場に育苗して10月下旬に収穫する秋どりが，つくりやすい。夏の暑い時期は生育は緩慢だが，秋ごろからぐんぐん育ち始め，もうその時期は17℃以下の低温になるため早生種のものから花芽をつける。

苗つくりは，まず栽培する時期に適した品種を選び，育苗箱にばらまきする。そして本葉1～2枚のころ移植床に12～15cm間隔で仮植する。早生で5～6枚，中生で6～7枚になったら本畑に植え付ける。こうして移植をくり返したほうが生育が速い。

施肥のポイント　生育全般をとおして肥料は必要だが，リンサン不足のときや，初期にチッソが効き過ぎると茎葉ばかりが大きくなって，花蕾ができにくい。前作のチッソ肥料が残っている場合は元肥を少なくする。

畑での作り方　図のようにウネを立て，元肥は溝施肥する。有機質肥料は定植の2～3週間前に根が伸びる下のほうに施しておく。株の成長をみながら定植後1カ月前後で追肥する。成長が旺盛なときは量を減らすか，もう少し時期をずらす。とくに有機質肥料は肥効が遅いので，生育をみながら追肥する。

コンテナでの作り方　用土量が少ないときは，1回分の施用量を減らして，追肥回数をふやす。茎葉が伸び過ぎたら施用量を少なくすること。

〈溝施肥〉

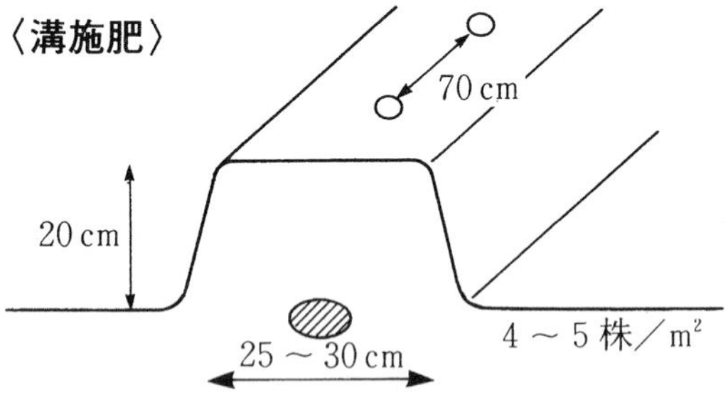

必要な肥料分（g/m²）　チッソ20-リンサン20-カリ20

畑の施肥設計（g/m²）				
	化成派		有機折衷派	
土つくり	堆肥	2,000	堆肥	2,000
	苦土石灰	200	苦土石灰	200
元肥	普通化成	125	油カス	60
	過石	50	骨粉	70
			魚カス	60
			硫加	25
追肥	1回目		1回目	
	硫安	50	硫安	45
	硫加	20	硫加	20

コンテナの施肥設計（g/10 ℓ）		
容器	大型プランター，肥料袋など 深さ20cmほど	
用土	赤土（黒土）	70～80％
	腐葉土	20～30％
	苦土石灰	10～15g/10 ℓ
元肥	緩効性肥料	13
	過石	10
追肥	普通化成6gを3～4週間おきに3回ほど施す。凹型の液肥を1週間おきに与えてもよい。用土量が少ないときは1回分の施用量を少なくし，回数をふやす。	

アカザ科

ホウレンソウ

原産地　西南アジア

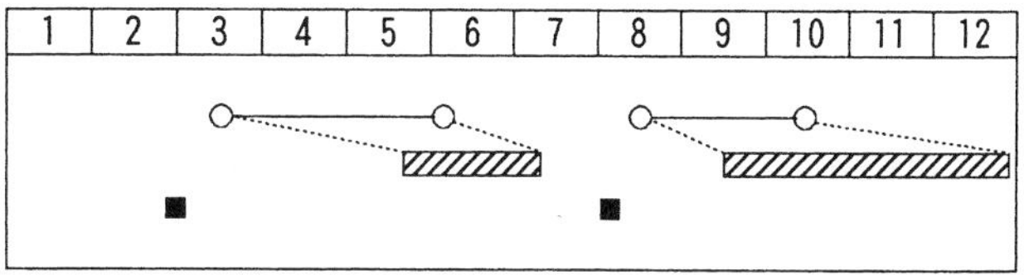

1 2 3 4 5 6 7 8 9 10 11 12

特徴　タネの周りに発芽を抑制する物質が多く含まれているため，発芽しにくい。

寒さには強いが暑さや乾燥に弱く，真夏にはつくりにくい。また中性の土壌を好み，pH5以下だと発芽しにくく，発芽しても生育が悪い。

葉を食すのが普通だが，とう立ちしたころの若くて柔らかい茎も，最高に旨い。

育て方　高温で日長が長くなるととう立ちする。5～7月ごろにタネまきすると小さいうちにとう立ちしてしまうので避ける。夏の終盤からタネまきするのがいちばんいい。次第に涼しくなるし，病害虫の心配も少ない。

タネは，一昼夜水に浸してからまく。まいたあと鎮圧し，十分湿るようにかん水しないと発芽揃いが悪い。本葉4～5枚ころに葉の込んでいるところから間引きする。草丈20cmくらいに大きく育ったものから収穫する。

施肥のポイント　葉を収穫するので，初期生育からチッソ分を切らさないようにする。元肥だけでよいが，多肥しないように肥料が少しずつ効くようにすることがコツ。ふわふわ堆肥を十分すき込んでおきたい。また，苦土石灰で酸度を整えておくこと。

畑での作り方　全面全層に施肥して，図のようにウネを立てる。有機質肥料なら早く効くように播種日の2～3週間前にすき込んでおくか，ウネの5～10cm下層に埋めておく。

コンテナでの作り方　肥効を長続きさせるために，普通化成の一部を緩効性肥料にしてもよい。用土量が少ないときは一度に施すと過剰になるので，元肥を減らし追肥にまわす。

〈全層施肥〉

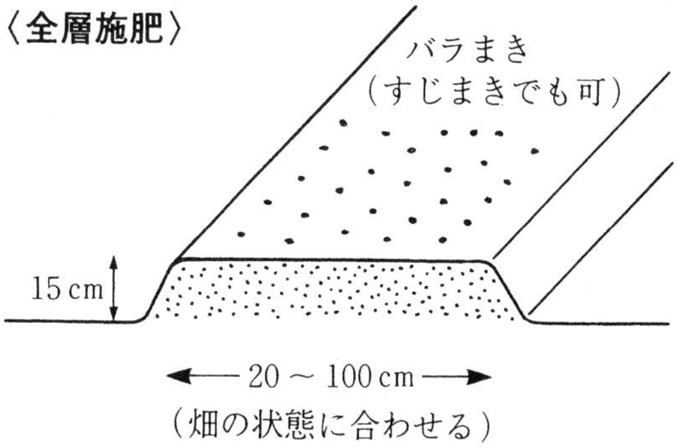

必要な肥料分（g/㎡）チッソ20-リンサン15-カリ15

畑の施肥設計（g/㎡）				
	化成派		有機折衷派	
土つくり	堆肥	2,000	堆肥	2,000
	苦土石灰	250	苦土石灰	250
元肥	普通化成	190	油カス	100
	過石	20	骨粉	50
			魚カス	50
			硫安	40
			硫加	25
追肥	なし		なし	

コンテナの施肥設計（g/10 ℓ）		
容器	標準プランター 深さ15cmほどで，広いもの	
用土	赤土（黒土）	70～80％
	腐葉土	20～30％
	苦土石灰	15g/10 ℓ
元肥	普通化成	19
	硫安	2
追肥	なし	

アブラナ科

ラディッシュ

原産地　ヨーロッパ

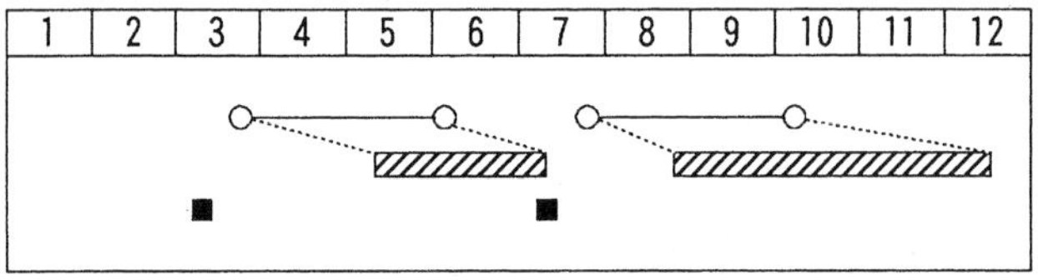
1 2 3 4 5 6 7 8 9 10 11 12

特徴　二十日大根といわれ，短期間で育ち，コンテナ栽培でもつくりやすい。7，8月の盛夏をのぞけば，3月下旬から10月下旬ごろまでほぼ一年中タネまきできる。6月か9月ごろに播種すれば，その名のとおり，20日ちょっとで収穫できる。やや肌寒い早春や秋になると30～40日かかる。丸型で濃い赤色が濃く葉色が濃くしっかりしたものがよい。ちょっとした空間で播種時期をずらして何回もまけば，長期間楽しめる。

育て方　丸型のものがよいが，株間が狭すぎたり真夏の高温期に播種すると，細長く不恰好なものになる。やはり春か秋まきのほうがよい。

根の直径が2cmほどになったものから順番に間引きしながら収穫する。あまり遅れると割れたり，ス入りするので注意。

施肥のポイント　生育期間が短いため，肥料は元肥だけで十分。ただ発芽後，肥料が切れめなく効くようにしたい。緩効性肥料や有機質肥料も早めに施し，発芽と同時に快調な生育をさせる。畑では前作の肥料が残っている場合が多く，元肥もいらないことがある。

畑での作り方　図のようにウネを立てる。ウネ幅は自由でよい。堆肥は完熟したふわふわ堆肥を早めに施すか，前作に入れてある場合は必要ない。元肥中心で追肥はしない。

コンテナでの作り方　用土量が少なくても，小さな浅いプランターでもできる。あまり厚まきすると形が悪くなるので薄まきにし，早めに間引きしながら育てる。

〈全層施肥〉

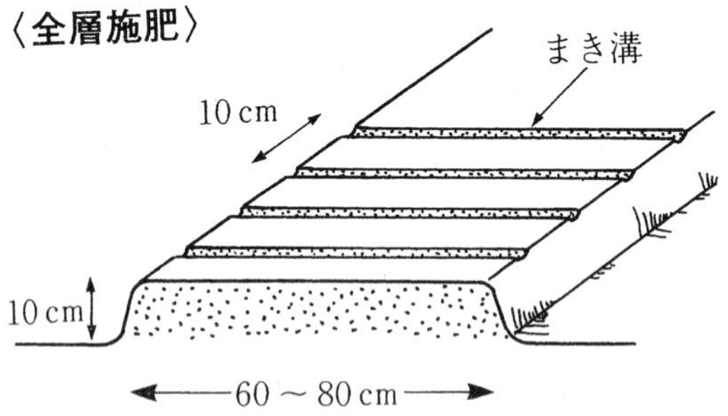

必要な肥料分（g/m²）　チッソ15-リンサン15-カリ15

畑の施肥設計　(g/m²)	化成派		有機折衷派	
土つくり	堆肥	1,000	堆肥	1,000
	苦土石灰	100	苦土石灰	100
元肥	普通化成	190	油カス	100
			骨粉	50
			魚カス	50
			硫安	20
			硫加	25
追肥	なし		なし	

コンテナの施肥設計（g/10 ℓ）		
容器	標準プランターなど 深さ10cm以上	
用土	赤土（黒土）	70～80％
	腐葉土	20～30％
	苦土石灰	5g/10 ℓ
元肥	普通化成	19
追肥	なし	

キク科

レタス

原産地 ヨーロッパ

1	2	3	4	5	6	7	8	9	10	11	12
							○—⊙———//////
						■		△			

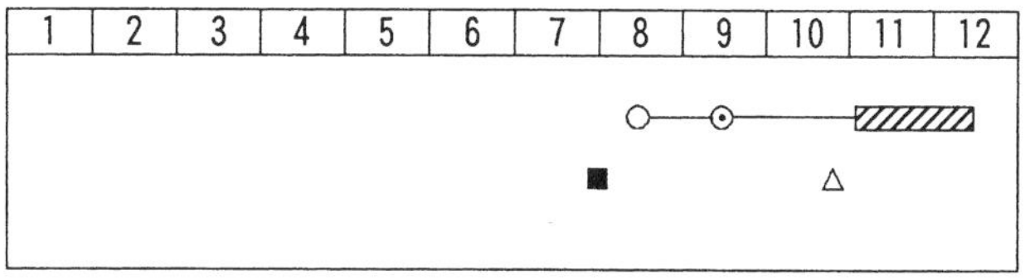

特徴 春まき夏どりと夏まき晩秋どりとがあるが，暑さや乾燥に弱いので，8月中旬にまいて11月上旬から12月中旬に収穫する夏まき晩秋どりがつくりやすい。土質はほとんど気にしなくてもよいが，保水力のある畑ならつくりやすい。

育て方 平床か木箱に，5～6cmほどの間隔ですじまきする。ごく小さなタネで発芽しにくいため，播種後は軽く覆土したっぷりかん水する。間引きして本葉4～5枚で本畑に植える。定植後50～60日，8割がたゆるく結球したら収穫する。収穫が遅れると固くしまり葉色がうすくなる。

施肥のポイント 葉を収穫する作物だが，チッソ・リンサン・カリをバランスよく施さないとうまく育たない。外葉をある程度大きくしないと結球しないが，元肥をやり過ぎ外葉をあまりに大きくしても結球しにくくなる。酸性を嫌うので石灰類も適量施しpHを矯正しておく。また，保肥力・保水力を高めるため，砂地では全体にふかふか堆肥を十分すき込んでおく。過リン酸石灰をうまく効かせると，おいしいものができる。

畑での作り方 元肥を全面全層にすき込んで図のようにウネを立てる。有機質肥料は早めに施しておくこと。結球し始めたときに1回だけ追肥する。元肥が有機質肥料のときは，肥効の出方が遅い場合がある。追肥は生育をみて判断する。

コンテナでの作り方 用土量が少ないときは元肥を一度にやらず，こまかく何回にも分けて追肥する。

〈全層施肥〉 40～50cm / 25cm / 15cm / 60～70cm / 12～15株/m²

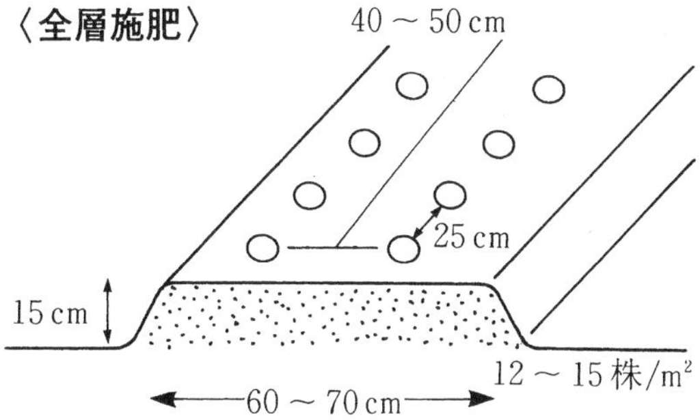

必要な肥料分（g/m²） チッソ20-リンサン15-カリ15

畑の施肥設計（g/m²）			
	化成派		有機折衷派	
土つくり	堆肥	2,000	堆肥	2,000
	苦土石灰	200	苦土石灰	200
元肥	普通化成	190	油カス	100
			骨粉	50
			魚カス	50
			硫安	20
			硫加	25
追肥	1回目		1回目	
	硫安	25	硫安	20

コンテナの施肥設計（g/10ℓ）	
容器	標準プランターなど 深さ15cmほど
用土	赤土（黒土） 70～80％
	腐葉土 20～30％
	苦土石灰 10～15g/10ℓ
元肥	緩効性肥料 10
	普通化成 6
追肥	結球がはじまるころ，普通化成2.5gを1カ月おきに3回ほど施す。凹型の液肥を1週間ごとに与えてもよい。

ユリ科

ワケギ

原産地　日本

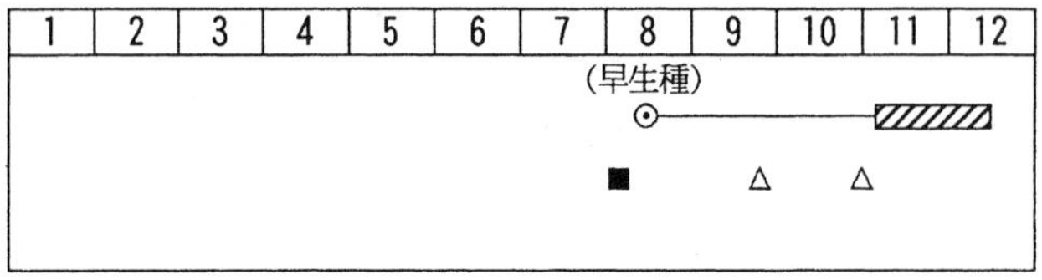

特徴　ネギの仲間で，よく株分かれするところからワケギと呼ばれている。ネギより葉が細かくてやわららかい。香りもネギより強いので，よく薬味として使われることが多い。

畑の片隅にちょっと植えておけば，土が乾燥しても容易に育つ。しかし過湿になると病気が出やすいので，水はけをよくしたい。

育て方　タネができないので園芸店などでタネ球を買って植え付ける。白い根が多く，葉がすっとまっすぐ立っている苗がよい。

よく株分かれさせるには，日当たりのよい場所に株間55～60cmと広い間隔で植えること。また，根は酸素を好み浅くしか張らないので，必ず浅く植える。深く植えると株分かれしにくい。土寄せも必要ない。

十分株分かれして葉がやわらかくなってきたら収穫適期（定植後3～4カ月)。

施肥のポイント　生育期間は長いが，肥料の吸収量はそれほど多くない。チッソ・リンサン・カリをバランスよく施す。ケイ酸やカリ肥料をやり過ぎると葉が固くなるので注意。

畑での作り方　水はけをよくし，図のようにウネを立て，元肥は溝施肥する。化成派では，定植後50日前後とその1カ月後に追肥をする。

コンテナでの作り方　深い容器よりも広い容器を使ったほうがよくできる。生育期間が長いので，追肥は生育のようすをみながらする。初期生育が悪ければ，1回目の追肥を早めにする。

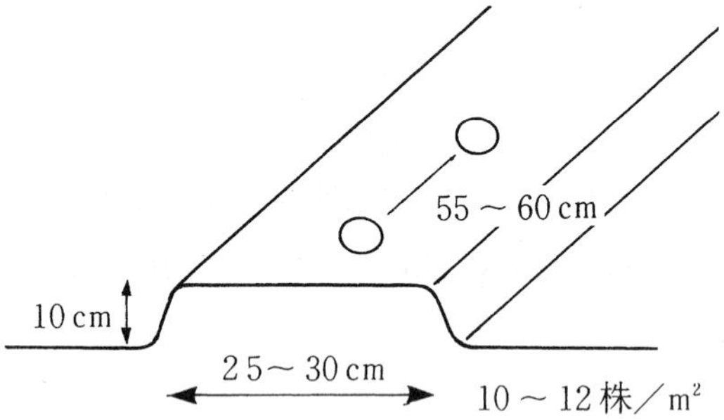

必要な肥料分（g/m²）　チッソ20-リンサン20-カリ15

畑の施肥設計 (g/m²)	化成派		有機折衷派	
土つくり	堆肥	2,000	堆肥	2,000
	苦土石灰	200	苦土石灰	200
元肥	普通化成	125	油カス	100
	過石	50	骨粉	60
			魚カス	100
			硫加	18
追肥	1回目		1回目	
	硫安	25	硫安	25
	硫加	10	硫加	10
	2回目		2回目	
	硫安	25	なし	

コンテナの施肥設計（g/10ℓ）		
容器	標準プランターなど 深さ15cm以上	
用土	赤土（黒土）	70～80％
	腐葉土	20～30％
	苦土石灰	10～15g/10ℓ
元肥	緩効性肥料	10
	ヨウリン	5
追肥	普通化成2.5gを1カ月おきに5回ほど施す。凹型の液肥を1週間ごとに与えてもよい。	

2. 花壇，鉢花，観葉植物，ラン類，オモト

施肥設計表の見方

草花には肥料要求量の大きいものもたくさんありますが，花木や観葉植物，ラン類は，一般に野菜ほど肥料は必要ありません。肥料をやり過ぎないようにすることが，コンパクトに生育を乱さず美しく育てるコツです。

ここでは，花壇，鉢花・花木，観葉植物，ラン類に分け，さらに肥料要求量の多少に分けて，標準的な用土と施肥設計のいくつかを紹介しました。育てる植物や自分に合った方法を選択してください。

施肥方法　全体に共通して注意する点は，以下のとおりです。

①肥やけに注意し適正な施肥量を守り，有機質肥料は発酵したものを利用する。手間をかけられない方は，緩効性肥料を利用するとよいでしょう。

②多年生の植物では，1～2年おきに植え替え，元肥を施しますが，植え替えない年も植え替え時期にあたるときや春に活動しはじめる前に，できるだけ用土に混ぜるようにして同量の肥料を施します。

③緩効性肥料や固形（大粒・錠剤）の多くは，かん水のたびに水に溶けて効いてくるので，自分のかん水量や回数を考えて調整してください。

④液肥は希釈倍率を守れば水代わりに与えても心配ありません。ただ，夏から秋は吸収量が少なくなるので，回数を減らしてください。

⑤どんな植物でも追肥は茎葉の伸長期に施し，花芽の分化するころや生長が停止する冬は施しません。

石灰資材　表では酸度矯正の石灰資材の施用についてふれていませんが，下記表を参考にして施用して下さい。また，元肥にヨウリンを十分に（10～20g／用土10ℓ，100～200g/㎡）施用した場合は，石灰資材は必要ありません。

多くのラン類はpHの低い状態を好むので，ほとんどの場合必要ありません。

草花・花木・観葉植物・ラン類のpHに対する適性（石灰の好み）

pHに対する反応	草花・花木・観葉植物・ランなどの種類	石灰資材の施用量
酸性に弱い （石灰分好む）	アサガオ，キンセンカ，ケシ，サボテン類，ジャーマンアイリス，スイートピー，ゼラニウム，ナデシコ，プリムラ，ペチュニア，ラナンキュラス，ハナミズキ，ピラカンサ	苦土石灰，炭カル 10g/用土10ℓ 200g/㎡
酸性にやや弱い （石灰分をやや好む）	アリッサム，アイリス，アスター，オダマキ，カーネーション，カンナ，ガーベラ，キク，キンギョソウ，クロッカス，クレマチス，グラジオラス，コスモス，シクラメン，スイセン，スミレ，セントポーリア，ダリア，チューリップ，パンジー，ヒマワリ，ヒヤシンス，ヒャクニチソウ，フリージア，ベゴニア・センパ，マリーゴールド，シャクヤク，バラ，ポインセチア，ベニシタン	苦土石灰，炭カル 5g/用土10ℓ 100g/㎡
酸性にやや強い （石灰分好まない）	コリウス，サクラソウ，スズラン，ユリ，ルピナス，セイヨウアジサイ（赤系），カイドウ，カルミア，ボケ，ヒバ類，サクラ，ボタン	ピートモスを用土に加えるか，鹿沼土をベース用土に
酸性に強い （石灰分はほとんど必要ない）	アナナス類，アジアンタム，オモト，キキョウ，キンケイギク，ラン類，アザレア，サツキ，シャクナゲ，セイヨウアジサイ（青系），ツツジ，ツバキ，ヒイラギ	同上 ラン類・オモトには必要なし

1 花　壇

花壇用の草花の種類と生育時期

草花類は大きく分けて春～夏にまいてその年に咲く1年草，春～秋にまいて翌年咲く2年草，球根，宿根草に分かれます。このうち球根と宿根草は分球や株分けで何年でも繁殖するので多年草といっています。

1・2年草には春まきと秋まきがあります(寒地では秋まきのものでも春まきするものがあります)。球根も春植えと秋植えがあります。一般に春咲くものは秋植えし，夏～秋咲くものは春植えします。宿根草の株分けも春と秋がありますが，一般に春先か，花が咲き終わったときが株分けの適期です。

このように，草花によって播種時期や定植時期，開花時期が異なるので，元肥や追肥の時期も異なります。元肥は播種，定植，株分け時期に施します。多年草を分球，株分けしない年も，その時期に元肥を施します。

追肥もその草花の茎葉が伸長する時期に与え，開花前や夏～秋は控えめにし冬は施しません。

土つくり

花壇に適した草花は，比較的成長がよく肥料の要求量が中～大のものが多いので，野菜と同様にpH矯正や堆肥の投入などの土つくりが重要です。堆肥はふかふか堆肥が基本ですが，牛フンバーク堆肥や牛フンワラ堆肥などの栄養堆肥も利用できます。

堆肥の施用量は，腐葉土，ピートモス，落葉堆肥などのふかふか堆肥なら1㎡当たり2～3kg，牛フンの入った栄養堆肥なら2kg，豚フン堆肥で1kg，発酵鶏フンなら500g以下くらいが目安です。肥料要求量が中くらいの草花では，家畜フンの栄養堆肥は少なめにします。

よく腐熟したふかふか堆肥はあまり心配がありませんが，家畜フン堆肥は，植え付け・播種の2～3週間前に施し土に水分をもたせてよくなじませておきます。その間，石灰資材も前述した草花の石灰の好みに合わせて作付けの1～2週間前に施用しておきます。

元　肥

元肥も野菜と同様，植え付け・播種の前に施しておきます。施用量は右頁の表を参考に肥料要求量に合わせて加減します。元肥の種類は6つのタイプを紹介しましたが，生育期間の長いものには，緩効性肥料や有機質肥料，固形肥料が向いています。とくに宿根草や球根類は花後も肥料が必要なので，緩効性肥料が適しています。ただし，油カスは発酵した中～大粒のものがよく，生の油カスの場合は量を少なくし作付けまで十分に時間をとる必要があります。

また，1・2年草の開花前の苗を買って定植するときは，茎葉の成長はほとんど終了しているので，肥料分は多く必要としません。土つくりが適切なら元肥を半減し生育をみながら液肥を追肥するだけで十分です。ただし，ポットから抜き定植するさいに，根鉢の土を落とさないようにして植えてください。

追　肥

右頁の表で追肥の3つのタイプを紹介しましたが，普通化成と単肥は花や茎葉にかからないように施すことが大切です。込み合っているときは液肥が便利です。

追肥は生育をみて葉色が淡くなってきたら施すのが原則ですが，最初の追肥の目安は，元肥が速効性の化学肥料の場合，成長のよい草花で1～2カ月後くらいからです。緩効性肥料や有機質肥料の場合は2～3カ月後からが目安ですが，初期生育が悪い場合

花壇の施肥設計

（1㎡当たり）

		肥料要求量の大きい植物（成長の早いもの，成長量の大きいもの）	肥料要求量の中くらいの植物（成長が早くないもの，成長量が中くらいのもの）
植物の種類	1・2年草	キク類，カーネーション，サルビア，ペチュニア，プリムラ，ケイトウ，マリーゴールド	アサガオ，キンセンカ，パンジー，キンギョソウ，インパチェンス，スイートピー，デイジー
	球根・宿根草	ゼラニウム，ガーベラ，シャクヤク，グロキシニア，カラー	チューリップ，ベゴニア，コリウム，スズラン，スイセン，クロッカス，ヒヤシンス，グラジオラス，シャガ，フクジュソウ
元肥のタイプ	①緩効性肥料	90～180日タイプ　150～200g 180日以上のタイプ　200～300g	90～180日タイプ　100～130g 180日以上のタイプ　130～200g
	②固型肥料	150～200g	100～130g
	③普通化成	150～200g	100～130g
	④油カス＋骨粉	腐熟したものを同量混ぜる 300～400g	腐熟したものを同量混ぜる 200～270g
	⑤油カス＋単肥	油カス150～200g，　硫安20～30g 過石100～150g，　硫加10～20g	油カス100～130g，　硫安15～20g 過石70～100g，　硫加7～15g
	⑥マグアンプＫ	60～100g	40～70g
追肥のタイプ	①普通化成	3～4カ月して元肥が切れたら，1カ月に1回150～200g施す	3～4カ月して元肥が切れたら，1カ月に1回100～130g施す
	②単肥	硫安20～30g，硫加10～20g 元肥が切れた後，1カ月に1回	硫安20～30g，硫加10～20g 元肥が切れた後，1カ月に1回
	③液肥	規定濃度にうすめ，月に3～5回	規定濃度にうすめ，月に3～5回

（注）・元肥は①～⑥，追肥は①～③のタイプからどれか1つを選ぶ。
・緩効性肥料と固形肥料はＮ－Ｐ－Ｋ＝10－10－10，
普通化成肥料はＮ－Ｐ－Ｋ＝8－8－8のもの。
・液肥は水平型，谷型液肥。

は早めに一度施します。

また，草花は小さな蕾が見えるころからは，チッソ肥料は控えます。このころにチッソ肥料が多いと，花の形が乱れたり，茎葉が軟弱に徒長し，病害虫にもかかりやすくなります。花色の鮮やかな，花もちのよい花を咲かせるには，追肥や水をやり過ぎないようにすることがコツです。

花後の施肥

1・2年草は茎葉を除去し栽培が終了しますが，宿根草や球根草は，来年の生育に必要な養分を地下部の新しい根茎や球根にため込みます。とくに，春咲きのものは，花後の管理が重要です。咲き終えた花は早めに除去し，地上部の茎葉が枯死するまでは，施肥管理が必要です。花後には追肥し，十分にかん水し勢いをつけます。ただし，茎葉の伸長はほぼ終了しているので，追肥もそれほど必要ありません。

植え替え，分球は，このように球根や地下部の根茎に養分がたまり，肥大してから，新芽が動き出す前までに行ないます。一般に晩秋か春先が適期です。

② 鉢花（草花・花木）

鉢やプランターなどのコンテナで，花を楽しむ草花や花木を鉢花と総称しています。あまり草丈が大きくなるものは向いていません。しかし，庭木となる花木も7～8号鉢以上の大きさの鉢に植えれば，自然とコンパクトに育ちます。さらに盆栽のようにせん定をくり返し生育を抑制すれば，小さな鉢でも十分育てられます。

用　土

肥料要求量が中～大の植物は，右頁の表に示したようにベース用土（赤土・赤玉土）6～7割，植物性用土（腐葉土・ピートモス）3～4割，調整用土（バーミキュライト）0～1割が基本です。ミジン抜きをしてない赤土は排水・通気性を高めるために植物性用土・調整用土を4割と多くします。黒土を使う場合はやや目づまりしやすいので，さらにその割合を5割ほどと多めにします。

肥料要求量が大で旺盛に育つ植物には，用土配合の際に牛フン堆肥を用土10ℓ当たり100～200g混ぜると効果的です。混ぜてから1～2週間は水分をもたせて，よく用土になじませてから，植え付けます。

肥料要求量が小の植物は，保肥力を高める必要がないので，ベース用土5～6割，植物性用土0～2割に，保肥力が小さい粗い川砂を2～5割加えます。

また，以上は6号鉢以上の場合ですが，小さな鉢ほど排水・通気性を高める必要があるので，4.5～5号鉢で1割，3～4号鉢で2割ほどベース用土を減らし腐葉土やピートモスを増やします。

植物性用土は腐葉土，ピートモスが中心です。弱酸性を好む植物には，ピートモスを併用します。ワラやモミガラなどのふかふか堆肥も代用できますが，肥料分がやや多いと思われるときは，ピートモスや腐葉土を併用してください。

調整用土は腐葉土と代用できるバーミキュライトのほかに，通気・排水性を高めたいときはパーライトを，保肥力を高めたいときはゼオライトやモミガラクン炭，ヤシガラ活性炭を多少加えると効果的です。

花木の用土も草花と同様な組み合わせでかまいませんが，ベース用土を減らし粗砂を1割ほど加えると育てやすくなります。また，サツキやツツジは鹿沼土を主体に，盆栽のように小さな鉢で育てるときは，粗砂，赤玉土の細粒，腐葉土を組み合わせるのが一般的です。

また，石灰類も149頁で紹介したように石灰の好みに合わせて用土の配合時に施用しておきます。

元　肥

用土の配合後しばらくしてから，右頁のような元肥を用土に混ぜ，十分（1週間程度）なじませてから植え付けます。施用量は植物の肥料要求量や用土量に合わせて決めます。株数が多いと吸収量が多くなりますが，一度に施用できる量は用土量によって制限されますから，その場合は生育を見て追肥回数を多くします。

鉢花の元肥は肥やけ，肥ぎれを防ぐために緩効性肥料，固形肥料，有機質発酵肥料が適していますが，生育期間の短い植物や，開花始めの大きな苗を植える場合は，速効性の普通化成で十分です。多年生植物の元肥は，植え替え時や春，新芽が伸びだす前に施します。

追　肥

生育期間の短いものは普通化成や液肥が，生育期間の長い多年生植物や花木は，固形肥料の置き肥や緩効性肥料が適しています。いずれも真冬や真夏や開花前後は控え，根が弱っているときは与えません。

鉢花（草花・花木）の施肥設計

(用土10ℓ当たり)

		肥料要求量の大きい植物	肥料要求量の中くらいの植物	肥料要求量の小さい植物
植物の種類	草花・球根類	ゼラニウム，ポットマム，セントポーリア，カーネーション，アンスリウム，グラジオラス (成長量の大きいもの)	アサガオ，チューリップ，アマリリス，キンセンカ，パンジー，シクラメン，クンシラン (成長量の中くらいのもの)	サギソウ，リンドウ，アナナス (成長量の小さいもの)
	花木類	ポインセチア，ハイドランジア (成長の早いもの)	サツキ，アザレア，バラ，ウメ，インドゴムノキ，ブーゲンビリア (成長の中くらいのもの)	ツバキ，サザンカ，カルミア，シャクナゲ，イッサイザクロ (成長の遅いもの)

		パターン	①	②	③	④	⑤	⑥	⑦	⑧	⑨	①	②	③	④	⑤	⑥
用土の配合		赤土	6	6	6	6	6					5	5	5			
		赤玉土						7	7	7	7				6	6	6
		腐葉土			2	3	2	3		2	2		2				
		ピートモス		4	2		1		3	1				2		2	2
		バーミキュライト				1	1				1						
		川砂(粗)										5	3	3	4	2	2

			肥料要求量の大きい植物	肥料要求量の中くらいの植物	肥料要求量の小さい植物
元肥のタイプ	①緩効性肥料		90～180日タイプ　20～40g 180日以上のタイプ　40～70g	90～180日タイプ　10～20g 180日以上のタイプ　20～40g	90～180日タイプ　5～10g 180日以上のタイプ　10～20g
	②固形肥料		20～50g	10～30g	5～15g
	③普通化成		20～40g	10～20g	5～10g
	④油カス＋骨粉		腐熟したものを同量混ぜる 80～150cc	腐熟したものを同量混ぜる 50～100cc	腐熟したものを同量混ぜる 20～50cc
	⑤油カス＋単肥		油カス40～80g，硫加10～20g (過石を20～40g加えてもよい)	油カス20～40g，硫加5～10g (過石を10～20g加えてもよい)	油カス10～20g，硫加2～5g (過石を5～10g加えてもよい)
	⑥マグアンプK		60～80g	30～40g	10～20g
追肥のタイプ	①液肥		規定濃度を週1回	規定濃度を月に2～3回	規定濃度を月に1～2回
	②普通化成		5～10g (30日に1回，冬は60日に1回)	3～10g (30日に1回，冬は40～60日に1回)	1～5g (30～40日に1回，冬は60～80日に1回)
	③固形肥料		10～20g (60～90日に1回)	5～10g (60～90日に1回)	2～10g (60～90日に1回)
	④緩効性肥料(あまり使わない)		90～180日タイプ　10～20g 180日以上のタイプ　20～30g	90～180日タイプ　5～10g 180日以上のタイプ　10～20g	90～180日タイプ　2～5g 180日以上のタイプ　5～10g

(注)・元肥，追肥ともいずれかのタイプの1つを選ぶ。
・赤土はみじん抜きしていないもの（みじん抜きした場合は，赤玉土と同じ）。
・用土の配合は6号鉢以上の場合。6号鉢以下の場合は，腐葉土，ピートモス，バーミキュライトをさらに多くする。
・上記のほかにサツキ，サザンカ，ポインセチア，ウメ，バラ，ピラカンサ，マンリョウ，フジ，ボケ，アオキ，アセビ，エニシダ，カイドウ，サルスベリ，ザクロ，クチナシ，サクラなども鉢栽培できる。

3 観葉植物

主に室内で茎葉を楽しむ多年生（宿根草・球根）草本植物と常緑の木本植物です。日当たりが多少悪くても育つか，日当たりを好まない植物がほとんどです。

用　土

用土は，草本性の植物の大半は水ゴケだけで育てることができます。しかし，水ゴケは高価なので，ベース用土（赤土，黒土，荒木田土など）：腐葉土：川砂＝5：3：2に配合した調合用土が多く使われています。腐葉土の代わりにピートモスやバーミキュライトも併用，代替できます。

インドゴムノキやクロトンなどの木本生植物の多くは，比較的重い土を好むので腐葉土を少なくしベース用土や川砂を多くします。逆にシダ類などの草本植物は腐葉土やピートモスを多めにします。

堆肥は鉢花と同様，栄養堆肥はあまり必要としません。使う場合も肥料分の多い鶏フンや豚フン堆肥は避け，よく腐熟した牛フン堆肥を少量加える程度にします。

石灰類も草花と同様ですが（149頁参照），シダ類やアナナス類のように石灰を好まないものは，酸性のピートモスや鹿沼土を利用します。

肥　料

下記の表のいずれかの方法が目安ですが，コンパクトに育てるには肥料や水を控えることがコツです。また，室内で臭いやハエが気になるときは，油カスの追肥は避けたほうがよいでしょう。

観葉植物の用土の例

種　類		用土の種類
パイナップル科	エクメア，ブリーシアなどアナナス類	水ゴケ，水ゴケ＋ピートモス
サトイモ科	アンスリウム，カラジウム，ポトス，モンステラ，フィロデンドロン	水ゴケ，調合用土
ユリ科	アスパラガス，ドラセナ，オリヅルラン，トラノオ，トックリラン	調合用土
ヤシ科	アレカヤシ，テーブルヤシ，カンノンチク，シュロチク，ココヤシ	調合用土
クワ科	ゴムノキ類，ガジュマル，ボダイジュ	調合用土
ウラボシ科	タマシダ，オオタニワタリ，ホウライシダなどのシダ類	調合用土，オオタニワタリは水ゴケ
トウダイグサ科	クロトン，アカリファ類	調合用土
ウツボカズラ科	ウツボカズラ類	水ゴケ
シソ科	コレウス類	調合用土
タコノキ科	タコノキ類	調合用土

（注）観葉植物の種類には，上記のほかキク科，ショウガ科，イラクサ科，コショウ科などがある。

観葉植物の施肥設計

用土10 ℓ当たり

	施肥のタイプ	元　肥	追　肥
元肥と追肥のタイプ	①緩効性肥料	90～180日タイプ 10～30g 180日以上タイプ 20～50g	元肥が切れてから，90～180日タイプを5～10gほど与える
	②固形肥料	10～30g	2～3カ月おきに5～15g（冬はやらない）
	③普通化成	10～20g	1～2カ月おきに5～15g
	④油カス＋骨粉	発酵したものを同量混ぜる 50～100g	固形にしたものを1～2カ月おきに20～50cc
	⑤油カス＋単肥	油カス　20～40g 硫加　5～10g （過石を10～20g加えてもよい）	2～3カ月おきに，油カス10～20g，硫加2～5gを混ぜたもの
	⑥マグアンプK	30～50g	
	⑦液肥		規定濃度にうすめ，月に3～5回（冬は1～2回）

（注）・①～⑥のパターンからどれか1つを選ぶ。
・液肥は観葉植物にはあまり使わない。

4 ラン類・オモト

ラン類は一般に，東南アジアやオーストラリア北部，中南米などの熱帯・亜熱帯が原産地でヨーロッパを経由して日本に入ってきたものを洋ランと呼び，中国から日本に渡ってきたシンビジウム系の種類と日本に古くからあった風ランやセッコクを東洋ランと呼んでいます。

ラン類には原産地で樹木や岩に気根が着生して育つ着生ランと，地面に生える地生ランがあります。ラン類は一般的に肥料や水の要求量はもっとも少なく，とくにカトレヤなどの着生ランは，少量ですみます。

オモトは日本原産の植物で古くから縁起のよい園芸植物として親しまれ，東洋ランと同じような特性をもっています。

用　土

ほとんどのものは，水ゴケだけでも育ちますが，粒状の赤玉土や軽石，砂利などの鉱物用土や，水ゴケ，オスマンダ，ヤシガラ，腐葉土，バーク，木炭，木片などの植物用土を単用したり組み合わせて利用します。水ゴケと軽石やバークを組み合わせるときは，軽石・バークを底にゴロ石代わりに入れ，その上に水ゴケを入れます。

弱酸性を好み肥料分をあまり必要としないラン類・オモトは，堆肥や石灰類は必要ありません。日本春ランなどの一部には，ふかふか堆肥を少量加えてもかまいません。

肥　料

肥料は用土に混ぜず定植，植え替え後活着したら，緩効性肥料，固形肥料，発酵油カスなどを置き肥したり，液肥を週1回くらい施します。施肥期間は地生ランは3～10月ころまで，着生ランや東洋ラン，オモトは3～8月ころまでで，そのほかの期間や開花期は施しません。また，6～8月ころに，リンサンの多い液肥やバットグアノを追肥すると花芽がつきやすくなります。

ラン類・オモトの用土と施肥設計

施肥量は4号鉢(用土約2ℓ)の1回量

		洋ラン				東洋ラン				オモト	
種類		着生ラン カトレア，デンドロビウム，ファレノプシス，バンダなど		地生ラン シンビジウム，パフィオペディルムなど		春ラン	日本春ラン エビネ，寒ラン			ほとんどのオモト	
用土の配合	パターン	①	②	③	④	①	②	③	④	①	②
	赤玉土					5	5	4			5
	軽石			8	2	2		3	7	7	5
	腐葉土						5	3		3	
	水ゴケ		8	2	8	3			3		
	バーク		2								
	オスマンダ	10									
施肥のタイプ	①緩効性肥料			0.5～1g (1回)							
	②固形肥料			0.5～1g (4カ月に1回)							
	③油カス	0.5～1g (発酵したものを使う)				0.2～0.5g (発酵したものを使う)				0.2～0.5g (発酵したものを使う)	
	④油カス＋骨粉	0.5～1g (発酵したものを使う)				0.2～0.5g (発酵したものを使う)				0.2～0.5g (発酵したものを使う)	
	⑤液肥	規定濃度にうすめ1週間おきに				規定濃度にうすめ1週間おきに				規定濃度にうすめ1週間おきに	

(注)・用土は配合パターンからどれか1つを選んでつくる。
・施肥方法は①～⑤のいずれかのタイプを選ぶか，⑤の液肥を併用する。
・油カスは形がくずれないうちに1～2カ月に1回が目安。
・夏場は液肥のみ与え，チッソを控える。

索　　引

《さ》

《た》

著者略歴

加藤　哲郎（かとう　てつお）

1947年　東京都目黒区に生まれる
1972年　東京農工大学農学部農学科卒業
1972年　東京都庁勤務　小笠原支庁小笠原亜熱帯センター
1975年　東京都農業試験場(現東京都農林総合研究センター)勤務。土壌肥料，植物栄養等の研究に従事
2008年　金沢学院短期大学食物栄養学科教授
2018年　現在はフリーで，土壌肥料の研究を継続している
博士(農学)
著書　『用土と肥料の選び方・使い方』
『改訂 土壌肥料用語事典』
『図解　ベランダ・庭先でコンパクト堆肥』
『新版　花卉の栄養生理と施肥』
『土壌診断の方法と活用』
以上，農文協刊（いずれも共著）
その他多数

大判　図解家庭園芸
用土と肥料の選び方・使い方

1995年６月30日　初版第１刷発行
2008年２月20日　初版第35刷発行
2018年５月20日　大判第５刷発行

著者　加藤　哲郎

発行所　社団法人　農山漁村文化協会
郵便番号 107-8668　東京都港区赤坂７丁目6-1
電話　03(3585)1141(営業)　03(3585)1147(編集)
FAX　03(3585)3668　振替 00120-3-144478
URL　http://www.ruralnet.or.jp/

ISBN978-4-540-09301-2　製作／新制作社
＜検印廃止＞　印刷／藤原印刷㈱

製本／根本製本㈱
Printed in Japan　定価はカバーに表示
乱丁・落丁本はお取り替えいたします。